목회자의 소명

UNDER THE UNPREDICTABLE PLANT
by Eugene H. Peterson

This Korean edition is published by arrangement of William B. Eerdmans Publishing Company through rMaeng2, Seoul, Republic of Korea.

한 걸음씩 부르심을 따라가는 거룩한 여정

목회자의 소명

유진 피터슨 지음 | 양혜원 옮김

포이에마
POIEMA

목회자의 소명

유진 피터슨 지음 | 양혜원 옮김

1판 1쇄 발행 2012. 9. 13. | **1판 8쇄 발행** 2025. 3. 26. | **발행처** 포이에마 | **발행인** 박강휘 | **등록번호** 제300-2006-190호 | **등록일자** 2006. 10. 16. | 서울특별시 종로구 북촌로 63-3 우편번호 03052 | 마케팅부 02)3668-3260, 편집부 02)730-8648, 팩스 02)745-4827

값은 뒤표지에 있습니다. | ISBN 978-89-97760-10-7 03230 | 독자의견 전화 02)730-8648 | 이메일 masterpiece@poiema.co.kr | 좋은 독자가 좋은 책을 만듭니다. 포이에마는 독자 여러분의 의견에 항상 귀 기울이고 있습니다.

어머니 이블린 이디스 피터슨(1912. 2. 6-1984. 2. 17)께

추천의 글

저는 이 책을 두 번 읽었습니다. 저의 목회의 절정기에 집어든 이 책은 커다란 당혹과 충격, 고민을 던져주었습니다. '그렇다면 어떻게 하란 말인가? 모든 프로그램도 소비적 기독교의 포장도 다 포기하면 대체 남는 것이 무엇일까?'라는 질문과 치열하게 싸워야만 했습니다.

저는 저의 담임 목회를 정리하는 시기에 이 책을 다시 읽으며 많은 부분에서 자유함을 얻는 데 큰 도움을 받았습니다. 수년 전 저는 유진 피터슨을 개인적으로 만난 자리에서 그런 고백과 간증을 나누기도 했습니다. 문제는 목회의 양식이나 프로그램의 유무가 아니라, 목회자의 진정한 소명의 회복이라는 말로 정리할 수 있었습니다.

목회자가 참으로 목회자가 되고 교회가 참으로 교회가 되기 위한 고뇌를 안고 살고자 하는 모든 목회 동역자들에게 저는 필수적으로 이 책을 추천하고 싶습니다. 모든 신학교 실천신학 과정의 필수 도서로 이 책이 추천되는 것을 보고 싶습니다. 일 년에 한 번씩 모든 목회자가 이 책을 읽고 우리가 서야 할 진정한 영성의 자리, 곧 기도의 자리, 말씀의 자리, 그리고 영적 지도의 자리에 서게 된다면 한국 교회의 어둠 짙은 밤에도 다시 새벽이 동터 옴을 바라보게 될 것입니다. 자신이 탄 목회의 배가 폭풍을 만나는 위기 앞에 선 목회자들, 곧 요나의 동역자들에게 특히 이 책을 추천하고 싶습니다. 자신이 탄 목회의 배가 가라앉고 있음에도 이를 깨닫지 못하고 깊은 잠에 취한, 소위 성공한 동역자들에게도 이 책을 선물하십시오. 우리가 외쳐대는 공허한 종교개혁의 구호보다 더 실제적이고 구체적인 깨어남을 우리의 친구들에게 선물하게 될 것입니다.

지금 한국 교회와 세계 교회가 처한 위기의 본질은 곧 소명의 위기입니다. 유진 피터슨의 증언처럼 요나는 배가 깨어지고 물고기에 삼켜지면서 그의 소명이 구제되었습니다. 이 책으로 우리의 소명이 구원받는 은총 입기를 기도하며, 이 책을 오늘의 목회 필독서로 천거하고 싶습니다. 너무 늦기 전에, 너무 큰 후회로 목회를 마감하기 전에 이 책을 서둘러 읽으십시오.

_함께 목회의 배를 타고 고뇌하는 동역자, 이동원 드림

(지구촌교회 원로목사, 지구촌 미니스트리 네트워크 대표)

추천의 글

《목회자의 소명》은 '목회자들의 목회자'로 불리는 유진 피터슨의 강점이 매우 잘 드러난 책이면서, 목회자들에게 거룩한 두려움을 불러일으킵니다. 그의 진단처럼 오늘날 목회자들은 종교 소비자들에게 하나님을 파는 장사꾼으로 전락하기 쉽고, 소명의 거룩함에 대해 진지하게 고민하면서 이에 합당한 영성을 계발하기보다는 성공을 위한 경력을 쌓는 일에 함몰되기 쉽기 때문입니다. 사실, 이 책에 담긴 문제의식으로 치열하게 고민해 보지 않았다면, 목회자로서 자신의 소명에 대해 충분히 생각했다고 할 수 없습니다. 거룩하고 복된 '그 길'을 걷고자 하는 사람이라면 이 책이 들려주는 요나의 이야기 앞에 자신을 세우고 그 물음에 답하기를 두려운 마음으로 강권합니다.

_이찬수(분당우리교회 담임목사)

차 례

일러두기

본문에 인용한 성경은 대한성서공회에서 펴낸 새번역판을 따랐으며,
개역개정판을 인용한 경우에는 따로 표기하였다.

내 인생 서른 번째 해, 안수를 받은 지 4년이 되던 해에 심연이 내 앞을 가로막았다. 크게 갈라진 틈이 내 앞에 입을 벌리고 있었다. 나는 어려서부터 예수 그리스도를 믿는 믿음의 길을 걸었다. 어른이 되어 생업에 발을 딛자 그 길은 넓어져 이사야가 말한 광야의 대로가 되고 복음 사역의 소명이 되었다. 그리스도인으로서 나의 존재는 목사로서 내가 할 일 안에서 확인되고 그 일로 확장되었다. 나와 내 일이 서로 만났다. 내 일이 내 신앙의 확장이 되고, 믿음의 길을 가고 싶어 하는 사람들을 위해 길을 닦는 일이 나의 소명이 되었다.

그런데 커다란 틈이 내 앞에 벌어졌다. 이 틈은 개인적 신앙과 목회 소명 사이의 간극이었다. 나는 더 이상 앞으로 나아갈 수가 없었다. 다리든 끈이든 나무든, 길을 만들어 건너가게 해 줄 만한 것이 있나 주위를 둘러보았다. 책을 읽고 워크숍에 참석하고 자문도 구했다. 그러나 아무 소용이 없었다.

그러다 나는 그 틈이 내 앞이 아니라 내 안에 있다는 사실을 서서히 깨달았다. 내가 생각한 것보다 상황이 훨씬 심각했고 예상보다 더 많은 집중을 요구했다. 마침내 그 심연을 막연히 들여다보고만 있을 수 없어서(혹은 소명이든 신앙이든 그 어느 것도 놓칠 수가 없어서) 나는 그 틈이 시작된 내면으로 들어갔고 그곳에서 심하게 풍화된 황무지를 발견했다. 나는 개인적 신앙과 교회에서의 소명 사이에 생긴 불연속성이 구체적으로 무엇인지 찾아보았다. 왜 쉽고 간단하게 모든 것이 맞아들지 않을까? 소명으로 보면 나는 목사였고 개인적으로는 그리스도인이었다. 나는 늘 '목사'와 '그리스도인'이 본질적으로 같은 것이며 자연스럽게 일치하는 것이라고 생각했다. 그런데 이제 보니 그렇지가 않았다. 그리스도인이라는 나의 존재가 목사의 일을 하는 데 방해가 될 때가 많았다. 그리고 놀랍게도 목사로서 하는 일은 그리스도인으로서 사는 삶과 불화할 때가 많았다.

지옥에 간 부자처럼 나는 정말로 깜짝 놀랐다. 나는 내가 그리스도인으로서 살아온 삶이 소명의 차원에서 무언가 복된 것을 만들어낼 거라고 생각했다. 그런데 지금 나는 예상과 달리 "큰 구렁텅이가 가로놓여"(눅 16:26) 있는 경험을 하고 있었다. 나는 지옥에 간 부자처럼 기도하기 시작했다. "나를 긍휼히 여기사 나사로를 보내어 그 손가락 끝에 물을 찍어 내 혀를 서늘하게 하소서"(눅 16:24, 개역개정). 부자와 달리 나는 그 상황에서 벗어날 수 있었다. 그러나 금세는 아니었고 나를 기다리는 '설명할 수 없이 길게 뻗은 황무지'를 경험하고 나서였다. 서서히, 은혜롭게도 소명의 영성이 보이기 시작했다. 내 앞에 협곡을 건너갈 다리가 놓여 무사히 건너간 것이 아니다. 나는 협곡을 따라 내려갔고 그렇게 끝없이 내려가다가 바닥에 도달했다. 그 바닥에서 나는 개인과 소명이 서로 한 쌍이 되는 것 같은 정합성을 느끼며, 내려간 만큼 올라올 수 있었다. (그러나 반드시 내려간 후에야 올라올 수 있었다.)

자본이 부족한 소명

그 영토를 탐험하고 기도하면서 나는 소명에 적합한 영성을 찾았다. 그로부터 30년이 지난 지금 나는 그때의 탐험과 기도에 대해 증언할 준비가 되었다. 게다가 그에 대해 긴급히 증언할 필요성을 느끼고 있다. 내가 경험한 것과 같은 심연 앞에서 어쩔 줄 몰라 하는 목사를 계속 만나기 때문이다. 슬프게도 많은 사람들이 그 심연 앞에서 돌아서서 소명을 버리고 종교적 직업을 갖는 것으로 만족한다. 나는 내가 동료이자 친구로 여기는 사람들 가운데 한 사람도 그렇게 돌아서지 않길 바란다. 목사라는 소명은 그렇게 눈에 띄는 자리는 아니지만, 하나님나라의 시작을 알리고 실천하는 혁명적 복음 사역에 꼭 필요한 자리이다. 우리 동료 가운데 한 사람이라도 꼭 필요하면서도 까다로운 이 일을 저버리면 그때마다 우리 모두의 소명이 축소된다.

미국에서 영적 리더십의 소명[1]은 자본이 심각하게 부족하다.

그들을 지원하는 자원보다 그들이 해내는 활동이 훨씬 많다는 뜻이다. 종교 사업의 규모는 이 분야 지도자들이 가진 영적 자본을 크게 웃돈다. 그래서 지도자들은 이미지로 실체를 대체해서 일시적으로 소비자를 만족시킬 수밖에 없다. 하지만 정말로 일시적일 뿐이다. 좋은 날에는 문제가 있다는 것을 부인하고(사업이 워낙 잘되기 때문에 그러기 쉽다), 안 좋은 날에는 누군가가 나타나 자본을 투입해주길 바란다. 하지만 아무도 나타나지 않는다. 그러면 결국 파산하고 만다. 그런 파산이 당황스러울 정도로 자주 일어난다.

소명을 위한 영성, 즉 외면에 적합한 내면을 갖추는 조건이 결코 우호적이지 않다는 사실을 인정해야 한다. 소명의 한쪽 편에는 소비자 욕구가 또 다른 편에는 마케팅 중심의 사고방식이 자리 잡고 있다. 회중들은 목회 소명을 언제든 최적가로 사람들의 종교적 필요를 채워주는 일로 해석하고, 성직자들은 목회 소명이 사람들의 종교적 필요를 빠르고 효과적으로 만족시켜주는 일이라고 해석한다. 이런 인식들이 모여 목회 소명을 종교경제학으로 축소시키고, 지칠 줄 모르는 경쟁 속에 소명을 밀어 넣고, 홍보와 마케팅 전문가들의 손에 소명을 넘겨준다.

목회 소명이라고 해서 다른 소명보다 특별히 실현하기 힘든 것은 아니다. 가정, 과학, 농업, 교육, 사업 등의 소명도 성경을 잘 알고 말씀에 따라 헌신하려면 목회 사명과 마찬가지로 부담이 크고 그에 맞먹는 영성이 필요하다. 그러나 각각의 소명은 그에 맞는 특별한 관심이 필요하다. 목사는 목사라서 걸리기 쉬운 '백주에 퍼지는 염병'에 집중해야 한다. 다른 사람들의 처지에 공감하고, 그들의 필요를 채워주려 하고, 그들이 자신의 제자도에 적합한 영성을 갖추게 하는 한편 우리 자신의 곤경도 매우 진지하게 다루어야 한다. 다른 사람은 구해놓고 정작 우리는 버림받지 않으려면 말이다.

소명에서 일어나는 우상숭배

목사가 목사로 사는 게 그토록 어려운 이유가 뭘까? 우상숭배가 넘쳐나기 때문이다. 두세 명이 모이고 사람들 입에 하나님의 이름이 오르내리면 우상을 만드는 위원회가 꾸려진다. 우리는 자신이 '신처럼 되기 위해서' 신이 아닌 신들을 원한다.

목사들이 빠지기 쉬운 우상숭배는 개인 차원이 아니라 소명 차원의 우상숭배이다. 목사들은 자신이 주도권을 쥐고 관리할 수 있는 경력을 만드는 우상숭배를 한다.

직업 경력이라는 우상숭배에 맞서기 위해서 나는 소명적 거룩함에 대해 이야기하려 한다. 우리의 마음과 정신과 몸이 그리스도와 하나가 되는 평생의 과정인 개인적 거룩함에 대해서는 많은 사람들이 주목한다. 그러나 개인적으로는 매우 경건해도 소명에서는 우상숭배를 하는 것을 아무도 이상하게 생각하지 않을 수 있거니와 실제로 아무도 눈치채지 못하는 경우가 많다. 사람들은 목사가 경건하면 그가 하는 일도 경건할 거라고 생각한다. 그러나 이런 가정은 근거가 없는 것이다. 목수가 진실하다고 해서 톱질을 매끄럽게 잘하는 것은 아니다. 마찬가지로 경건한 목사가 참된 목회를 보장하는 것은 아니다. 내가 보기에 대다수의 목사들은 정말로 사람이 좋고 선한 의지를 가지고 있고 경건하다. 그러나 그러한 선함이 반드시 소명까지 뚫고 들어가는 것은 아니다.

미국에서 목회 소명은 당혹스러울 정도로 시시하게 여겨진다. 사람들이 목회 소명을 시시하게 여기는 이유는 '직업의 효율성과 경력 관리'라는 규범 때문이다. 한마디로 목회 소명이 직무기술로 축소되었기 때문이다. 경력 관리로 전락한 목회 소명은 우상에 불과하기 때문이다. 여기에서 우상이란, 하나님으로부터 받은 부름이 악마가 제안한 일, 즉 사람의 편의에 따라서 측정되고 조작되는 일로 대체되었다는 뜻이다. 거룩함은 시시하지 않다. 거룩함은 맹렬하다.

목사들은 입으로는 거룩한 소명이라고 말하면서 실제로는 경력을 추구하는 경우가 많다. 우리가 실제로 하는 일은 신학의 진리나 영성의 지혜가 아니라 시장의 압력에 영향을 받는다. 나는 우리가 삶의 경건함에 관심을 가지는 만큼 소명의 거룩함에도 관심을 가지길 바란다.

기본적으로 내가 하려는 일은 목사가 된다는 것의 의미를 바로잡고, 그 일에 적합한 영성을 계발하는 것이다. 목회의 임무를 내게 맡긴 사람들이 영성이라며 내게 전해준 것은 적절하지가 않았다. 제도 안에서 경력이나 쌓아가려는 쭈그러들고 진이 다 빠진 영성도 적절하지 않다. 겉치장에 불과한 카리스마 영성도 적절하지 않다. 나는 성경적으로 영적인 것이 필요하다. 창조와 언약에 뿌리를 두고 잘 계발된 영성, 그리스도 안에서 여유롭고 성령 안에 푹 잠긴 영성이 필요하다.

요나 이야기

오늘날 그리스도의 교회에서 지도자가 되는 것이 어떤 의미인지 헤아리기란 쉽지 않다. 목사, 선생, 선교사라는 소명이 종servant과는 대립되는 모델로 묘사된다. 온갖 신호와 음성이 엇갈리는 가운데서 나는 내 길을 찾아가야 한다. 윌리엄 포크너William Faulkner는 소설을 쓰는 것은 마치 세찬 바람을 맞으며 닭장을 짓는 것과 같다고 했다. 아무 판자나 보이는 대로 잡아서 빠르게 못질을 해야 한다는 뜻이다. 목사가 되는 것도 마찬가지이다. 그래서 나는 최근에 요나 이야기를 재빨리 붙잡았다. 요나 이야기는 소명을 명확하게 드러내는 이 임무에 놀랍도록 유용했다.

오랫동안 나는 목사로 살아가는 데 도움이 될 만한 성경 본문을 찾았다. 그리고 매번 풍성한 보물을 만났다. 그러나 웬일인지 요나서는 별로 주목하지 않았다. 나의 목적에 도움이 될 가장 자극적이고 재미있는 이야기를 놓치고 있었던 셈이다. 요나 이야기는 목사의 소명 체험을 날카롭게 환기시킨다. 이야기는 이야기를 불러일으킨다. 이야기꾼들은 이야기를 서로 교환한다. 내가 친구들에게 이야기를 들려주고 그들이 하는 이야기를 듣고 또 내 이야기를 들려주다 보면 목회에 적합한 영성을 만들 수 있는 이미지와 은유가 개발된다. 스탠리 하우어워스Stanley Hauerwas는 삶의 방식을 바꾸고 싶으면 부지런히 의지력을 발휘하는 것보다 올바른 이미지를 습득하는 것이 훨씬 더 중요하다고 주장했는데, 꽤 설득력 있는 말이다.[2] 의지력은 내적 에너지를 얻는 데에는 턱없이 부실한 엔진이다. 그러나 알맞은 이미지는 조용하나 가차 없이 우리를 실재의 장으로, 에너지의 장으로 끌어들인다.

요나서는 비유인데 그 중심에는 기도가 있다.[3] 비유와 기도는 지나치게 종교적인 배경에 길들어서 영적 지각이 무뎌진 사람들에게 날카롭게 진리를 인식시키는 성경적인 도구이다. 목사들은 대개 지나치게 종교적인 배경에서 일하기 때문에 비유와 기도인 요나 이야기는 맞춤한 이야기가 아닐 수 없다.

누구나 하나님을 예배하기보다는 자기 자신의 신이 되기를 원하는 것이 당연하다고 나는 생각한다. 에덴의 이야기는 교인들의 가정과 일터에서만 재연되는 것이 아니라 우리가 일하는 예배당과 사무실, 연구실과 회의실에서도 매일 재연된다. 종교적 일터에서 일어나는 뱀의 유혹과 에덴에서 있었던 뱀의 유혹 사이에 차이가 있다면, 목사는 언어를 잘 사용하기 때문에 유혹을 받을 때마다 자기를 기만하는 완곡어법을 쉽게 만들어낸다는 점이다. 종교적 개념을 다루는 유창한 솜씨 덕분에 우리는 재간 있게 언어를 사용한다. 그래서 우리의 소명이 동산을 돌보는 것에서 동산을 운영하는 쪽으로 바뀌어도 뱀을 제외하고는 아무도 눈치채지 못한다.

그러나 비유와 기도는 그러한 허울을 비껴 지나가면서 진실을 드러낸다. "모든 진실을 말하되, 빗대어서 말하라"는 것이 에밀리 디킨슨Emily Dickinson의 조언이다.[4] 전복하라는 말이다. 비유와 기도는 전복적이다. 요나 이야기는 전복적이다. 희극적 요소와 과장을 통해서 우리 문화가 승인한 경력이라는 우상숭배 안으로 은근슬쩍 들어온다. 재미있어 하며 웃는 동안 경계는 늦춰지고 우리의 상상력은 소명의 거룩함을 회복하는 길로 들어선다. 심연 앞에서 머뭇거리던 우리는 비유와 기도에 사로잡혀, 우리의 부름에 적합한 영성을 발전시킬 수 있는 깊은 곳으로 부드러우면서도 확실하게 안내받는다.

1부

뱃삯을 주고 다시스로

요나가 여호와의 얼굴을 피하려고 일어나 다시스로 도망하려 하여 욥바로 내려갔더니 마침 다시스로 가는 배를 만난지라. 여호와의 얼굴을 피하여 그들과 함께 다시스로 가려고 뱃삯을 주고 배에 올랐더라(욘 1:3, 개역개정).

살면서 나는 스스로 세운 큰 목표와 충돌하는 일을 많이 했다. 하지만 언제나 나를 제자리로 돌려놓는 무언가가 있었다. **_알렉산드르 솔제니친, 《졸참나무와 송아지 *The Oak and the Calf*》**

요나는 누구나 좋아하는 인물이다. 아이들이 특히 좋아하지만 어른들도 매료되기는 마찬가지이다. 성경에 대해서 아는 것이 별로 없는 사람들도 요나 이야기를 들먹이는 농담을 듣고는 함께 웃을 수 있을 정도로 요나는 유명하다. 그리고 학자들은 턱밑까지 차오른 학식으로 요나에 대해서 박식한 글과 책을 썼다. 요나 이야기는 《피노키오》와 《모비 딕》에 이르기까지 다양한 영향을 끼쳤다. 나는 정규 교육을 시작할 때와 마칠 때 요나서를 만났다. 몬태나 주의 주일학교에서 그림책으로 요나 이야기를 만났고, 그로부터 20년 뒤에 뉴욕 시에서 히브리어로 처음부터 끝까지 읽은 첫 책이 바로 요나서였다. 요나 이야기는 히브리어로 읽어도 그림책으로 보았을 때만큼이나 재미있었다.

요나 이야기가 이토록 오래 인기를 누리는 이유 중 하나는 장난기 때문이다. 요나서는 내용도 문체도 모두 장난스럽다. 그래서 우리 안에 있는 장난기를 흔들어 깨운다.

그러나 장난스럽다고 해서 마냥 까부는 것은 아니다. 장난스럽지만 경솔하지 않고 아주 진지한 진실이 담겨 있다. 인생과 진실의 어떠한 면들은 상상력 놀이, 혹은 장난스러운 상상력을 통해서 가장 잘 드러난다. 텍스트를 장난스럽게 대하는 것도 전통적으로 지지를 받아온 해석 방법 중 하나이다.

랍비들은 미드라시 밑에 숨어 장난스럽게 텍스트를 해석하곤 했다. 나도 그러고 싶다. 텍스트를 아주 진지하면서도 장난스럽게 대하려 한다.[1)]

1. 불순종하는 요나

요나 이야기에는 두 가지 큰 흐름이 있어서, 독자들의 소명과 더불어 요나의 소명을 영성 안에 둔다. 이 두 개의 흐름이 서로 결합해서 허세를 강타한다. 목회 소명은 허세에 찬 낭만주의로 가득하다. 허세에 찬 낭만주의가 배 밑에 들러붙은 따개비처럼 더덕더덕 붙어 있다. 요나 이야기는 배를 수리하려고 파놓은 건 뱃도랑에 우리를 끌어다놓고 묵직한 거짓 위엄을 긁어내고 환상으로 부풀려진 야망을 떼어낸다.

도입부에서는 불순종하는 요나가 나온다. 그다음에는 순종하는 요나가 나온다. 두 번 다 요나는 실패한다. 성공하는 요나는 보이지 않는다. 요나는 나의 부족함을 보여주는 모델이지 우리가 본받아야 할 모델이 아니다. 요나 이야기는 겸손을 훈련시키는 이야기이다. 그런데 그 겸손은 비굴한 겸손이 아니라 아주 쾌활한 겸손이다.

다시스로 도망가다

그렇다면 먼저 도망가는 요나 이야기부터 살펴보자. 선지자 요나는 니느웨에 가서 설교하라는 부름을 받자 니느웨의 반대 방향인 다시스로 향했다. 다시스는 지브롤터 혹은 스페인 쪽인데, 대략 그쪽 방향에 있는 지역이다. 말하자면 이 세상의 끝이자 모험이 시작되는 입구이다.

요나의 다시스행은 하나님의 말씀 때문에 시작된다. 이것은 소명에서 매우 중요하다. 요나는 단순히 말씀을 무시한 것이 아니다. 그는 욥바에 남아 있지 않았다. 있던 자리에 주저앉아 익숙한 일과를 계속하면서 소명의 양심을 마비시키지 않았다. 요나는 갔다. 일종의 순종이다. 그러나 자신이 목적지를 택했다. 다시스로 말이다.

목회 소명에는 아이러니가 많은데, 가장 큰 아이러니이자 계속해서 반복되는 아이러니가 바로 이것이다. 요나는 주님의 명령을 이용해서 주님의 현존을 피한다. "여호와의 얼굴을 피하려고 일어나 다시스로 도망하려 하여"(1:3, 개역개정). 혹 여기에서 우리가 이 아이러니를 놓칠까 봐 같은 절 뒷부분에 이 문구가 다시 한 번 반복된다. "여호와의 얼굴을 피하여 그들과 함께 다시스로 가려고." 같은 문구로 문장이 시작되고 끝난다.

하지만 왜 주님의 현존을 피하려고 하는가? 주님의 현존은 경이로운 자리가 아닌가? 축복을 인식하고 자기 확인을 받는 자리가 아닌가? 현존으로 번역된 히브리어 '파네*paneh*'는 문자적으로 '얼굴'이라는 뜻인데, 복잡하고 친밀한 경험으로 가득한 은유가 아닐 수 없다. 유아기에 눈의 초점이 서서히 잡히면서 우리가 가장 먼저 보는 것이 얼굴이다. 부모의 얼굴을 통해서 우리는 우리 자신을 알고, 부모의 표정을 통해 이 세상에서 우리의 자리를 깨우친다. 부모의 얼굴에서 우리는 신뢰와 애정을 혹은 거절과 학대를 배운다. 우리는 부모의 얼굴을 바라보며 성격 형성기를 보내고, 자라면서 우리가 우러러보는 그 얼굴을 닮아간다. 따라서 이 은유는 경험에 뿌리를 둔 통찰을 가득 담고 있다. 얼굴은 우리의 근원이고 태양이며 그 아래에서 우리는 친밀하게 잉태되고 따스하게 빛을 받은 존재로 자기를 실현한다. 얼굴에 대한 이런 경험이 하나님의 얼굴이라는 은유로 발전했다. 요람에서 시작된 느낌과 반응은 어른이 되면서 믿음의 영향 아래 예배 행위로 발전한다. 이것은 하나님을 흠모하고 그리스도께 헌신하는 길로 들어서는 계획적인 모험이다. 이 모험을 통해 우리는 거울에 비친 자기만 들여다보는 자기애적 소외로부터 벗어나고, 자신이 보는 것과 자신의 말로만 현실을 정의하는 데서 벗어난다. 하나님의 얼굴을 피해서 다시 예전 그 자리로 돌아가고 싶어 하는 사람이 어디 있을까?

이해하기 힘들겠지만 거기에는 이유가 있다. 하나님을 맛보면 우리에게 이상한 일이 일어난다. 이 일은 에덴에서 처음 일어났는데, 지금도 계속해서 일어난다. 하나님에 대한 체험의 황홀경과 완전함은 다시 하나님으로서 그 경험을 맛보고 싶은 유혹을 동반한다. 하나님을 맛보더니 하나님이 되고자 하는 욕심이 발동한 것이다. 하나님으로부터 받은 사랑이 하나님 행세를 하려는 탐심으로 왜곡된다. 하나님이 주도하시는 세상을 얼핏 보고는 나도 저 자리에 한번 앉을 수 있지 않을까 생각한다. 하나님의 인격적 현존을 저버리고 비인격적이고 약아빠진 뱀과 어울리기 시작한다. 빛나는 하나님의 얼굴을 피해 사람들을 조작하고 신처럼 행세하게 해주는 미끈거리는 종교의 세계로 나아간다. 나 자신을 위해 권력과 영광을 얻을 기회를 모색하는 순간 하나님의 얼굴을 완전히 가리고 싶어지고, 주님의 현존으로부터 달아나고 싶어지며, 자만심을 키우고 권력을 얻을 장소를 찾고 싶어진다.

누구나 어느 정도는 그런 유혹을 받지만, 목사들은 소명 때문에 유혹을 훨씬 많이 받는다. 처음부터 그런 유혹에 노출되는 것은 아니다. 처음 소명의 길에 들어설 때는 주님의 현존을 기뻐한다. 요나도 그랬다. 그렇지 않았다면 요나는 선지자가 되지 않았을 것이다. 요나는 하나님의 말씀을 섬기며 잘 살고 있었다. 요나서의 첫 단어인 '그리고'는 이미 진행 중인 이야기를 상정한다.[2] 이 유혹은 우리가 소명을 따라 살기 시작한 지 한참 지나 찾아온다. 다시 말해 예수님이 광야에서 마주하신 사역의 기본에 대한 유혹이 찾아오는(마 4:1-11) 초기 시절만큼 경계하고 있지 않을 때에 찾아온다.

게다가 목사들은 신처럼 행세할 수 있는 상당히 두터운 지지층을 가지고 있다. 도덕성과 관련된 유혹들, 그래서 사회적·물리적 대가가 확실한 유혹들과 달리 이 유혹은 거의 완벽하게 영적이며 흔히 사회적으로 강화되기까지 한다. 하나님의 말씀을 충분히 오래 자주 이야기하다 보면 비약적인 상상력이 없어도 그 말씀을 하시는 하나님처럼 행세할 수 있다. 존경하며 따르는 주변 사람들에 의해 하나님 행세가 강화되고, 권력과 칭송이 쌓이기 시작하면 주님의 현존을 계속해서 피해 다니게 된다. 주님의 얼굴을 대하면 자신의 거짓 행세가 드러날 게 뻔하기 때문이다.

기독교 신앙은 오래전부터 평신도로서건 목회자로서건 지도자의 자리에 서는 것은 위험한 일이라고 말해왔다. 그 사실을 입증하는 증거도 많다. 리더가 필요하기는 하지만 리더가 되는 사람에게는 화가 있을 것이다. 리더십을 취할 생각만 해도, 소박하게 살짝 관여만 해도, 전에는 접근할 수 없었던 죄의 가능성들이 즉시 모습을 드러낸다. 그런데 이 새로운 죄의 가능성들은 죄라는 걸 알아보기가 무척이나 어렵다. 전부 미덕의 형태로 다가오기 때문이다. 방심하는 사람들은 자신이 미끼를 무는지도 모르고 주를 섬기기 위해 이 새로운 '기회'를 받아들인다. 하지만 그 기회가 약속하는 것 같았던 결과는 이내(혹은 너무 늦게) 저주였음이 드러난다. 그런 위험을 직접 경험한 야고보는 "너무 많은 사람이 선생이 되지 않기를 바란다"고 말한다.

우리가 믿음의 길에 들어선 초기에 마주치는 죄는 쉽게 저항하지는 못해도 쉽게 눈치챌 수는 있다. 사람을 죽이면 내가 무슨 잘못을 했는지 안다. 간음을 하면 적어도 그것을 광고하고 다니지 않을 정도의 지각은 있다. 무엇을 훔치면 들키지 않으려고 무척 애쓴다. 소위 '저급한 죄들', 한때 육신의 죄로 분류되었던 죄들은 자명하고, 신앙 공동체뿐 아니라 일반 사회도 그런 죄가 성행하는 것에 반대한다. 그러나 고도의 죄, '영혼의 죄'는 분별하기가 쉽지 않다. 진단하기가 어렵다. 지금 솟구치는 이 열정은 열렬한 순종인가 아니면 인간의 주제넘음인가? 활기 넘치는 이 확신은 성령의 영감을 받은 거룩한 담대함인가 아니면 불안한 자아가 부추기는 오만인가? 확신에 찬 이 리더십은 용기 있는 믿음인가 아니면 자만심인가? 갑자기 유명해져서 많은 사람들이 존경하고 따르는 저 설교자는 5,000명을 개종시킨 베드로의 후손인가 아니면 수만 명이 종교적인 노래를 부르며 황금 송아지 주변을 돌며 춤추게 놔두었던 아론의 후손인가?

구분하기가 쉽지 않다. 절대로 쉽지 않다. 종교만큼 속임수가 횡행하는 곳도 없다. 그런데 가장 쉽게 그리고 저주스럽게 속는 사람이 지도자 자신이다. 다른 사람을 속이는 사람은 먼저 자기 자신에게 속아 넘어간 사람이다. 처음부터 악한 의도를 가지고 시작하는 사람은 많지 않다. 마귀는 영적인 존재이다. 마귀가 유혹할 때 일반적으로 사용하는 방법은 자명한 악이 아니라 겉으로 보기에 선한 것이다. 마귀에게 영감을 받은 예배는 고양이의 머리를 잘라 바치는 악마 숭배 의식에서 은밀하게 행해지는 것이 아니라, 오르간 음악이 흘러나오고 찬송과 영광이 돌려지는 밝은 불빛 아래서 행해진다.

우리보다 지혜로웠던 세대들은 지도자들에게 충고와 지도를 아끼지 않았다. 어떤 유해한 일을 만나게 될지 충분히 알리지 않고는 이 위험한 길에 들어서게 하지 않았고 중간중간 자주 점검했다. 그렇게 해도 조난당하는 일이 종종 있었다. 우리 시대의 어리석음은 사람들을 이 위험한 길로 보내는 단순함에서, 혹은 그들의 진실함을 믿는 순진함에서 가장 잘 나타난다. 지도자 중에서도 종교 지도자가 가장 믿을 만하지 않다. 그 자리만큼 교만과 탐심과 탐욕의 기회가 많은 자리가 없고, 그러한 비열함이 밝혀지거나 추궁받지 않도록 잘 가릴 수 있는 방법이 많은 자리도 없다.

그런데 왜 하필 다시스일까? 우선 니느웨보다 훨씬 재미가 있다. 니느웨는 과거의 불행한 역사가 겹겹이 쌓인 지역이다. 니느웨로 설교하러 가는 것은 이력이 좋은 히브리 선지자가 탐낼 만한 임무가 아니다. 그러나 다시스는 달랐다. 다시스는 이국적이었다. 다시스는 모험이었다. 다시스에는 환상 속의 온갖 장식들로 꾸며진 미지의 세계가 주는 매력이 있었다. 문헌에 따르면 다시스는 "멀리 떨어져 있고 때로는 이상화된 항구"였다.[3] 열왕기상 10장 22절에 보면 솔로몬의 다시스 선단이 금, 은, 상아, 원숭이, 공작을 실어왔다고 한다. 셈족의 언어와 문화 등을 연구하는 학자 고든C. H. Gordon에 의하면 다시스는 대중이 상상하는 "머나먼 낙원"[4] 이었다고 한다.

이런 이국 취향의 도피는 새로운 것이 아니다. 사람들은 하나님에게 소명과 임무를 받는다. 그때 우리는 하나님의 부르심에 응하지만, 목적지는 직접 선택하겠다고 점잖게 요구한다. 목사가 되기는 하겠지만, 니느웨에서는 절대 안 할 것이다. 다시스로 가보자. 다시스에서는 하나님을 대면하지 않고도 종교 직업에 종사할 수 있다.

그래서 때로는 누군가 일어나서 다시스로 가는 표를 사려고 욥바에 있는 여행사 앞에 줄을 서 있는 목사의 시선을 끌어야 한다. 지금 내가 그러고 있다. 누군가의 시선을 끄는 데 성공한다면, 나는 목회 소명은 화려한 것이 아니며 다시스는 거짓이라고 말하고 싶다. 목회는 날마다 해야 하는 소박한 일들로 이루어져 있다. 목회는 마치 농사짓는 것과 같다. 대부분의 목회는 헛간을 치우고, 외양간을 청소하고, 거름을 뿌리고, 잡초를 뽑는 것과 같은 일과로 이루어져 있다. 이 일 자체는 나쁠 것이 하나도 없다. 하지만 날마다 윤기 나는 검정 종마를 타고 행차했다가 하인이 말을 손질해주는 마구간으로 퇴근하기를 기대했다면, 매우 실망할 것이고 종국에는 무척이나 분한 기분이 들 것이다.

목회에는 영예로운 면이 많지만, 회중은 결코 영예롭지 않다. 회중은 니느웨와 같은 곳이다. 성공에 대한 기대가 별로 크지 않은 상황에서 열심히 일해야 하는 곳이다. 적어도 도표로 측정할 수 있는 그런 성공은 기대하기 어렵다. 하지만 누군가는 해야 한다. 예배와 기도의 장소에서, 날마다 일하고 노는 장소에서, 미덕과 죄가 오가는 혼잡함 속에서 하나님의 말씀이 계속되고 있음을 누군가는 신실하게 보여줘야 한다.

회중을 미화하는 사람은 목사에게 몹쓸 짓을 하는 사람이다. 우리는 화려하고 열정에 찬 교회에 대한 이야기를 듣고, 우리가 도대체 무엇을 잘못하고 있기에 우리 설교를 듣는 우리 회중들은 그렇게 되지 않는지 의아해한다. 하지만 자세히 살펴보면 그렇게 대단한 회중은 없다는 걸 알게 된다. 어느 곳이든 오래 머물다 보면 도무지 막을 수 없는 험담, 고장 난 난방 시설, 초점을 잃은 설교, 포기하는 제자들, 불협화음을 내는 성가대 혹은 그보다 더 심한 일들이 표면으로 드러나기 마련이다. 회중은 전부 죄인들의 모임이다. 게다가 그 회중의 목사까지 죄인이다.

회중 가운데 찬란한 순간들이 없다는 말이 아니다. 분명히 그런 순간들이 있다. 종종 있다. 그러나 지저분한 때도 있다. 그것을 왜 부인하는가? 그리고 어떻게 안 그럴 수 있겠는가? 정직한 목사는 회중의 형편없는 면을 깊이 인식한다. 그래서 끝도 없이 쓰레기를 치워야 하고, 숨통을 틔워야 하고, 적절한 영양을 공급해야 하고, 날이면 날마다 믿음과 사랑으로 목숨 걸고 거리를 찾아다녀야 한다는 것도 잘 안다. 우리는 이것을 매주 매년 경험한다. 어떤 주는 좀 낫고 어떤 주는 더 심하다. 하지만 사라지지는 않는다. 모세가 시내 산 밑에서, 예레미야가 예루살렘 거리에서, 사도 바울이 문란한 고린도 교회에서, 사도 요한이 두아디라의 상한 갈대들에게서 보았던 것과 똑같은 상황이다. 이것을 부인하면 우리는 정상적으로 일할 수가 없다. 이것을 회피하면 이사야의 통찰, 다윗의 고통, 십자가에 달리신 그리스도의 의로 우리를 끌어당기는 굶주림이나 목마름과 분리되어버린다.

회중에 대해서 거짓말을 하는 사람들이 많다. 그들이 거짓말을 하는 이유는 돈 때문이다. 그들은 우리가 하는 일에 만족하지 못하게 만들어서 무능한 회중에게 힘을 불어넣어줄 거라고 장담하는 해결책을 자기들에게 사길 바란다. 이런 영적 양념을 팔아서 이득을 보는 사람들이 있다는 것은 목사가 이 문제에 대해서만큼은 끝도 없이 속는다는 뜻이다. 자신이 구입한 방법이 실패하면 목사는 회중을 탓하고 또 다른 방법을 구매한다. 이 모든 장난 뒤에 감쪽같이 숨어 있는 마귀는 너무도 쉽게 우리가 하는 일에 불만을 품게 만든다. 그러면 우리는 도저히 못 해먹겠다고 치를 떨며 사역에 대한 우리의 은사와 주님에 대한 헌신을 알아줄 다른 교구를 찾아간다. 목사가 지루해서 혹은 화가 나서 혹은 들떠서 한 회중을 버리고 다른 회중을 찾아갈 때마다 우리 모두의 목회 소명은 위축된다.

그곳에 그대로 있어라

지금 이 회중과 함께 목회 사역을 시작했을 때 나는 끝까지 이들과 함께하리라 결심했다. 당시 나는 서른 살이었다. 이곳이 특별히 매력적이었던 것은 아니다. 사실 여기에는 옥수수 밭밖에 없었다. 하지만 나는 베네딕트의 글을 읽고 있었고, 그가 소개한 급진적 혁신을 매우 지혜롭다 여겨 숙고하고 있었다. 자신이 수도원장으로 있던 수사들의 공동체에서 베네딕트는 일반적인 복음적 권고인 청빈, 정결, 순명 외에 한 가지를 덧붙였다. 바로 정주의 서약이다.[5)]

베네딕트가 살았던 6세기에는 수사들의 활동이 매우 활발했다. 수도원 운동은 그보다 350년 전에 거룩한 삶을 추구하는 소수의 독신 남자와 여자들에 의해 이집트 사막에서 시작되었다. 시간이 지나면서 수도원 운동은 종교적 소명을 의식하고 그 시대와 세상을 구원하는 하나님의 일에 사용되기를 원하는 수많은 남자와 여자들을 끌어들였다. 금욕과 기도의 전형을 보여주는 인물들 주변으로 느슨하게 모여든 은둔자들에게서 시작된 수도원 운동은 기도와 노동의 공동체로 발전했고, 유럽과 시리아와 북아프리카 전역으로 확대되었다. 기본적으로 수사들은 '집단적인' 사람들이 아니었다. 그들은 영적인 무정부주의자들이었고 규칙에 잘 순응하지 않았다. 3세기에 파코미우스는 공동체 생활을 위한 규칙을 기록했다. 이로써 파코미우스는 하나님을 강렬하고 열정적으로 추구하는 수사들이 질서의 외양이라도 갖추게 했다. 정결, 청빈, 순명의 서약은 이들을 훈련시켰고, 그들은 서약을 사회적 행동과 관상기도의 강력한 동인으로 수용했다. 함께 사는 법을 배우면서 수사들은 에너지 넘치는 공동체로 발전했다. 그러나 무정부주의 성향과 최고를 추구하는 성향이 결합되자 영적인 방랑에 쉽게 빠졌다. 미국의 개척자 정신과 미국의 자유 기업 정신이 결합된 것과 비슷하다고 하겠다. 더 큰 도전을 받아들이는 것이라고 생각하면서 더 엄격하게 거룩함을 추구하기 위해 이 수도원을 떠나서 저 수도원으로 가는 일이 드물지 않았다. 하지만 그와 같은 탐색에는 언제나 미심쩍은 면이 있었다. 그들이 쫓아간 것이 정말로 하나님이었을까, 아니면 오히려 자신을 계시하는 하나님을 피하는 것이었을까?

베네딕트가 등장할 무렵에는 이처럼 영적 탐색을 가장하며 정처 없이 떠도는 수사들이 많았다. 자신이 속한 수도원이 이상적으로 보이지 않으면, 수사들은 더 거룩한 수도원장이나 수녀원장이 있고 더 의로운 형제나 자매들이 있는 더 나은 수도원을 찾아 나섰다. 딱 맞는 공동체에 들어가기만 하면 가장 효과적으로 사역할 수 있을 거라고 확신했다. 그런데 베네딕트가 그런 습관에 종지부를 찍었다. 정주의 서약을 도입한 것이다. 그곳에 그대로 있어라.

목회 소명에 들어선 초창기에 나는 정주의 서약을 알게 되었고 미국인 목사로서 그것을 지혜로운 충고로 받아들였다. 그래서 나에게도 적용했다. 그 전에 나는 목회 경력 시스템에 가입되어 있었다. 직업 상담을 받고 경력 패턴을 찾고 경력의 사다리를 타고 올라가는 제도 말이다. 당시에 그것은 매우 미성숙한 제도로 보였다. 자기 파트너가 더 이상 만족스럽지 못하면 떠나버리는, 평생 성장하지 못하는 배우자가 하는 일 같았다.

우리 미국인 목사들은 어떻게 된 영문인지 제대로 알지도 못하는 상태에서 자신의 소명을 미국의 성공주의 관점에서 재정의하고 말았다. 우리는 교구를 목회 영성의 장소로 보지 않고 승진 기회로 보기 시작했다. 니느웨가 아니라 다시스가 목적지였던 것이다. 그 순간부터 우리는 잘못 생각하기 시작했다. 목사의 소명은 공동체 안에서 하나님의 말씀에 담긴 뜻을 삶으로 살아내는 것이지, 명성과 재물을 찾아 저 멀리 종교의 바다로 항해하는 것이 아니기 때문이다.

그 무렵 내가 상당히 존경했던 수도자들이 발전시킨 강도 높은 소명의 영성에 대한 기록을 읽으면서 나는 베네딕트의 서약을 실질적인 지혜로 잘 정리한 글을 만났다. 그리고 경험을 통해서도 그 지혜를 직접 확인하고 있었다. 주제는 수사의 영적 소명에 대한 것이었는데, '수사' 대신에 '목사'를 그리고 '수도원' 대신에 '회중'을 넣어가며 내 소명의 관점에서 읽었다. 그렇게 단어를 바꾸어서 읽은 본문은 다음과 같다.

새로운 자극을 찾으면 깨달음이나 미덕을 얻으리라는 생각은 무용하고 파괴적이다. 목회는 하나님 앞에서 인간의 성숙이 외부적인 자극, '좋은 생각', 좋은 인상, 건설적인 영향과 생각들에 달려 있다고 보는 모든 관점을 거부한다. 목사는 자기 자신의 어두움, 내면의 공포와 유혹, 환상을 안고 사는 법을 배워야 한다. 구원은 정신 전체에 영향을 미친다. 새로운 임무와 새로운 생각을 찾음으로써 권태, 성적 욕구불만, 초조함, 채워지지 않은 욕망을 피하려고 하는 것은 그 영역을 은혜로부터 차단하려는 것이다. 교구 생활에서 접하는 굴욕적이고도 완전히 '비영적인' 경험이 아니면, 사소한 일을 처리하는 한정된 일과와 지루하고 외로운 상태를 경험하지 않고는 인간 본성과 정면으로 마주할 길이 없다. 이는 환상을 없애는 훈련이다. 목사는 세상이 제시하는 환상에 싸인 그리스도인의 정체성에서 벗어나기 위해 교구로 왔다. 이제 그는 환상의 뿌리를 안에서부터 보아야 한다. 인생을 극적으로 만족스럽게 통제하고 싶어 하는 갈망에서, 지성이 강화하는 친숙한 자아의 제국주의에서 환상의 뿌리를 보아야 한다.[6)]

'수도원'을 '교구'에 대한 은유로 취함으로써 나는 목회 소명에 그토록 파괴적이었던 성공주의 정신으로부터 벗어날 길을 찾았고, 내 회중을 영적으로 성숙해지는 삶과 사역의 장소로 이해하기 시작했다. 다른 사람들도 그 은유를 사용해야 한다고 주장하는 것은 아니다. 그 은유가 내게만 효력을 발휘하는 것일 수도 있다. 그러나 회중은 더 나은 제안이 오면 버릴 수 있는 직장이 아니라는 것을 강조하고 싶다.

회중은 목사가 소명의 거룩함을 발전시키는 장소이다. 그곳이 사역의 장소라는 것은 말할 것도 없다. 우리는 말씀을 전하고 성례전을 집전하고 성도들을 돌보고 공동체 생활에 필요한 행정업무를 담당하고 가르치고 영적으로 지도한다. 그러나 그곳은 또한 우리가 미덕을 개발하고 사랑하는 법을 배우고 소망 안에서 나아가는 곳, 즉 우리가 설교하는 대로 되어가는 곳이기도 하다. 우리는 거룩한 복음을 선포하는 동시에 거룩한 삶을 진전시킨다. 우리가 하는 일을 감히 우리 존재와 분리시키지 않는다. 사도 바울은 에베소서 4장 12-13절에서 '봉사의 일'과 '그리스도의 충만하심의 경지'를 나란히 놓음으로써 (성도로) 선택받고 (사역자로) 부름받는 것 사이에 일치가 필요하다는 사실을 입증한다. 회중은 "모든 면에서 자라나서 머리가 되시는 그리스도에게까지 다다르기"(엡 4:15) 위한 리듬과 유대와 임무와 한계와 유혹을, 한마디로 말해 조건들을 마련해준다. 이 조건들은 농부나 선생이나 기술자나 예술가나 사무원이 예수님 안에서 사는 조건보다 나쁘지도 좋지도 않다. 그러나 그것은 우리의 조건이다. 우리는 그 조건들에 유념해야 한다.

교회의 포르노그래피

그런데 이런 조건을 회피하는 경우가 참 많다. 가장 흔한 방법은 교구를 미화하거나 거부하는 것이다. 나를 다시스로 유혹하면서 종교의 바다를 구경 다니는 관광객들, 즉 그리스 섬들을 구경하고 로마에 들러 버스로 유적지와 박물관을 둘러보고 마지막으로 전설적인 다시스로 가는 관광객들의 사제 노릇을 하는 것이 목회인 것처럼 말하는 사람들을 보면 무척 화가 난다.

교구를 미화하는 것은 교회를 포르노그래피로 만드는 것이다. 흠이나 점이 없는 회중의 모습으로 잘 도색해서 사진으로 찍거나 그림으로 그리지만, 그렇게 흠 없는 상태로 있는 회중은 많지도 않거니와 있다 하더라도 그 기간이 길지 않다. 이렇게 도발적인 포즈를 취한 사진들에는 인격적 관계가 없다. 이런 사진들은 지배, 만족, 무심한 비인격적 영성에 대한 욕망을 부추긴다. 내가 바람직한 회중이라고 생각했던 이미지도 바로 그런 포르노그래피가 형성한 것이었다. 첨탑이 있는 교회와 언제나 웃고 있는 교인들. 그런 잡지들을 보면서 내 소명의 상상력을 그러한 사진들로 채우는 것을 그만둔 지 무척 오래되었는데도 지금도 여전히 그 유혹에 취약하다는 사실에 나는 놀라고 경악한다.

교구를 거부하는 행동은 조금 더 미묘하게 일어나는데, 종종 대안적 구조를 상상할 때 일어난다. 긴 하루를 보내고 나서 굶주리고 목마른 사람들만 찾아오는 피정 센터를 열 꿈을 꾸거나, 동기부여가 잘된 사람만 받아들일 심산으로 공동체를 만들 꿈을 꾸거나, 죄와 은혜의 신비가 더 이상 소명 차원의 관심이 아니라 여전히 대단하긴 해도 무지와 지식이라는 좀 더 감당할 만한 범주로 대체된 신학교나 대학으로 도피할 꿈을 꿔보지 않은 사람이 있을까? 그런 환상들은 모두 눈앞에 있는 현실로부터 에너지를 빼앗고 우리를 심술 난 어린아이처럼 만든다.

모든 사람이 목사로 부름받은 것은 아니다. 그리스도의 교회에는 다양한 사역이 있다. 그러나 '목회' 소명을 배정받은 사람들은 다른 사람이 아닌 '자기' 일의 성격과 조건을 이해하고 받아들여야 한다.

하나님은 교회가 현장에서 평범한 회중의 형태를 취하게 하셨고 사역을 위해 목사를 그곳에 배정하셨다. 사도 바울은 설교의 어리석음에 대해서 말했다. 나는 회중의 어리석음에 대해서 이야기하고 싶다. 교회의 일에 참여할 수 있는 수많은 방법 가운데서도 이것은 가장 어처구니없는 것임에 틀림없다. 일요일이면 교회로 모여드는 이 우연한 조합, 대부분 자신이 좋아하지도 않는 노래를 건성으로 부르고, 자신의 소화 상태와 설교자의 목소리 크기에 따라 설교를 들었다 말았다 하고, 헌신하는 모양새도 어색하고 기도도 영 어설픈 사람들의 모임이 교회이다.

그러나 이렇게 교회에 모인 사람들은 또한 깊이 고통받으며 자신들의 고통 가운데서 하나님을 발견하는 사람들이기도 하다. 이 사람들은 사랑의 헌신을 하고 시련과 유혹 속에서도 그 사랑을 지키고 의의 열매를, 주변 사람들에게 복을 끼치는 영의 열매들을 맺는 사람들이다. 희망을 안고 기뻐하는 부모와 친구들에게 둘러싸여 아기들은 아버지와 아들과 성령의 이름으로 세례를 받는다. 복음을 통해 회심한 어른들은 스스로도 놀라고 주변 사람들도 놀라게 하면서 세례를 받는다. 죽은 자는 눈물과 슬픔 가운데서도 부활을 엄숙하고도 기쁘게 증언하는 장례식에서 하나님께 드려진다. 죄인들은 정직하게 회개하고 믿음으로 예수님의 살과 피를 받아 새 생명을 얻는다.

그러나 이러한 모습들은 서로 다 섞여 있어서 구분할 수 없는 경우가 많다. 성경적으로 나는 다른 형태의 교회를 찾을 수가 없다. 이스라엘의 그 어떠한 면도 내게 특별히 매력적이지 않다. 주전 7세기에 내가 교회 쇼핑을 다녔다면, 이집트와 바빌론의 신전 혹은 아세라에게 바쳐진 사마리아의 푸른 언덕에 있는 아름다운 숲이 훨씬 더 매력적이었을 것 같다. 주후 1세기에 종교 쇼핑을 다녔다면, 회당의 정결함이나 그리스의 신비 종교를 둘러싼 흥미진진한 소문이나 약간의 신화가 덧붙여진 헬레니즘의 인본주의가 소비자로서 내 영혼에 더 흡족했을 것이다.

오순절이 있고 불과 60-70년이 지난 후에 일곱 교회가 보여주는 거룩함의 질과 미덕의 깊이는 오늘날 미국에 있는 평범한 교구 어디에서나 볼 수 있는 수준이다. 2,000년 동안 연습을 하고도 우리는 더 나아지지 않았다. 나아졌을 거라고 생각하겠지만, 사실은 그렇지 않다. 교회의 문을 열고 세심하고 꼼꼼하게 그 안을 들여다볼 때마다 여전히 죄인들이 모여 있는 것을 발견한다. 그리고 그리스도도 발견한다. 설교 가운데서, 성례전 가운데서 그리스도를 발견한다. 그러나 그리스도는 난처하고 당황스럽게도 죄인들이 모인 회중 가운데 섞여 있다.

상황이 이러하니 문제를 개선하고자 누군가 나서는 경우가 더러 있다. 그들은 교회를 정화하고 싶어 한다. 하나님나라의 매력을 세상에 선전할 어떤 것을 교회에 만들어주겠다고 제안한다. 이런 사람들은 거의 예외 없이 이단이거나 곧 이단이 된다. 하나님이 필요 없을 정도로 태도가 바르고 효율적으로 조직된 교회를 세우고자 자신들이 감당할 수 있는 만큼의 복음만 취해서 주변 사람들에게 적용시킨다.

그들은 십자가의 스캔들과 교회의 스캔들 모두를 혐오한다. 니느웨에 있는 회중에게는 아무 신경도 쓰지 않는다. 다시스로 가서 새롭고 깨끗하고 영광스럽게 시작한다.

그러나 수치를 경멸하거나 부인하지 않고 십자가의 스캔들을 수용하는 것, 그 굴욕과 그 안에 담긴 일상을 받아들이는 것이 바로 목회이다.

목사들이 교구 밖에서 자기네끼리 주고받는 이야기를 들으면 이런 얘기가 전부 사실이 아니라고 생각할 것이다. 대화 주제는 성공을 거둔 프로그램과 번지르르한 회심 이야기가 대부분이다. 그런 이야기를 듣고 그런 책을 읽으면서 나도 한때 감명을 받았다. 그러나 몇 년 동안 세심하게 성경을 읽고 주의해서 회중을 지켜보고 난 후에는 더 이상 감동을 받지 않게 되었다. 그 목사들이 말하는 것이 사실이라면, 그들은 그리스의 신비 종교나 바알 신전이나 바벨론의 종교 행렬을 주관하고 있을 가능성이 더 크다고 나는 생각한다.

욥바의 여행사

안수를 받고 4년째로 접어들었을 때 나는 새 회중을 세울 목사로 배정되는 행운을 얻었다. 1962년에 아내와 나는 두 살 된 딸을 데리고 향후 볼티모어의 교외 지역으로 발전할 메릴랜드주에 있는 소도시 외곽에 도착했다. 나는 깨끗하면서도 열정적인 회중을 세우고 싶었다. 우리 교회는 우상숭배에 빠지는 종교와 방종한 문화의 함정을 모두 피하고 배짱 있는 헌신과 열정으로 복음을 살아낼 것이다.

그러나 불과 몇 달 만에 나는 전혀 다른 상황에 봉착하게 되었다. 나는 니느웨에 있었던 것이다. 나와 함께하는 사람들은 곤경에 빠지고 환상병에 걸리고 변덕스럽고 지루해하고 잠깐씩 헌신하다가 마는 사람들이었다. 나는 우리 집 지하실에 모여 예배를 드리고, 집집마다 돌아가며 거실이나 지하실에서 교회 학교를 열고, 교회 건축을 위해 헌금을 하는 등의 불편한 상황을 거치다 보면, 건성인 사람들, 막연하게 종교적인 사람들, 정착하지 못하는 사람들이 자연스럽게 걸러질 거라고 순진하게 생각했다. 그러나 1년 동안 나는 시글락의 회중에 훨씬 가까운 사람들을 모았다. 사울 왕의 궁궐에서 환영받지 못한 다윗이 광야에 있으면서 생존을 위해 범법자의 무리를 모았을 때 이스라엘에서 쓸모없고 불만에 찬 사람들이 모두 그와 합류했다(삼상 22:2). 그들은 결국 시글락에 기지를 마련했다(삼상 27:6; 30:1). 내가 일요일 아침마다 내려다보는 그곳이 바로 성경의 시글락이었다. 기존의 회중에는 맞지 않는 사람들, 적응하지 못하는 사람들과 불만에 찬 사람들이 내 회중이 되었다.

나는 생각을 바꾸어야 했다. 나는 이 사람들의 목사였다. 내가 택하지 않았으나 내게 주어진 사람들이었다. 어떻게 해야 하나? "주인님, 간밤에 누가 잡초를 뿌리고 갔습니다." 나는 잡초를 뽑아내고 싶었다. 그러나 그 주인의 대답은 나를 향한 것이었다. "추수 때까지 두어라. 같이 자라게 해라." 지혜로운 충고였다. 훈련되지 않은 나의 눈으로는 당시 어린 잡초와 곡식을 분별해내지 못했을 테니 말이다. 그토록 오랜 세월이 흘렀는데도 나는 아직도 대부분의 경우 구분하지 못한다. 나는 서서히 다시스에 대한 환상을 버리고 니느웨의 현실에 자리를 잡았다.

그러나 쉽지 않았다. 단번에 된 것도 아니다. 정주에 관한 서약을 지켰다고 자랑할 수 있으면 좋으련만 그럴 수가 없다. 나는 세 번이나 서약을 깼다. 지난 29년 동안 나는 세 번이나 욥바에 있는 여행사로 가서 다시스로 가는 표를 샀다. 한 주도 더 버티지 못하겠다는 생각이 들어서였다. 나는 지루했고 우울했다. 아무런 도전도 남아 있지 않았다. 최선을 다해야겠다는 자극도 없었다. 내 회중들은 내게서 최상의 것을 끌어내지 못했다. 내가 가진 재능이 인정을 받거나 가치 있게 여겨지지 않았다. 영적으로 늪에 빠져 있는 것 같았다. 볼티모어 교외 지역의 문화는 질척거리고 발이 푹푹 빠지는 황무지였다. 견고한 생각이 없었다. 열정적으로 지키는 신념도 없었다. 희생적인 헌신도 없었다. 이 사람들에게 설교하는 것은 마치 개 앞에서 이야기하는 것 같았다. 그들은 내 목소리에 감사를 표했고 내게 바싹 달라붙었고 나를 따랐고 내게 애정을 표현했다. 그러나 내가 하는 말의 '내용'에는 별 감흥을 받지 않았다. 내 삶의 방향에서도 의미를 느끼지 못했다. 그리고 재미있을 것 같은 토끼나 다람쥐를 보면 이내 따라가 버렸다.

매번 내가 있지 말아야 할 곳에 있지 말아야 할 회중과 함께 있다는 확신이 들었다. 나는 혀에는 영원한 복음이, 심장에는 그리스도를 향한 급진적 사랑이 있는 목사였다. 그런데 지금 이 사람들은 사촌형제들처럼 내게 친절하고 다정했고 나를 잘 받아줬지만, 그들의 삶은 가격 비교와 상업적 위안이 중심이었다. 나더러 오라고 손짓하는 교회들의 포스터에서 본 사람들과는 전혀 딴판이었다.

그래서 나는 다시스로 떠나기로 했다. 그래서 여행 서류를 읽었다(우리 교단에서는 그것을 교회 정보 서식이라고 부른다). 그리고 표를 샀다(이것은 '서류 활성화'라고 부른다). 나는 욥바에서 나를 태우고 다시스로 갈 배를 타기 위해 줄을 섰다. 목사라는 내 소명을 부인하는 것이 아니었다. 다만 장소를 정할 권리를 정중하게 주장했다. 당시에 내가 쓰던 핵심 용어는 '주장'이었다.

그렇게 나는 세 번 정주의 서약을 어겼다. 매번 여러 차례 문의하고 긴박한 편지를 써 보내도 아무런 응답이 없으면 포기하고 이미 내게 배정된 일로, 니느웨로 돌아갔다. 결국 다시스로 가지 못했지만, 칭찬받을 일은 아니다. 애도 많이 썼고 시도도 여러 번 했다. 그러나 매번 거절당했다. 다시 내 자리로 돌아가는 것 외에는 아무것도 할 수 없었기 때문에 가지 못한 것뿐이다.

그런데 매번 흥미로운 일이 일어났다. 내 자존심을 누르고 좌절감을 수용하고 나면 내 삶의 깊이가 드러났고, 그와 더불어 존재하는지조차 몰랐던 회중의 깊이도 드러났다. 매번 나는 조금씩 성장했다. 매번 이 특이한 독립체인 회중을 더 존중하게 되었다. 그러한 성장과 발전 중 일부는 그리스도 안에서 이뤄졌다.

때로 나는 사도 바울도 간혹 다시스 열병을 앓았을까 궁금했다. 그가 다시스(로마서 15장 23절에 나오는 스페인)로 가기를 원했고 그럴 계획을 세웠다는 건 안다. 하지만 그도 결국 거기로 가지 못했고 대신에 가이사랴의 감옥에서 2년을 보내고 그다음에는 요나가 만난 것과 같은 바다 태풍을 만났고 로마에서 다시 2년간 가택연금을 당했다. 바울이 가장 영광스럽게 일할 거라고 생각했던 머나먼 그곳 다시스는 거짓이자 환상임이 드러났다. 바울이 사역해야 할 현실 속 니느웨는 감옥과 난파였다.

다른 회중을 찾고 다른 회중의 부름을 받아들이는 것 자체가 나쁘거나 무책임하고 비겁한 회피는 아니다. 하나님은 우리를 다른 임무로, 새로운 장소로 부르신다. 한 장소에서 머무는 것이 성경적 목표는 아니다. 하나님의 백성과 그들의 목사는 상당히 많이 이동한다. 우선 우르에서 가나안으로, 가나안에서 시내 광야로, 시내 광야에서 가데스로 이동한다. 그다음에는 바벨론에 갔다가 돌아온다. 갈릴리와 예루살렘을 오간다. 안디옥으로 올라가서 아테네로 넘어갔다가 로마로 건너간다. 그다음에는 '세계 곳곳으로' 나간다.

죄 때문이든, 신경증 때문이든, 변화 때문이든, 목사와 회중이 함께 있는 것이 너무 힘들어서 목사가 다른 회중에게 옮겨야만 하는 때도 많다. 그리고 하나님이 주권적 지혜로, 아마도 전략적인 이유에서 목사들을 재배정하시는 경우도 많다. 그런 상황에서 목사가 헌신된 신실함을 앞세워 지금 있는 곳에 머물겠다고 완강하게 고집을 부리면 무참하게도 그리스도의 몸에 쓸데없는 상처를 입히게 된다.

그러나 목회의 규범은 정주이다. (한때 그랬던 것처럼) 20년,

30년, 40년 목회는 예외가 아닌 전형이 되어야 한다. 너무도 많은 목사들이 성숙한 지혜의 결과로서가 아니라 청소년기의 따분함 같은 것에 빠져서 교구를 바꾼다. 그렇게 되면 목사도 회중도 믿음이 성숙하기에 좋은 조건을 만나지 못한다.

2. 순종하는 요나

요나가 보인 첫 번째 반응은 모험심을 안고 다시스로 향하는 불순종이었다. 불순종은 실패했다. 두 번째 반응은 뜨거운 사막을 건너 니느웨로 가는 순종이었다. 요나는 순종하여 니느웨에 도착한다.

두 번째 반응을 우리는 대개 성공이라고 생각한다. 하지만 그렇지 않다. 순종하는 요나는 불순종하는 요나만큼이나 하나님의 말씀을 어겼다. 이 부분을 많이 간과하곤 하는데, 목사들은 절대로 간과해서는 안 될 부분이다.

요나는 바다 폭풍을 통해 불순종에서 돌이키고 거대한 물고기에 의해 구출된다. 구출된 요나는 하나님이 애초에 명령하셨던 니느웨로 간다. 그리고 그곳에서 명령받은 대로 하나님의 말씀을 전한다. 그러나 요나는 불순종할 때보다 순종할 때 상태가 더 심각하다. 순종하는 요나는 화가 나 있고 앙심을 품고 있다. 요나는 니느웨를 싫어한다. 니느웨를 경멸한다. 요나에게 니느웨는 가장 경멸스러운 곳이고 요나는 니느웨를 조금도 사랑하지 않는다. 요나는 하나님의 말씀대로 하기는 하지만, 자신의 분노로 하나님의 영을 배신하고 만다.

전문화된 순종

물론 요나는 이제 아주 철저한 전문가이다. 하나님의 현존이라는 성가신 것을 피해 목사가 될 수 있는 다시스로 갈 수 없다면, 대신에 전문화된 교리를 따르는 정통 신앙을 전해서 주님의 현존 가운데서 살지 않아도 되게 할 것이다.

니느웨 사람들이 하나님 앞에서 회개하고 감사하게도 하나님께 용서를 받자 요나는 불평을 터트린다. 이것은 요나가 하나님에 대해서, 하나님의 방식과 이제 막 하나님의 백성이 된 니느웨 사람들에 대해서 아무 관심이 없다는 걸 보여준다. 요나는 이제 자신의 명성을 지켜야 한다. 요나는 회중은 신경 쓰지 않고 오직 자기가 하는 설교의 문자적이고 지배적인 권위에만 신경 쓴다. 40일 후면 멸망할 거라고 설교했으니 당연히 그렇게 되어야 한다.

이 이야기에서 가장 두렵고도 찔리는 부분이 바로 이 부분이다. 첫 번째 반응보다 두 번째 반응이 나의 이야기와 더 가깝기 때문이다. 나는 부르심에 불순종할 때보다 순종할 때가 더 많다. 내가 해야 할 일을 한다. 말씀과 성례전의 사역자로서 책임을 다한다. 병든 사람을 방문하고 슬퍼하는 사람을 위로한다.

주일 예배를 인도하기 위해서 제시간에 교회에 나타나고, 교회에서 식사할 때 요청을 받으면 기도를 인도하고, 해마다 교회 야유회에서 소프트볼 게임을 할 때면 2루수를 한다. 하지만 이렇게 순종하는 삶에서 자기만족은 서서히 줄어든다. 내가 할 일을 하면 사람들이 나에게는 점점 덜 반응하고 하나님께 점점 더 반응하기 때문이다. 내가 그토록 신중하게 전한 설교에서 그들은 다른 이야기를 듣고, 그런 그들의 부주의함에 나는 마음이 상한다. 그들은 내가 회중을 위해서 세운 계획에 맞지 않는 방식으로 하나님의 영에 반응하는 길을 찾는다. 그들이 협조만 했더라면 하나님을 영광스럽게 할 뿐만 아니라 내가 일급 지도자로 신임을 얻을 수 있는 계획이었는데 말이다.

나나 내 동료들이 회중에게 느끼는 그런 분한 마음이 사실은 교회에 들어서거나 나설 때마다 만나는 '문 앞에 웅크리고 있는 죄'라는 것을 나는 알게 되었다.

목회와 연관해서 변주되기는 했으나 영성의 가장 오랜 진실 중 하나가 여기에 있다. 덕스런 행동을 할 때 우리는 가장 심각한 죄를 저지를 위험에 처한다. 우리가 착하게 굴 때 또한 가장 나쁘게 굴 수 있다. 책임 있게 행동하고 순종하는 상황에서 우리는 가장 쉽게 하나님의 뜻을 우리의 뜻으로 대체한다. 그 두 가지가 같다고 생각하기가 아주 쉽기 때문이다. 좋은 목사로 살고 있을 때 우리는 목회적 자만에 빠지기가 가장 쉽다. 예수님이 '내 형제 중에 가장 작은 사람'이라고 하셨고, 캘커타의 테레

사 수녀가 '가난한 사람 중에서도 가장 가난한 사람'이라고 했고, 요나서에서 하나님이 '좌우를 가릴 줄 모르는 사람들, 그리고 수없이 많은 짐승들'(4:11)이라고 부르신 이들에 대해서 교만해지고 무감각해진다.

우리가 순종하며 성공적으로 목회를 잘할 때가 오히려 불순종하며 도망갈 때보다 더 위험하다. 우리에게 제대로 경고하기 위해서 이 이야기는 불순종하는 요나보다 순종하는 요나를 훨씬 더 매력이 없는 인물로 그린다. 불순종할 때는 적어도 배에 탄 선원들에 대한 연민이라도 있었는데, 순종할 때는 니느웨 사람들을 경멸하기만 한다.

요나, 우리의 거울

마지막으로 은혜로운 말을 한마디 해야겠다. 그래도 결말은 해피엔딩이니 말이다. 여기에서 신비롭고도 자비로우며 놀라운 사실은 하나님이 요나의 두 가지 반응을 모두 사용하셔서 사람들을 구원하셨다는 것이다.

요나가 도망치며 불순종할 때 배에 탄 선원들은 주님께 기도했고 믿음 생활에 들어섰다. "사람들은 주님을 매우 두려워하게 되었으며, 주님께 희생제물을 바치고, 주님을 섬기기로 약속하였다"(1:16).

요나가 화를 내며 순종할 때는 니느웨 사람들이 다 구원을 받았다. "하나님께서 그들이 뉘우치는 것, 곧 그들이 저마다 자기가 가던 나쁜 길에서 돌이키는 것을 보시고, 뜻을 돌이켜 그들에게 내리시겠다고 말씀하신 재앙을 내리지 않으셨다"(3:10).

이 이야기에서 우리는 우리가 되고 싶은 목사의 모습은 보지 못하고 실제 우리의 모습만 보게 된다. 하나님은 경솔하게 불순종하고 무정하게 순종하는 우리의 실제 모습을 통해서 자신의 목적을 이루시고, 자비롭게도 자신의 일을 위해 우리 모습 그대로의 삶을 사용하신다는 이 이야기의 또 다른 측면이 아니었다면, 우리 앞에 거울을 들이대는 것 같은 이 이중의 실패가 매우 힘들고 견디기 어려운 짐이 되었을 것이다.

하나님은 우리가 아무런 공적도 취할 수 없도록, 그러나 또한 바다에서든 도시에서든 우리가 요나만큼의 역할을 한 그 일에서 하나님이 승리하시는 것을 보고 놀라고 기뻐하지 않을 수 없도록 일하신다.

2부

폭풍을 피하다

바다에 파도가 점점 더 거세게 일어나니, 사람들이 또 그에게 물었다. "우리가 당신을 어떻게 해야, 우리 앞의 저 바다가 잔잔해지겠소?" 그가 그들에게 대답하였다. "나를 들어서 바다에 던지시오. 그러면 당신들 앞의 저 바다가 잔잔해질 것이오. 바로 나 때문에 이 태풍이 당신들에게 닥쳤다는 것을, 나도 알고 있소"(욘 1:11-12).

시인들은 폭풍에 대해 잘못 말했다. 사실은 그때가 가장 좋은 때이다. 가슴 안팎의 모든 공기를 정화해주기 때문이다.
폭풍은 그분의 예술의 승리이다. **_조지 허버트, 〈폭풍〉, 〈가방〉, 《시골 목사, 성전*The Country Parson, the Temple*》**

멋진 종교 경력을 쌓으려 다시스로 가던 요나는 폭풍을 만났다. 폭풍 한가운데서 요나는 현명하게도 선원들에게 자신을 바다에 던지라고 말한다. 그리하여 다시스로 가는 여행은 망쳤지만, 요나의 소명은 구조되었다.

목사는 종교적 배, 다시스로 가는 배에 속한 사람이 아니다. 그래서 빨리 갑판 밖으로 던져지는 게 모두를 위해서 좋다. 대부분의 종교는 복음이 아니다. 대부분의 종교는 우상숭배이다. 대부분의 종교는 자기 확장이다. 목사들은 시급히 문화 종교와 기독교 복음을 구분해야 한다. 거대한 바다 폭풍 가운데서 요나는 그 둘의 차이를 배웠다.

잠자는 이여, 무얼 하고 있소?

내가 지나온 여정에서 바다 폭풍은 외부의 것이 아니라 내면의 것이었다. 새로 세운 회중의 목사로 있은 지 3년 정도 되었을 때 나는 일이 제대로 진행되지 않고 있다는 걸 깨달았다. 뱃멀미가 나기 시작했다. 목회로의 부름을 받아들였지만, 무언가 잘못된 것 같았다.

처음 2년 정도는 뭔가 잘못되었다고 생각할 이유가 없었다.

사실 만족할 만한 이유들이 있었다. 사역에 만족한 나는 "배 밑창으로 내려가 누워서, 깊이 잠들어 있었다"(1:5). 겉으로 보기에는 이보다 더 좋을 수가 없었다. 나는 교회를 세우라는 부름을 받았고 그래서 교회를 세웠다. 내 상급자들이 세운 재정 목표도 달성했다. 우리는 자립했고 첫 번째 교회 건축에 필요한 돈도 마련했다. 예배당을 세웠다. 회중들은 나를 지지했다. 교단의 지도자들은 내가 한 일을 칭찬했다. "바다에 태풍이 일어나서, 배가 거의 부서지게 되었는데"(1:4) 그것도 모르고 나는 다시스로 가고 있었다.

내게 와서 "당신은 무엇을 하고 있소? 잠을 자고 있다니! 일어나서 당신의 신에게 부르짖으시오. 행여라도 그 신이 우리를 생각해준다면, 우리가 죽지 않을 수도 있지 않소?"(1:6)라고 말한 선장은 다섯 살 된 내 딸이었다. 6월의 어느 화요일 저녁에 거실에 앉아 있는데, 딸이 다가와 책을 읽어달라고 했다. 나는 교회에 회의가 있어서 그럴 수가 없다고 했다. 그러자 딸이 말했다. "당신은 무엇을 하고 있소? 잠을 자고 있다니! 일어나서 당신의 신에게 부르짖으시오!" 딸이 실제로 그렇게 말한 것은 아니다. 딸은 이렇게 말했다. "아빠는 오늘까지 서른여덟 밤이나 집에 있지 않았어요."

나는 잠에서 깼다. 내가 부름받은 일을 하지 않고 있다는 사실을 깨달았다. 그동안 내 안에서 안절부절못하며 몰아대는 느낌을 계속 누르고 있었다는 걸 깨달았다. 사실 내적으로 나는 전혀 괜찮지 않았다. 잠에서 깨어 그 소리를 들어보니 내 내면은 교회 사업에 성공하기 위해 강박적으로 장시간 동안 일하는 생활 방식에 거칠게 항의하고 있었다.

미국 종교의 배

시설을 잘 갖추고 손님을 잔뜩 태운 미국 종교의 배는 목사가 있어야 할 곳이 아니다. 우리가 사는 이 대륙에서는 종교 활동이 매우 인기가 있다. 우리에게는 온전한 종교의 자유가 있다. 그래서 우리는 아무렇게나 자기가 원하는 방식대로 종교적일 수 있다. 그러나 우리가 원하는 방식은 성경의 방식과 전혀 닮지 않았다.

북미 종교는 기본적으로 소비자 종교이다. 미국인들은 하나님을 자신들이 잘살 수 있게, 적어도 지금보다 더 잘살 수 있게 도와주는 상품으로 본다. 그래서 소비자와 똑같이 행동한다. 최상의 것을 사러 다니는 것이다. 목사들은 자기가 무얼 하고 있는지 미처 깨닫지도 못한 채 홍정을 시작하고, 사람들이 매력을 느낄 수 있는 상품으로 하나님을 포장하고 경쟁에서 이길 수 있는 방식으로 하나님을 제시한다. 지금처럼 종교가 홍보, 이미지, 판매 기술, 마케팅 기법, 경쟁 정신에 사로잡힌 적이 없었다. 이런 분위기에서 성장한 목사들은 그런 관습이 이상하다고 생각하지 않는다. 가난한 사람들과 일부 소수집단을 제외하고는 모두에게 잘 맞고 익숙한 자유 기업 제도 아닌가.

미국이 자랑하는 네 가지 자유 중 하나인 종교의 자유는 종교의 성숙으로 피어나지 못했다. 제도적으로 보호받는 종교의 자유는 사실상 문화에 종속된 종교임이 판명되었다. 체스터턴 G. K. Chesterton은 20세기 초 영국의 종교 기관이 생각 없이 문화에 순응하는 것을 한탄하곤 했다. 20세기 말의 미국은 그와 한 쌍을 이룬다. 대부분의 종교가 급진적이거나 역동적인 것과는 거리가 멀고 세속적 지혜에 무력하게 찍힌 고무도장 같아서 우리를 자유로 이끄는 대신 체스터턴의 말대로 "이 시대의 자식으로 노예화"[1] 한다.

교육계에서도 이와 비슷한 일이 일어났다. 교육에 우선순위를 두는 관습 덕에 많은 사람들이 읽고 쓰는 능력을 갖추게 되었고, 그래서 누구나 배움의 기회를 가질 수 있게 되었다. 하지만 소수가 누리는 특권이었던 독서 기술을 모두가 누리게 된 결과는 어떤가? 오늘날 가장 많이 판매되는 잡지가 〈TV 가이드〉이고 그다음이 〈리더스 다이제스트〉이다. 글을 읽는 우리 민족은 그 놀라운 능력을 신작 프로그램 소개글과 광고와 흔해빠진 격려문과 우스운 일화를 읽는 데 쓴다. 부자와 특권층에게만 교육이 허락되는 곳에서 살고 싶다는 말이 아니다. 하지만 모든 사람에게 글을 읽을 수 있는 능력을 갖추게 한 것이 국가의 지적 수준을 높이기는커녕 오히려 낮춘 것 같다는 생각이 드는 건 사실이다.

마찬가지로 종교를 선택하고 실천할 자유가 허락되지 않아 지하에서밖에 종교 활동을 할 수 없는 나라를 일부러 찾아가 살고 싶은 생각은 없다. 하지만 종교의 자유가 세계 어느 나라보다 폭넓게 보장된 결과를 보면 그다지 좋은 인상을 받을 수가 없다. 전체적으로 볼 때 우리는 유아기에서부터 청소년기를 망라하여 그 어느 문화도 보지 못한 가장 미성숙하고 생각 없는 종교에 빠져 있는 것 같다.

외부인들이, 특히 제3세계 국가들이 북미 지역 종교를 보고서 하는 말은 참으로 흥미롭다. 그들의 눈에 들어오는 것은 주로 욕심, 어리석음, 자기애이다. 그들은 미국 교회의 규모와 번영, 열정과 기술은 인정하지만, 십자가는 눈에 띄지 않고 고통을 두려워하며 피하고 공동체와 친밀한 관계에 대해서는 이상하리만치 무관심한 것을 보고 의아해한다.

내가 가장 반대하는 것은 목회라는 직무를 계획적으로 사소하게 만드는 끔찍한 현상이다. 이것은 문화 자체를 사소하게 만드는 더 큰 현상의 일부인데, 그 규모가 너무 크고 전염성이 강해서 확실한 몰락이 보장된 것 같은 때가 있다. 하지만 우리가 영광을 흘낏 보는 날도 있다. 노래를 부르고 이야기를 들려주고 정직하게 일하고 순결하게 사랑하며 고귀하게 살려고 애쓰는 사람들을 보는 날도 있다. 이 사람들이 서로를 알아보고 서로에게 격려받기 시작하면 이 끔찍한 현상에 저항하는 무리가 만들어진다.

요나 이야기는 우리에게 피할 길을 제시한다. 우리의 일이, 그리스도의 교회에서 목사가 되라는 우리의 부름이 사소해진 것을 묵인하지 않아도 된다. 이미 너무 많이 묵인되고 있다. 그런 문화에 이미 많이 굴복했다. 실제로 충격적일 정도로 많은 목사들이 적과 협력하고 있다. 막간에 도덕 광고만 몇 개 삽입된 오락 프로그램 같은 종교를 원하는 세상에 협력하는 것이다.

하지만 모두가 그런 것은 아니다. 며칠에 한 번씩은 몇몇 목사가 자리에서 벌떡 일어나서 말한다. "이제 됐어. 그만두겠어. 종교 창고 아울렛에서 지점장 노릇하는 건 이제 그만두겠어. 더 이상 종교 소비자들에게 하나님을 파는 인생을 살지 않겠어. 이 문화가 내게 건네준 직무설명서를 보았는데 이제는 더 이상 거기에 넘어가지 않겠어." 그렇게 며칠에 한 번씩 소명에 대한 자신의 불순종 때문에 모든 사람이 위험하다는 사실을, 미국 종교가 이렇게 형편없어진 것은 경력 중심의 전문가주의 탓이 크다는 사실을 깨달은 요나가 말한다. "나를 들어서 바다에 던지시오."

나를 바다에 던지시오

정신을 차리고 다시스로 가는 종교의 배에서 내려야겠다고 결심한 순간 나는 그렇게 할 수 없다는 것을 깨달았다. 강박적으로 일하는 습관에 너무 사로잡힌 나머지 거기에서 벗어날 수가 없었던 것이다. 하지만 내 딸과 두 아들에게 아버지가 되지 못하고, 아내에게 남편이 되지 못하고, 회중에게 목사가 되지 못하고 있는 상황에 경악한 나머지 나는 난파가 눈앞에 있는 것만 같아 거기에서 탈출해야겠다는 생각밖에 없었다. 절박한 심정으로 나는 교회 위원회를 찾아가 사임하겠다고 했다. 나는 딸이 내게 울린 경종에 대해서 이야기했다. 개인적인 관계를 맺을 시간도, 기도할 시간도 없다고 했다. 시간이 없을 뿐만 아니라 사랑하고 기도할 수 있는 여력 자체가 충격적일 정도로 줄어들었다고 했다. 달라지려고 노력했지만 그럴 수가 없었고, 일단 거기에서 나와서 다른 곳에서 새로 시작하는 것 외에는 달리 방법이 보이지 않는다고 말했다. 나는 말했다. "나를 들어서 바다에 던지시오"(1:12).

그들은 그렇게 했다. 하지만 내가 요청한 방법대로는 아니었다. 대신에 그들은 내게 물었다. "무엇을 하고 싶으세요?" 그 질문에 대한 답은 있었지만, 어떻게 해야 할지는 몰랐다. 내 대답은 하나님과 사람을 대하고 싶다는 것이었다. 나는 말했다. "하나님의 말씀을 오래 신중하게 연구해서 여러분 앞에 서서 설교하고 가르칠 때 정확한 내용을 전하고 싶습니다. 여유를 갖고 사랑으로 기도해서 하나님과의 관계가 내적으로 깊고 정직했으면 좋겠습니다. 그리고 여러분과 함께 자주 여유로운 시간을 가져서 십자가의 길을 함께 가는 가까운 동료로서 서로를 알아보고 서로 충고와 격려를 할 수 있었으면 좋겠습니다." 내가 목사가 되었을 때 의도했던 일이 바로 그것이었다. 그런데 교회 안에서 교회를 위해 일하면서 그 일이 가장자리로 밀려나버렸다.

한 장로가 크게 놀라며 말했다. "그렇게 하고 싶으면 하지 그러세요? 아무도 그렇게 하지 말라고 안 했잖아요?" 그래서 나는 약간 격앙된 목소리로 대답했다. "교회를 운영해야 하니까 그렇지요. 교회를 운영하는 일 자체가 풀타임 일거리인 것 아세요? 목사로 살 시간이 없다고요."

그러자 다른 장로가 말했다. "그럼 우리가 교회를 운영하면 되잖아요?" 내가 대답했다. "어떻게 하는지 모르시잖아요." 그가 말했다. "목사님도 어떻게 목사를 해야 하는지 잘 모르시는 것 같은데요. 우리는 교회 운영을 배울 테니 목사님은 목사가 되는 것을 배우는 것은 어떨까요?"

그때가 바로 교회의 삶에서 하늘이 열리고 비둘기가 내려오는 경이로운 순간 중 하나였다. 바로 그 순간부터 우리는 앞으로 어떻게 할지 함께 이야기했고 서로 격려하고 도왔다. 그들은 (우리 교회의 두 지도자 그룹인) 위원회와 집사회에서 매달 한 번씩 사회를 보는 것 외에는 내가 회의에 참석하는 일이 없도록 규칙을 정했다. 그들은 자신이 부름받고 임명받은 사역을 발전시킬 수 있는 방법을 탐구했다. 그날 밤을 나는 선원들이 나를 배 밖으로 던진 날로 기억한다.

2주 후에 나는 다시 위원회로 돌아가려고 했다. 그때도 화요일 저녁이었다. 나는 집에 있었고 할 일이 없었다. 텔레비전을 보려고 했지만 재미가 없었다. 책을 집어 들었지만 집중이 되지 않았다. 아이들은 잠자리에 든 상태였다. 아내는 전화기를 붙잡고 있었다. 우리 집에서 걸어서 7분 거리에 있는 교회 서재에서는 그날 재정위원회가 열리고 있었다. 나는 800미터를 걸어서 회의가 한참 진행 중인 서재로 들어갔다. 그리고 동그랗게 놓인 의자들 중 가장자리에 앉았다. 그러자 담당 장로가 진행을 중단하고 물었다. "목사님, 여긴 웬일이세요?" 나는 대답했다. "오늘 저녁에는 딱히 할 일이 없어서 그냥 격려차 왔습니다." 그러자 그는 퉁명스럽게 말했다. "아니, 우리가 미덥지 않으십니까?" 내가 예상한 반응이 아니었다. 그런 식의 대접에 나는 익숙하지 않았다. 순간 방어적인 말들이 머릿속에 떠올랐지만 밖으로 꺼내지는 않았다. 그 퉁명스런 도전은 정확했고 제대로 표적을 맞췄기 때문이다. 내가 말했다. "그런 것 같습니다. 하지만 노력하겠습니다." 그러고서 자리를 떴다. 그 뒤로 다시는 돌아가지 않았다.

2. 복음 소명 회복하기

목사가 되는 법을 배우는 긴 과정이 시작되었다. 이처럼 비호의적인 환경에서 어떻게 하면 기도와 성경과 영적 지도의 삶을 구현할 수 있을까? 교단은 그것을 거의 언급하지 않고, 회중은 위안과 주말 종교 프로그램을 더 기대하는 환경에서 말이다. 각자 자기 신을 향해 외치는 종교의 배를 타고 갈 것이 아니라면, 하나님과 교회의 이 깊은 바다에서 어떻게 살아남을 것인가?

익사하는 순간에는 자신이 살아온 생애 전체가 순간적으로 재생되는 경험을 한다는 말을 들었다. 종교 직업을 버리고 목회 소명을 받아들인 지금 내게도 비슷한 일이 일어났다. 순간적인 재생은 아니었지만, 초기의 경험과 영향들이 서서히 끈질기게 내 앞에 드러났다. 과거의 목소리. 묘지에서 날아오는 전보. 어린 시절의 소식. 지금 이 배로 나를 이끈 그 길을, 꺾어진 곳과 교차하는 곳을, 찬찬히 살피고 단서들을 조사하며 되짚어 갔다. 애초에 왜 목사가 되었던가? 내 인생이 형성되는 데 중요한 영향을 끼친 것은 무엇이었는가? 나는 어떠한 가치와 진정성을 가지고 일하고 싶었던 것일까? 되짚어 간 그 길에서 가장 먼저 다다른 곳은 당연히 어머니였다. 어머니는 내 영성과 소명에 가장 건강하고 활기찬 영향을 끼친 분이다.

폭풍이 일기 전까지는 어머니가 내 소명에 끼친 영향을 인식하지 못했다. 어머니의 영향은 내가 자란 환경과 지금 내 삶 사이의 불연속성 때문에 모호해져 있었다. 나는 서부의 자그마한 마을에서, 오순절 교회에서, 노르웨이와 스웨덴에 두고 온 기성 교회를 경멸하고 권위에 대해서 아무런 경외심이 없는 스칸디나비아 이주민들 틈에서 자랐다. 내가 태어났을 때 불과 40년밖에 되지 않은 마을이었다. 내가 아는 어른 중 대학을 다닌 분은 하나도 없었다. 그런데 지금 나는 역사가 깊고 고상한 볼티모어의 중산층이 모여 사는 교외 지역에서 목회를 하는 서른세 살의 장로교 목사였다. 볼티모어는 학식과 주류 종교의 권위를 높이 평가하는 식민지 시절의 전통이 강한 도시였다. 내가 자란 몬태나 주의 오순절파 마을과 내가 일하는 메릴랜드 주 교외 지역의 장로교회가 선명한 대조를 이뤘다. 연속성이 전혀 보이지 않았다.

소명에 대해서, '목사'에 대해서 질문을 던지기 전까지는 그랬다. 그러다가 그 질문을 던지자 연속성이 보였다. 어머니의 삶을 돌아보면서 그 연속성이 자명해졌다.

노래, 이야기, 빨간색 반다나

어머니는 스물두 살의 어린 나이에 나를 낳았다. 내 기억에 어머니는 정말로 매력적이셨는데, 사진을 보면 내 기억이 틀리지 않았다는 걸 알 수 있다. 어머니는 적갈색 머리칼을 풍성하게 기르셨고 나의 어린 시절 내내 자르지 않으셨다. (미용 때문이 아니라 종교적인 이유에서였다.) 키는 150센티미터가 살짝 넘으셨고 균형 잡힌 몸매셨다. 어머니는 믿음의 삶에 대한 열정이 대단하셨고 그 삶을 나누는 데도 열심이셨다.

대여섯 살 때부터 나는 어머니를 따라 일요일 저녁에 로키 산맥 북부 계곡에 흩어져 있는 자그마한 주거지역에 자리 잡은 방 한 칸짜리 교사나 농가 회관을 방문했다. 어머니는 그곳에서 종교 모임을 주도하셨고 벌목꾼과 광부들이 그 모임에 참석했다. 우리는 차례로 예닐곱 장소를 다녔는데, 두 달이면 모든 장소를 다 한 번씩 돌았다. 여름이고 겨울이고 할 것 없이 1년 내내 그렇게 돌아다녔다.

어머니는 평범한 알토 음색에, 꼭 포크 가수 같은 음성이었다. 그리고 아코디언이나 기타를 늘 가지고 다니셨다. 작은 회중을 인도하며 어머니는 〈인생은 산악 철도 같네〉, 〈저 큰 얼룩새〉, 〈옛 종교〉, 〈저기에서 명단이 불릴 때〉와 같은 컨트리 가스펠송과 종교 포크 발라드, 옛 찬송가를 부르곤 하셨다. 플란넬 셔츠와 멜빵바지에 징이 박힌 부츠를 신은 벌목꾼과 광부들은 그 노래를 무척 좋아했다. 어머니가 감상적인 옛날 노래를 부르시면 그들은 울면서 빨간색 반다나에 코를 풀었고 부끄러움 없이 눈물을 훔쳤다. 일요일 밤에 킬라, 펀데일, 올니, 매리언, 헝그리 호스, 코람에서 등받이도 없는 벤치에 25명에서 30명에 이르는 남자들이 모여 앉았다. 이 사내들은 결코 고상한 회중이 아니었다. (내 기억에 여자가 참석한 적은 한 번도 없었다.)

노래를 부른 다음에 어머니는 설교를 하셨다. 어머니는 정말로 이야기를 잘하셨고 성경에 나오는 이야기와 인생 이야기를 들려주셨다. 간혹 어머니는 주문을 외우는 것 같은 방식으로 이야기를 하기도 하셨는데, 그 후로 그런 방식으로 이야기하는 것은 흑인 교회에서밖에 들어본 적이 없다. 문장의 절정을 포착해서 파도 타기하는 사람처럼 탄력을 받아 계속 나가다가 조용히 가라앉으며 잠잠해지는 방식이었다.

바람이 세고 추운 몬태나의 겨울밤이면 큰 통으로 된 난로에 불을 지펴서 모임 장소를 덥혔다. 다행스럽게도 불을 지키라는 허락을 받은 날에는 난로에 나무를 집어넣으면서 어머니의 노래와 이야기가 달구어놓은 온기에 맞게 방 온도를 유지하려고 애썼다. 모임 장소를 떠날 때면 우리가 타고 간 차가 종종 눈 더미에 빠졌다. 그러면 남자들은 우리를 도우러 달려와서 밀고 당기고 하면서 욕이 튀어나오면 당황해서 사과하곤 했다. 내 평생에 최고의 설교를 그 시절에 들었다. 그리고 가장 화려한 욕도 그때 들었다.

여자는 하나도 없이 온통 남자뿐인 그 거친 회중을 위해 달랑 어린 아들 하나만 데리고 일요일 밤마다 찾아가셨던 고상하고 아름다운 이 여자는 겁이 없었던 것일까, 아니면 순진했던 것일까? 순진함이었다고는 생각하지 않는다. 그것은 열정이었고 두려움을 몰아내는 사랑이었다.

나는 그 시간이 너무나 좋았다. 그 시간이 내게는 모험의 시간이었다. 특히 운전이 좀 위험하고 난로가 덥혀주는 좁은 공간에 옹기종기 모여 앉은 아늑함을 느낄 수 있는 겨울이 좋았다. 이야기가 너무 좋았고 노래도 너무 좋았다. 벌목꾼과 광부들에게 하나님에 대해서 이야기하면서 참으로 즐거운 시간을 보내는 열정적인 어머니와 함께 있는 것이 너무나 좋았다.

내가 자라는 내내 그 일요일 밤은 계속되었다. 그러다가 내가 열 살쯤 되었을 때에 중단되었다. 왜 중단되었는지 몰랐지만, 이유를 물어봐야겠다는 생각도 들지 않았다. 어른들의 세상에는 이해할 수 없는 것들이 워낙 많았기 때문에 이상한 일이 한두 가지 더 생긴다고 해서 크게 달라질 게 없었다. 그러다 어른이 되고 나서 여쭤보았다. 들어보니 하루는 누가 성경을 펼쳐 들고 어머니를 찾아와서 이 부분을 읽었다고 한다. "여자는 조용히, 언제나 순종하는 가운데 배워야 합니다. 여자가 가르치거나 남자를 지배하는 것을 나는 허락하지 않습니다. 여자는 조용해야 합니다"(딤전 2:11-12). 그래서 어머니는 조용해지셨고 모임은 중단되었다. 벌목꾼들과 광부들의 삶이 어떻게 되었는지는 결코 알 도리가 없지만, 어머니가 침묵을 강요당하셨을 무렵 이미 내 안에는 중요하고도 변치 않는 어떤 것이 자리를 잡았고 그것이 어머니의 성취였다.[2)]

그로부터 약 30년이 흐른 후 내 소명의 근원을 찾으면서 나는 자분천自噴泉과도 같은 그 노래와 이야기를 만나게 되었다. 나는 노래와 이야기를 통해서 믿음을 알게 되었다. 민감한 유년기에 내가 배운 거의 모든 것이, 하나님에 관한 것뿐만 아니라 인간으로 사는 것과 어른으로 성장하는 것에 관한 모든 것이, 노래와 이야기라는 용기에 담겨 가수이자 이야기꾼인 어머니를 통해 전달되었다.

근래에 전례가 정체성 형성에 미치는 영향과 내러티브가 성경과 복음의 이해에 미치는 영향에 대해서 상당히 많은 학술 연구가 쏟아졌다. 무언가를 배우는 '방식'이 배우는 내용보다 우리에게 더 큰 영향을 끼친다. 어떤 내용도 형체 없이 우리 삶에 주어지지 않고 늘 어떤 형식을 통해서 주어진다. 기본적이고 통합적인 하나님과 믿음의 실재를 담기 위해서는 그 형식도 기본적이고 통합적이어야 한다. 그렇지 않으면 진리가 지엽적이 되고 동화되지 않는다. 학자들이 그 사실을 발견하고 거기에 대해서 책을 쓰기 오래 전에 이미 내가 노래와 이야기의 학교에, 하나님에 대한 열정으로 가득한 어머니가 불러주시고 들려주신 하나님의 노래와 하나님의 이야기 학교에 다녔음을 알고 나는 놀랍고 기뻤다.

그 시절 내 골수에 사무친 것은 하나님과 열정이 삶에 필수적이라는 사실이었다. 하나님은 우리가 관계를 맺어야 하는 실재이고, 그 실재에 대해서 우리는 열정적인 자세를 취할 수밖에 없다.

나는 자신에게 하나님이 정말로 중요했던 여성을 날마다 보면서 자랐다. 어머니는 관습에 신경 쓰지 않았고 안전 문제에 대해서는 무모했다. 어머니의 삶의 중심에는 가시적인 것은 하나도 없었고, 비가시적인 하나님이 어머니의 삶 한가운데 계시면서 열정을 불어넣으셨다. 나는 운 좋게도 인생을 활기차고 강하게 끌어안은 대단한 열정의 소유자인 어머니를 통해서 이 세상에 나왔고 인생의 곡절과 거룩함을 어머니에게서 배웠다.

하나님 그리고 열정. 그래서 나는 목사가 되었던 것이고, 그래서 이 자리에 있게 된 것이다. 하나님의 현존 가운데서 열정을 가지고 살고, 다른 사람들도 하나님의 현존으로 끌어모아 열정적인 삶을 살 수 있도록 인도하기 위해서 말이다.

그런데 지금 나는 하나님은 주변부로, 배경으로 밀려나고 심리학과 사회학과 목표 달성 관리가 중요한 자리를 차지하는 종교의 배를 타고 있었다.

내 동료인 선원들은 나름 종교적이지만("저마다 저희 신들에게 부르짖고") 계획적으로 자신을 열정으로부터 단절시키고, 자신들이 사랑하는 대상에 의해서가 아니라 구매하는 것에 의해서 정체성을 확인받으며 안전하고 조심스럽게 살았다. 불륜이나 주말 파티 형태로 간혹 열정 비슷한 것을 시도하지만, 그런 열정은 오래가지 못했고 사회적 체면과 소비자들에게 받고 있는 신뢰 때문에 겉으로 드러낼 수도 없었다.

이제 적어도 내 임무가 무엇인지는 분명해졌다. 하나님과 열정이라는 내 삶과 소명의 핵심을 그것들에 호의적이지 않은 환경 속에서 회복하고 양육하는 것이 나의 임무이다.

이 시점에서 오해의 소지를 미리 없애야 할 것 같다. 요나와 함께하는 이 여행의 유비가 여기에서는 부정확하기 때문이다. 이 글을 쓰는 지금 나는 여전히 같은 교단에 속해 있고 같은 회중의 목사로 있다. 나는 그들에게 화가 나 있지 않다(비록 전에는 화가 났었지만 말이다). 나는 그들을 있는 그대로 받아들이게 되었다. 아니 사실은 받아들이는 것 이상을 하게 되었다. 나는 그들에 대해 감사하고 그들을 기뻐할 수 있게 되었다.

폭풍을 일으킨 것은 그들이 아니라 나였기 때문이다. 내가 그들의 삶을 위험하게 하고 있었지 그들이 내 삶을 위험하게 한 것이 아니었다. 주님의 현존으로부터 피한 것은 나였지 그들이 아니었다. 그들은 어쩌다가 그 배경이 되었을 뿐이고, 내가 다시스로 도망가려고 탄 배의 선원들이었을 뿐이다. 각자가 자기 신을 향해 부르짖는 매우 종교적인 배였기 때문에 나는 잠시 내 소명을 경력으로 바꾸어도 무관하리라 생각했다. 그러나 폭풍이, 내 인생의 근원적 경험에서 점점 더 멀어지면서 경험한 강렬한 내적 불행이 나를 정신 차리게 했다.

하나님과 열정

그 시기의 어느 날 나는 차를 몰고 45분 정도 거리에 있는 볼티모어에 갔다. 존스홉킨스 대학의 슈라이버 홀에서 열리는 소설가 체임 포톡Chaim Potok의 강연을 듣기 위해서였다. 체임 포톡은 유대인인데 매우 종교적인 사람으로 믿음으로 사는 삶의 차원들을 탐험하고 개발하는 사람이었다. 그는 정말 소설을 잘 썼다.[3)]

내가 다시스의 배에서 던져질 참이었던 그날 오후 강연에서 체임 포톡은 어려서부터 작가가 되고 싶었지만, 대학에 갔을 때 어머니가 자신을 불러서 이렇게 말씀하셨다고 했다. "체임, 네가 작가가 되고 싶어 하는 것은 안다만, 내 생각에는 이게 더 좋을 것 같은데 말이야. 그러니까 뇌 전문의가 되는 게 어떠니? 그러면 많은 사람을 살릴 거고 돈도 많이 벌 테니까 말이야." 체임 포톡은 이렇게 대답했다. "아니에요, 어머니. 전 작가가 되고 싶어요."

방학이 되어서 집에 오니 어머니가 체임을 따로 불렀다. "체임, 네가 작가가 되고 싶어 하는 건 알겠어. 하지만 엄마 말을 들어라. 뇌 전문의가 되도록 해. 사람들도 많이 살리고 돈도 많이 벌고 하잖아." 체임이 대답했다. "아니에요, 어머니. 전 작가가 되고 싶어요."

이런 대화가 방학 때마다, 여름마다, 만날 때마다 반복되었다. "체임, 네가 작가가 되고 싶어 하는 건 알겠어. 하지만 엄마 말을 들어라. 뇌 전문의가 되도록 해. 사람들도 많이 살리고 돈도 많이 벌고 하잖아." 그때마다 체임은 대답했다. "아니에요, 어머니. 전 작가가 되고 싶어요."

이런 식의 대화가 계속되면서 압력은 갈수록 세졌다. 그러다 마침내 폭발하고 말았다. "체임, 넌 지금 시간을 낭비하는 거야. 뇌 전문의가 되라니까. 사람들도 많이 살리고 돈도 많이 벌 거야." 그러자 그에 맞먹는 폭발이 일어났다. "어머니, 저는 사람들을 그냥 살리기만 하는 데에는 관심이 없어요. 나는 어떻게 살아야 하는지를 보여주고 싶어요!"

그날 그 말이 이사야의 예언과 같은 힘으로 내 귀를 때렸다. 바다 폭풍 한가운데서 그 말이 내 소명을 다시 정의해주었다. 주변 사람들은 다 내게 좋은 일을 하라고 충고했다. 많은 사람들을 도와주고 성공하라고 했다. "뱃사람들은 육지로 되돌아가려고 노를 저었지만 … 헛일이었다." 내가 원하는 것은 그런 것이 아니었다. 그것을 정말로 원한 적은 한 번도 없었다. 나는 사람들을 그냥 살리기만 하는 데에는 관심이 없었다. 나는 어떻게 살아야 하는지를 보여주고 싶었다. 그리고 나는 하나님과 열정이 그 방법이라고 생각했다.

옥수수 밭

하지만 난 도움이 필요했다. 근원적 에너지를 회복하는 것이 첫 단계였다. 엄청나게 큰 첫 단계였지만, 내가 살고 일하는 이 밭에서 근원적 에너지를 회복해야 했다.

그 밭은 옥수수 밭이었다. 적어도 최근까지는 그랬다. 지금은 아스팔트가 깔린 인도와 비슷비슷한 주택들이 그곳에 들어서 있다. 그 집에서 사람들은 텔레비전을 보고 아침에 시리얼을 먹고 배가 많이 고프면 냉동피자를 전자레인지에 넣었다. 그리고 날마다 생업을 위해 몇 시간 동안 그 집을 떠나 있었다. 생업이란 곧 돈을 버는 것을 의미했다. 그들이 실제로 만들어내는 것은 없었다. 전부 사거나 빌렸고 그다음에는 남용하거나 낭비했다. 모두가 그런 것은 아니다. 예외도 있다. 그러나 이것이 전형적인 미국 교외 지역의 생활방식이다.

더 이상 옥수수 밭처럼 보이지 않지만 반복적이고, 예상 가능하고, 특징 없는, 그러나 반 고흐가 보여준 것처럼 불타는 아름다움이 불가능하지는 않은, 옥수수 밭의 모든 특징을 여전히 가지고 있는 밭 한가운데에서 나는 하나님을 믿고 열정적인 삶을 살기로 마음먹었다.

내 근원을 찾고 그것이 소명으로 어떻게 나타나게 되었는지 깨달아가던 무렵, 나는 목사가 되는 것과 나란히 그리고 그것과 얽혀서 내가 작가이기도 하다는 것을 깨달았다. 내 소명은 말하자면 조울증처럼 양면을 다 가지고 있었다. 그때 그것을 어떻게 그렇게 확실히 알았는지는 모르겠다. 내가 책을 출판하게 된 것은 그로부터 한참 후였기 때문이다. 그러나 내 소명에서 '작가'와 '목사'가 나란히 온다는 확신은 더 깊어졌다. 작가와 목사가 시간 안배를 놓고 싸우는 경쟁 관계로서가 아니었다. 작가가 목사의 종처럼 다른 사람들이 읽을 수 있게 목사의 메시지를 받아 적는 그런 종속 관계로서가 아니었다. 소명 쌍둥이처럼 느낌과 외모와 행동은 매우 비슷하지만 서로 다른 몸을 지니고 혼자서도 온전히 존재하는 동반자 같은 관계였다.

이제 나는 내 인생과 소명에서 무엇이 중심인지 알게 되었다. 그러나 그것을 실행하기는 쉽지 않다는 것을 곧 깨달았다. 아스팔트로 덮인 옥수수 밭 한가운데서 하나님을 믿고 열정적인 삶을 사는 것은 쉽지 않았다. 이 지역의 문화가, 종교문화와 세속문화 모두가 하나님과 열정을 주변부로 밀어냈다. 그러나 내가 이곳에 온 것은 바로 하나님과 열정 때문이었다. 그것이 내 안에서도 주변부로 밀려난다면 나는 내가 아닐 것이다. 나는 목사가 아닐 것이고 작가가 아닐 것이다. 작가와 목사는 하나님과 열정이 형성한 소명의 두 갈래였다. 문제는 온전함이었다. 목사로서 온전함, 작가로서 온전함.

목사와 작가라는 소명의 온전함을 유지하고 발전시키는 데에 도움이 될 만한 것을 나는 적극적으로 찾아다녔다. 목사든, 사제든, 안내자든, 이렇게 비우호적인 환경에서 내 소명을 실현하게 도와줄 누군가를 찾았다. 놀랍게도 하나님과 열정은 출판을 위해 글을 쓰고 종교를 조직하는 일에 (순진한 내 생각과는 달리) 자산이 되기보다 장애가 되었다. 포위당한 기분이 들었다. 나는 새 교회를 세우도록 보냄을 받았기 때문에 목사였으나 회중이 없었다. 그리고 나는 작가였으나 출판한 책은 없었다. 내가 존재할 수 있는 시장이 없고, 내 소명에 맞는 직업이 없는 셈이었다. 어머니의 영향을 받은 내 소명의 중심이 무엇인지가 밝혀졌으나 이제는 그것을 내가 고용된 조건에서 발전시켜야 했다. 나는 도움이 필요했다. 그래서 주위를 둘러보았다.

살아 있는 사람 중에서 소명의 멘토로 삼을 사람을 찾으려고 몇 차례 시도했지만 성과가 없었다. 그러던 중에 표도르 도스토옙스키Fyodor Dostoevsky를 만나게 되었다. 어떻게 그와 마주치게 되었는지 지금은 기억이 나지 않는다. 그전에는 접한 적이 없었기 때문이다. 영감을 받은 육감이었을 수도 있고, 결과적으로 운이 좋았던 찰나의 생각이었을 수도 있다. 좀 고전적이기는 하지만 더 정확하게 표현하자면 그것은 섭리였다.

나는 일정표를 꺼내서 일주일에 세 번 도스토옙스키와 오후에 두 시간씩 만나기로 했다. 그리고 7개월에 걸쳐서 도스토옙스키의 작품을 모두 읽었다. 두 번씩 읽은 책도 있었다. 화요일, 목요일, 금요일 오후 3시부터 5시까지 나는 서재에서 도스토옙스키를 만났고, 《죄와 벌》, 《지하생활자의 수기》, 《백치》, 《악령》, 《카라마조프 가의 형제들》을 가지고 여유롭게 대화를 나눴다. 하나님과 열정이 필수였던 사람, 그리고 그것이 통합되어 있던 사람과 나는 오후 시간을 함께 보냈다. 겨울이 지나고 봄이 지나고 여름으로 들어서고도 한두 달을 나는 서재에 숨어 펭귄출판사에서 출간한 도스토옙스키 페이퍼백 시리즈를 읽었다.

그리고 위기를 넘어섰다. 도스토옙스키 덕분에 그 후로 다시는 하나님과 열정이 위험에 처하지 않았다. 적어도 소명에서는 그랬다. 소냐, 미슈킨 공작, 알료샤, 조씨마 신부의 하나님과 열정으로 가득 찬 삶은 생생한 이미지로 내 상상력을 채웠다. 지금도 나는 가끔씩 도스토옙스키를 불러내는데, 책꽂이에서 그의 책 하나를 꺼내 읽으며 옛날에 나누었던 대화를 회상한다.

소명적 거룩함

내가 도스토옙스키에게서 처음으로 발견한 제대로 된 인물은 '백치' 미슈킨 공작이었다. 훗날 내가 '소명적 거룩함'이라고 이름 붙인 것을 찾고 있었는데, 공작은 내 상상력을 확장시켜서 그것이 무엇인지 가늠하게 해주었다.

어떻게 하면 변화를 가져올 수 있을까? 세상은 엉망이었다. 사람들은 영적 빈곤과 도덕적 불결과 물질적 혼란 속에서 살고 있었다. 대대적인 정비가 필요한 시점이었다. 누군가 무언가를 '해야' 했다. '내가' 무언가를 해야 했다. 그런데 어디서부터 시작한단 말인가?

자아의 왕국에 헌신한 문화 속에서 하나님의 왕국을 대변한다는 것은 무엇일까? 어떻게 하면 섬세하고, 나약하고, 여린 단어들이 돈과 총과 불도저와의 경쟁에서 살아남을 수 있을까? 아무 일도 일으키지 못하는 목사들이 어떻게 하면 컨트리 가수들과 마약 왕과 석유 재벌에게 돈을 갖다 바치는 사회에서 튼튼한 정체성을 유지할 수 있을까? "공중의 권세를 잡은 통치자"가 제시하는 모델을 보고 자신의 소명을 거기에 맞추는 남자와 여자들이, 목사들이 사방에 있었다. 그 모델은 전부 (일을 만들어 내었기에) 권력이 있었고 (중요한 사람처럼 보였기에) 이미지가 좋았다. 그러나 내 안에서 형성되던 부르심과 일치하는 것은 하나도 없었다. 어디에도 속하지 않는 이 열망이 실제로 소명의 모습을 갖추면 어떻게 보일까? 도스토옙스키가 내 탐색에 기여한 것은 바로 미슈킨 공작을 통해서였다.

미슈킨 공작을 만나는 사람은 누구나 그가 단순하고 순진하다고 생각한다. 그는 이 세상이 어떻게 돌아가는지 자신은 모른다는 인상을 준다. 사람들은 그가 사회의 복잡함을 전혀 경험하지 못했다고 가정한다. 그는 '진짜 세상'을 모른다. 그는 백치이다.

그가 들어선 상트페테르부르크 사회를 도스토옙스키는 시시하고 피상적인 곳으로 묘사한다. 이곳 사람들은 온통 가식과 허영 덩어리이다. 돈이 얼마나 있는지, 어떤 가문 출신인지, 누구랑 인맥이 있는지에 따라 사람을 판단했다. "그들은 잘난 체했지만 자신들의 탁월함이라고 하는 것이 그저 겉치장에 불과하다는 것을 모르는 머리가 빈 사람들이었다. 그들이 가진 것은 전부 무의식적으로 얻거나 상속으로 얻은 것이지, 그들에게서 비롯된 것이 아니었다."[4] 그들이 조심스럽게 공작을 자신들의 응접실로 받아들인 이유는 귀족과 연줄이 있을지도 모른다는 가능성 때문이었다. 하지만 처음부터 공작은 의심을 받는다. 어떻게 처신해야 하는지 전혀 몰랐기 때문이다. 공작에게는 이름과 지위의 중요성에 대한 개념이 없었다. 공작은 확실히 그 사회에 맞지 않았다.

그런데 서서히, 누구도 어떻게 그렇게 되었는지 정확히 모르는 사이에 공작은 이 시시하고 강박적인 생활의 중심인물이 된다. 사람들은 인정이나 섹스나 돈에 미쳐 있었다. 그러나 공작은 그들과 쉽게 어울리면서도 이상하게 그들이 보이는 강박이 없었다. 이야기에 나오는 다양한 인물들이 공작을 이용하기 위해서 달라붙지만, 공작은 '이용 가능'하지가 않다. 공작은 그냥 존재할 뿐이다. 어디에도 쓸모가 없고 그냥 선할 뿐이다. 서서히 사람들이 자기 뜻을 이루려고 교묘한 술책을 쓰는 와중에 공작은 단순히 자신의 인간성 때문에 중요한 사람으로 부상한다. 사람들은 왜 자신이 공작에게 자석처럼 끌리는지 알지 못한 채로 이 이상한 사람에게 매료되어 조언을 구하러 다가간다. 이러한 현상을 설명할 말이 그들에게는 없었다. 그러나 영향력 있는 사람이 되어가면서도 공작은 자신의 영향력을 행사하지 않고,

아무 일도 일으키지 않고, 권력을 즐기지도 않고, 마음대로 간섭하지도 않았다.

이처럼 미슈킨 공작이 무심할 수 있었던 이유는 그에게 사심이 없었기 때문이다. 이 소설에서 가장 강력한 감정적인 인물인 나스타샤 필리포브나는 만나는 사람들에게 강렬한 감정을 불러일으켰다. 그러나 매력적인 감정은 전혀 아니었다. 나스타샤를 만나는 사람들은 악의에 찬 경멸부터 동물적인 탐욕까지 다양한 감정을 드러냈다. 그러나 미슈킨 공작만은 예외였다. 미슈킨 공작은 나스타샤를 사랑하고 존경하며 이해했다. 공작은 자신의 필요 때문에 관계를 차단하거나 왜곡하는 일이 없었다. 나스타샤는 막달라 마리아와 같은 인물이다. 귀신 들리고 사회로부터 착취당하는 여성이다. 그런데 나스타샤는 미슈킨 공작에게서 사랑과 구원의 기회를 얻는다. 결국 나스타샤는 사랑과 구원을 받아들이지 않았지만, 기회가 없었던 것은 아니었다. 심지어 구원의 기회를 거절할 때조차 나스타샤는 공작에게 사랑과 용납을 받는다.

나는 도스토옙스키가 미슈킨 공작이라는 인물을 통해 무얼 하고 있는지 깨닫기 시작했다. 도스토옙스키가 살았던 러시아는 매우 얄팍한 사회였다. 사소한 사회적 강박들이 사람들을 사로잡고 있었다. 땀 흘려 일하는 사람은 아무도 없었고 전부 다 밭에서 일하는 소작농 계층에 기생하며 살았다. 중요한 것은 의례와 이미지뿐이었다. 그리고 이들 주변에서는 소수 지식인들이 개혁에 대한 열망으로 부글거리고 있었다. 기존 사회에 진저리를 치며 차르와 관료, 교회의 썩은 구조를 허물고 건강하고 공정한 사회를 만들고 싶어 하는 젊은 지식인들이었다. 그들은 하나님과 권위, 교회와 국가에 진저리쳤으며 모든 것을 부수고 순수하고 공정한 무언가를 세울 방법을 찾고 있었다. 그들 중에는 무정부주의자와 사회주의자들도 있었다. 개혁 방법에 대해서는 의견이 일치하지 않았지만, 하나님이 끼어들어서는 안 된다는 점에 동의했고 새로운 삶을 성취하기 위해서는 살인을 비롯한 그 어떤 수단도 정당하다는 확신을 품고 있었다.

안일하고 이기적이고 부패한 19세기 러시아에 역겨움을 느낀 사람이라면 누구나 급진적인 혁명가에게 강한 매력을 느꼈다. 도스토옙스키도 예외가 아니었다. 그때는 어떻게든 해야 하는 상황이었다. 이처럼 나태하고 오염된 정신 상태를 그냥 내버려두는 것은 있을 수 없는 일이었다. 극한의 상황은 극한의 개입을 부른다. 도스토옙스키는 혁명가들의 사상에 살짝 발을 담갔고 모임에 합류했다. 그리고 체포되어 시베리아로 유형를 갔다. 이런 경험은 도스토옙스키를 더 급진적으로 만들었을 것 같지만 그렇지 않았다. 사실 유형 기간에 도스토옙스키는 급진적으로 방향을 틀었다. 투옥 생활 초기에 나탈랴 폰비지나라는 여성이 도스토옙스키를 찾아왔다. 나탈랴는 도스토옙스키에게 성호를 긋고는 신약성경을 건넸다. 훗날 도스토옙스키는 시베리아 옴스크 감옥에서 신약성경을 읽고 또 읽었다고 고백한다.

"징역을 살면서 4년간 그 책을 내 베개 밑에 두었다. 가끔씩 그 책을 꺼내 읽었고 다른 사람들에게도 읽어주었다. 한 재소자에게 그 책으로 글자를 가르치기도 했다."[5] 도스토옙스키는 당시 유행하던 무정부주의적이고 사회주의적인 유토피아 대신에 어리석음과 고난의 십자가를 뿌리까지 파고들었다.

10년간 시베리아에서 유형생활을 마치고 돌아온 도스토옙스키는 무신론적이고 사회공학적인 활동에 뛰어드는 대신 사회에 파고들어 거룩함을 통해서 사회를 변화시키는 인물들을 창조하며 여생을 보냈다. 도스토옙스키는 그리스도께서 이 땅에 오셔서 하나님나라를 시작하셨던 방식을 모본으로 삼았다.

사회에 혐오감을 느끼고 사회를 개선하기 위해 무언가를 하고 싶은 사람들은 대개 소명의 문제를 대할 때 수단에 초점을 맞춘다. '어떻게' 시작할 것인가? 총으로 할 것인가 은혜로 할 것인가? 도스토옙스키는 은혜를 선택하고 그리스도를 위해 바보가 된 인물들을 창조했다. 그중 내가 제일 좋아하는 인물이 미슈킨 공작이다. 마지막 작품이자 최고의 역작인 《카라마조프가의 형제들》에는 도스토옙스키가 소명적 거룩함을 보여주고자 만든 또 하나의 인물 알료샤가 나온다.

여기에서 소명은 일을 해내는 소명이 아니라 실재에 굴복하는 소명이다. 미슈킨 공작은 이렇게 말한다. "내 생각에는 때로 어리석은 것도 퍽 괜찮은 것 같아요. 아니 훨씬 더 나아요. 어리석으면 서로 용서하고 자신을 낮추는 게 훨씬 더 쉬우니까요.

처음부터 완벽한 사람은 없잖아요! 완벽해지려면 우선 많은 것을 이해할 수 없어야 해요. 너무 빨리 이해해버리면 제대로 이해하지 못할 수가 있거든요."[6]

미슈킨 공작의 존재는 도덕성, 즉 옳은 것을 행하고 말하는 것과는 아무(혹은 거의) 상관이 없다. 미슈킨을 통해서 배우는 것은 아름다움과 선함이다. 아름다움과 선함은 추상적으로는 알 수 없는 것들이다. 생활 속에서, 살며 사랑하는 사람들 가운데서 나타나는 것이기 때문이다. 아름다움과 선함은 마주할 수는 있으나 관찰할 수는 없다. 미슈킨 공작은 그 마주침을 선사한다. 아름다움과 선함을 향한 갈망은 끝도 없는 좌절이다. 우리가 아름답고 선한 사람이 아니라는 것을 거의 항상 인식하기 때문이다. 일을 잘하면 거기에는 만족이 있다. 하지만 우리 자신의 '상태'가 좋으면 그것은 의식되지 못하고 따라서 만족을 얻지 못한다. 적어도 자아의 만족과 같은 그런 의미의 만족은 없다. 그런데 그러한 자아의 만족을 대부분의 사람들은 무척이나 바란다. 우리는 대체로 상태가 좋지(거룩하지) 않기 때문에 대부분 부적절한 느낌을 깊이 안은 채 살아간다. 우리가 계속해서 거룩함을 열망하는 이유는 그 대안이 너무도 무미건조하기 때문이다.

세대마다 치유나 개혁이나 가르침을 염두에 두고 사회에 진출하는 사람들이 더러 있다. 나는 확실히 그랬다. 나는 그러한 접근을 격려하는 믿음의 분파에 속해 있었다. 모든 것이 새롭게 만들어질 것이라고 혹은 그렇게 될 수 있다고 약속하고 그것을 실행하기 위해서 '회개하라', '세례를 받으라', '네 십자가를 지라'와 같은 인생을 바꾸는 말들을 소개하는 텍스트를 가지고 일했다.

나는 요란하게 경건의 실습을 하며 자기 의에 빠져 자기들끼리 비밀회의를 결성하는 경건주의에 짜증이 났다. 그리고 안전하고 건전하게 사는 법을 조언하는 진부한 〈리더스 다이제스트〉식 도덕주의는 따분했다.

하지만 변화를 갈망하는 이런 에너지는 어떠한 모습으로 소명을 취하는가? 내게 있는 것은 관리 모델 아니면 메시아주의 모델뿐이었다. 그런데 미슈킨 공작은 달랐다.

나는 자문했다. 내 인생에 변화를 가져온 사람들은 누구인가? 바로 변화를 가져오려고 하지 않는 사람들이었다. 미슈킨 공작은 사랑과 아름다움과 거룩함을 전달하는 사람들을 알아보게 해주었다. 그들과 함께 있으면 이런 생각이 들었다. '나도 저렇게 살고 싶다. 저런 사람이 되는 것이 가능할까? 그리고 그것을 개인적으로만이 아니라 소명적으로도 실행하는 것이 가능할까?'

영의 상실

목사가 되는 것과 작가가 되는 것은 내게 실질적으로 같은 것이었다. 혼돈 속으로, 엉망진창인 상황으로 들어가서 거기에서 무언가 선하고 복된 것, 즉 시, 기도, 대화, 설교, 은혜의 목격, 사랑의 인식, 덕의 형성을 이루어내는 느리고 신비로운 작업이었다. 이것은 히브리의 신실한 자들이 말하는 '예수아 *yeshua*'이고, 그리스의 그리스도인들이 말하는 '소테리아 *sotēria*'이다. 구원. 창조와 재창조를 통한 신의 형상의 회복. 글쓰기는 문학적 행위가 아니라 영적 행위였다. 목회는 종교 사업을 관리하는 것이 아니라 영적 탐색이었다.

하나님 앞에서 영혼이 강렬하게 집중하는 것이 기도이다. 그리고 그 기도가 글쓰기와 목회의 핵심이다. 글을 쓸 때 나는 말과 함께 일하고 목회를 할 때는 사람과 함께 일한다. 단순한 말과 단순한 사람이 아니라, 정신/영을 매개하는 말과 사람이다. 기도 없이 말을 사용하거나 사람을 대하는 순간 인생에서 본질적인 무엇이 새어나가기 시작한다. 그렇게 서서히 새고 있다는 깨달음, 영이 상실되고 있다는 깨달음이 내게 위기감을 일깨워 주었다. 그런데 도스토옙스키는 영으로 충만해 있었다. 하나님으로 취해 있었고 말에 취해 있었다. 윌리엄 배럿William Barrett은 도스토옙스키를 묘사할 때 '화산 같다'는 표현을 썼다.[7)]

작가로서의 위기는 당시 유명했던 어떤 사람을 위해 대필을 해달라는 요청을 받았을 때 찾아왔다. 나는 몇 년 동안 글과 시, 원고 등을 출판사에 보냈지만 매번 거절당했다. 계속해서 거절만 당하다가 그런 일이 생기자 마치 섭리처럼 느껴졌다. 그래서 내 글이 인정받았다는 생각 외에 내가 무엇을 하는 것인지 깊이 생각하지 않고 그 제안을 받아들였다. 대가도 좋았다. 내가 대필한 글은 그 글보다 훨씬 더 나은 원고를 몇 개나 내 이름으로 보냈으나 번번이 거절했던 회사가 출판했다. 그때 나는 이런 식으로 글을 쓰면 계속해서 출판도 하고 돈도 받을 수 있다는 걸 알았다. 정직한 일이었고 유용하기도 했다. 그러나 또한 내가 쓴 글이 (저자의 이름만 제외하면) 다 사실이지만, 살아 있음의 차원에서 보자면 결코 진실이 아니라는 것도 알았다. 그것은 직업이지 소명이 아니었다. 트루먼 커포티Truman Capote의 조롱이 떠올랐다. "그건 글쓰기가 아니라 타이핑이야."

목사로서의 위기도 그와 동시에 일어났다. 교외 지역에서 새 회중을 세우면서 나는 가능한 한 빨리 많은 사람을 모아서 하나님을 예배할 수 있는 적절한 예배당을 지을 재정을 마련해야 한다는 압박에 시달렸다. 하나님과 너무 깊이 연루되지만 않으면, 종교적 무리를 모으는 일은 퍽 쉽다는 걸 알게 되었다. 상관들이 그 방법을 보여주는 워크숍에 나를 보내주었다. 나는 그렇게 해서 성공한 목사들의 사례를 관찰했다. 종교 소비자들은 다른 소비자들과 똑같아서 포장과 싼값에 쉽게 이끌린다. 그러나 나는 그 경로를 따르려면 목사의 삶에 가치를 부여해주는 하나님을 향한 열정을 버려야 한다는 것도 알았다.

위기였다. 결심을 해야 했다. 나는 책을 내고 싶었다. 나는 큰 회중을 원했다. 그러나 나는 작가이면서 동시에 책을 낼 수가 없었다. 그리고 목사이면서 동시에 큰 회중을 가질 수가 없었다. 당시 내게 제시된 조건으로는 그렇게 할 수가 없었다.

기하학의 위협

1960년대는 나르시시즘이 풍미하던 때였다. 나르키소스의 이야기가 자기도취의 위험을 경고하는 이야기로 회자된 지는 오래되었고, 그 경고는 정말로 유용한 경고였다. 그런데 그것과는 다른 일이 벌어지고 있었다. 나르키소스가 경고로 사용되는 것이 아니라 수호신이 되었다. 교회에서는 인간의 잠재력에 대해 떠드는 것이 유행이었다. 영적인 고백들이 서점에서 가장 많이 팔렸다. 자아가 전면에 그리고 중심에 자리 잡았다.

충분히 그럴 수 있는 일이었다. 인간의 잠재력을 믿는 심리학자들의 열망이 풍성한 삶을 열망하는 그리스도인의 지지를 받는 듯했다. 고백으로 치자면, 사실 그것은 기독교의 주요 산물이 아니었던가? 그것을 종교적 문학 장르로 만든다고 해서 크게 정도에서 벗어나는 것 같지는 않았다. 하지만 무언가 잘못되었다. 나는 혼란스러웠다. 그런데 도스토옙스키가 그 혼란에서 벗어나게 해주었다.

도스토옙스키는 자아에 대한 열광이 결코 역사적 기독교의 영혼에 대한 관심과 같지 않다는 것을 분별하게 도와주었다. 자아는 영혼의 악마적 왜곡이라는 것을 보여주었다. 사람들이 자아라고 부르는 것은 기독교가 영혼이라고 부르는 것과 비슷하지만, 거기에는 하나님에 굶주리고 의에 목마른 것이 삭제되어 있었다. 도스토옙스키는 나를 바로잡아주었다. 논쟁을 통해서가 아니라 창조를 통해서, 하나님 없이 비인간적으로 말라붙은 인생을 보여주는 인물을 창조하고, 하나님을 추구하는 인생의 소름끼치는 아름다움과 비교하고 대조함으로써 나를 바로잡아주었다.

도스토옙스키는 인간의 본성을 설명하려는 근대의 열정, 고통과 불만족을 제거하고 이 세상에서 편히 지내게 해주려는 열정, 그 강박적 사리추구가, 하나님과 거룩함을 향한 극심한 목마름과 굶주림을 지닌 거대하고 신비로운 피조물을 기하학으로 축소시킨다는 것을 보여주었다. 즉, 인간을 선과 각도로, 치수와 숫자로 설명될 수 있는 것으로 축소시킨다는 뜻이다.

"인간은 산술적 표현이 아니다. 인간은 신비롭고 이해하기 힘든 존재이다. 그리고 인간의 본성은 처음부터 끝까지 극단적이고 모순적이다."[8] 나는 영혼을 회복해주는 문장들을 베껴 쓰기 시작했다.

"사람은 사람이지 피아노 건반이 아니다."[9)]

"사람이 해야 할 일은 자신이 톱니바퀴가 아니라 인간이라는 것을 증명하는 것, 그것이 전부이다."[10)]

"2 곱하기 2가 4라는 것은 삶의 일부가 아니라 죽음의 시작이기 때문이다."[11)]

도스토옙스키가 살던 러시아와 내가 사는 미국에서는 하나님에 대한 관심이 자아에 대한 관심 때문에 주변으로 밀려났다. 작가든 목사든 모두가 감정의 가방을 열고 다양한 것들을 꺼내서 쳐다보는 자극적인 사업에 몰두하고 있었다. 그것은 브래지어와 팬티에 대한 관음증 같은 것이었다. 영혼의 속옷과 같은 죄책감과 순수함, 분노와 애정, 탐욕과 사랑을 보고 놀라워하고 그것들에 대해 이야기하지만, 하나님에 대한 열정은 없다. 그리스도 안에서 우리와 함께 우리를 위해서 고난받고 기도하시는 하나님을 붙들고 고난받고 기도하면서 정체성을 찾아 밤새워 씨름하는 브니엘 사건 같은 건 일어나지 않는다.

관음증은 페티시로 발전했다. 영혼을 자아로 축소하고 하나님을 중심과 깊이에서 제거하고 나니 (신비가 모두 사라졌기 때문에) 자아를 진단하고 자아의 필요를 만족시키는 데 딱 맞는 종교를 만들어낼 수 있게 되었다. 그러나 거기에는 하나님과 인간 관계의 복잡함이 모두 빠져 있다. 어니스트 베커Ernest Becker가 《죽음의 부인*The Denial of Death*》에서 참으로 탁월하게 표현한 것처럼 "페티시는 감당할 수 있는 기적이다. 그러나 파트너는 감당할 수 있는 대상이 아니다."[12] 나는 이 문장에 단어를 하나 추가하고 하나는 바꾸어서 이렇게 표현했다. "페티시 영성은 감당할 수 있는 기적이다. 그러나 하나님은 감당할 수 있는 대상이 아니다."

오토 랑크Otto Rank의 표현을 빌리자면, 내가 소명을 실행하려고 하는 문화는 주도권을 놓지 않으려고 감당할 수 없는 인생의 거대함을 편향되게 만드느라 애쓰는 문화였다.[13] 도스토엡스키는 악과 고통, 사랑과 구원의 깊이에 기백 넘치고 과도하고 무모하게 몰두했고, 그것이 내게 하나님과 열정을 회복시켜주었다. 스타브로긴은 새롭게 개정된 교회학교 커리큘럼으로 악한 생활을 그만두게 설득하고 구원받게 교육할 수 있는 사람이 아니었다. 알료샤는 치료 그룹에 참여함으로써 거룩해진 것이 아니었다.

성공적인 작가는 먹힐 만한 플롯을 발견해서 같은 책을 평생 반복해서 쓰면서 독자들을 만족시킨다. 독자들은 진리에 대해서 생각하거나 진리를 다루지 않으면서 문학적이 될 수 있다. 매춘부 작가이다.

성공적인 목사는 먹힐 만한 프로그램을 발견해서 만나는 회중마다 그것을 반복하고 교인들을 만족시킨다. 교인들은 기도하거나 하나님을 대면하지 않으면서 종교적이 될 수 있다. 매춘부 목사이다.

어느 집에나 있는 카라마조프

가장 무서운 만남은 죄와 벌에 나오는 라스콜리니코프와의 만남이었다. 라스콜리니코프는 살인을 실험하기 위해서 사회적으로 무가치한 사람을 하나 골랐다. 죽든 말든 아무도 상관하지 않을 여자였다. 누구에게도 무엇에도 쓸모가 없는 여자였기 때문이다. 라스콜리니코프는 그 여자를 죽였다. 그런데 놀랍게도 그 일로 라스콜리니코프는 존재의 근원까지 흔들렸다. 상관이 있었던 것이다. 이 무가치한 여자는 인간이라는 사실 하나만으로 영적인 힘이었다. 뼈만 남은 정도의 존재라 할지라도 인간은 우리 중 누구라도 뒤흔들어 당혹감과 경외심에 빠지게 할 정도의 충분한 영광을 지니고 있다. 라스콜리니코프는 사람이 지니고 있을 것이라고 생각하지 않았던 영적인 높이와 깊이에 눈뜨게 되었다.

그런데 갑자기 내가 라스콜리니코프로 보였다. 충격적인 인식이었다. 살인을 한 것은 아니지만, 나는 종이 위의 글자와 회중 안의 교인들을 가지고 실험하고, 내가 어떤 일을 할 수 있나 보려고 신 행세를 하며 조작했다. 어떤 효과가 있나 보려고 종이 위에서 글자를 이리저리 옮겨보았다. 최상의 조합을 만들어 보려고 교인들을 이리저리 돌렸다. 말을 사전적 의미로 축소시켰다. 사람을 그들의 서약이 가지는 가치로 축소시켰다. 말과 사람을 쉽게 대할 때 공통의 위험이 있다. 경멸하며 무례하게 구는 자만심이다. 라스콜리니코프의 후예라 할 수 있는 이오시프 스탈린은 이렇게 말했다. "종이는 그 위에 적힌 것이 무엇이든 그것을 참고 견딜 것이다." 페티시가 넘쳐나고 우상에 중독된 회중도 그러할 것이다.

나는 내가 걸어온 길을 되짚어보았다. 어쩌다가 라스콜리니코프의 세계에 오게 되었을까? 어쩌다가 내 주변 사람들을 이처럼 불경하게 여기게 되었을까?

나는 전형적인 교외 지역에 살았는데, 그 생활이 별로 마음에 들지 않았다. 내가 이사를 간 옥수수 밭은 날마다 규격형 주택과 아스팔트로 덮이고 있었다. 나의 지도하에 하나님께 예배하러 모인 사람들은 뿌리도 문화도 없었다. 그리스도인으로서 미미한 존재였다. 그들은 책을 읽지 않았다. 토론도 하지 않았다. 그들의 삶에서 영혼은 다 새어나가 버리고 대신에 진부한 말과 전형적인 것들과 안전에 대한 관심과 유행 같은 것들이 어수선하게 자리 잡고 있었다. 도스토옙스키의 말이 정곡을 찔렀다. "사람들이 다 묽어져버린 것 같다. … 날마다 정신없이 바쁘게 다니지만 일종의 희석된 상태로 다닌다."[14] 그들의 문화는 단단한 알맹이 없이 무엇이든 빨아들이는 말랑말랑한 스펀지 문화였다. 저항해낼 견고한 사고가 없었다. 부추겨볼 불타는 정신도 없었다. 눅눅한 교외 생활이었다.

내게는 새로운 경험이었다. 이런 지역은 처음이었다. 나는 몬태나 주의 마을에서 자랐고 시애틀, 뉴욕, 볼티모어 등의 항구

도시에서 학교를 다녔다. 서부에 있는 내 고향에서는 누구나 바위에 들러붙은 따개비만큼이나 일화가 많은 입체적인 인물이었다. 도시에서는 동양인, 유럽인, 아프리카인 등 다문화를 많이 접했다. 그런데 여기에서는 모든 사람이 이미 똑같거나 빠른 속도로 똑같아지고 있었다. 서른 살이었던 나는 이런 무미건조함, 수동적 소비주의로 기꺼이 동화되려는 이런 상황을 한 번도 경험한 적이 없었다. 나는 누구나 개성이 있기만 한 것이 아니라 개성 그 자체라고 생각했고, 그래서 다양성은 더 다양해지고 색깔은 더 깊어지고 대조는 더 또렷해진다고 생각했다. 지금과 같은 상황은 전혀 뜻밖이었다. 광고 이미지로 사회 전체가 형성될 수 있다는 생각은 한 번도 해본 적이 없었다. 나로서는 그동안 보호받는 삶을 살았던 셈이다. 사복음서에 나오는 어떤 내용보다도 파블로프의 실험이 이 사람들의 상태를 더 잘 설명해주었다. 그들은 필요와 상관없이 세일 가격이라는 자극에 반응하도록 조건화되어 있었다. 파블로프의 개가 배고픈 것과는 상관없이 종만 울리면 침을 흘리도록 훈련된 것처럼 말이다. 바로 이 사람들을 위해서, 영혼은 일찍 은퇴하고 정신은 문 앞에서 저지당한 이 사람들을 위해서 나는 기도하고 글을 썼다. 뇌의 일부가 절단된 것 같은 교외 생활의 영성이었다.

그 밋밋함과 지루함 때문에 나는 빈혈증에 걸린 것 같은 이 사람들에 대한 존경심을 잃어버렸다. 매주 나와 함께 모여서 예배를 드리는 이 사람들은 정말로 자기 자신을 아주 작게 보았다. 패스트푸드 문화에 젖어 사는 그들은 종교적 도움도 신속하게 얻으려고 교회에 왔다. 일주일 내내 그들 주변에 있다 보니 그들이 스스로에 대해서 생각하는 그 정도로 그들에 대한 내 생각을 축소시킬 위험에 처하고 말았다. 그런데 도스토옙스키가 나를 꾸짖었다. 도스토옙스키는 나와 거의 같은 사회에서 살았다. 하지만 그는 문화 자체는 무척 혐오하면서도 사람들이 스스로에 대해서 제시하는 증거는 받아들이지 않았다. 도스토옙스키는 그들의 삶 이면으로 파고 들어가 저 깊은 곳에서 불과 열정과 하나님을 발견했다.

도스토옙스키는 그들을 다시 한 번 큰 존재로 만들었다. 열망도 죄도 영광도 아주 거대한 사람들로 말이다. 예를 들어 카라마조프 가의 형제들은 정말로 컸고 정말로 러시아다웠다. 도스토옙스키는 내게 각 가정에서 카라마조프 사람들을 볼 때까지 그 가족을 오랫동안 찬찬히 살펴보는 법을 알려주었다. 그들이 대화하면서 쓰는 변질된 상투어에서 억눌린 영성의 신호들을 간파하고, 비극적 플롯과 재미난 에피소드들, 사방에서 끊임없이 만들어지는 것들을 발견하도록 내 안테나를 훈련시켜주었다. 나는 영성의 냄새가 나는 세계에 살고 있었다. 평범한 사람은 하나도 없었다.

이제 내 임무는 이 사람들이 자신에게 있는지도 모르는 엄청난 에너지와 역량을 인식하면서 기도하고 글을 쓰는 것이었다. 나는 이 사람들이 제시하는 모습이 진짜인 줄 아는 속임수에 빠졌다. 그런데 그 모습은 진짜가 아니었다. 최근까지만 해도 초록빛이 무성하고 언덕들이 많았던 이 지역이 평평하게 다져지고 구획된 것과 비슷하게 그들의 삶도 평지로 다져지고 아스팔트로 덮였다. 그러나 그 표면은 5센티미터 두께의 거짓말이었다. 그들이 내게 보여준 표면을 가지고 작업하면, 나는 하나님의 형상으로 창조된 이 영광스런 존재들을 무지하게도 무례하게 대하며 라스콜리니코프의 범죄를 저지르게 될 것이다. 나는 정신을 차리고 회개했다.

그 후 나는 무미건조한 사람을 만나면 도스토옙스키의 소설 중 하나에 집어넣어서 그 작가가 그를 어떻게 만들어내는지 보았다. 그러면 머지않아 깊은 차원들이, 영원한 굶주림과 갈증이, 그리고 하나님이 드러났다. 나는 청소년들에게서는 모차르트와 같은 창조성을 보고, 중년에게서는 소포클레스의 비극을 보았다. 따분함은 가면에 불과한 것이었다. 충분히 오래 잘 들여다보면 사라져가는 이 옥수수 밭 마을에도 평생 동안 볼 만큼 드라마가 많았다.

서른다섯 살의 힐다는 설명할 수 없는 방법으로 하나님과 은혜와 희생이 살아 있는 세상에 눈을 떴다. 2년 전까지만 해도 힐다는 전형적인 교외 지역의 삶을 살고 있었다. 결혼도 잘했고 잘 차려입고 다니고 상냥하고 자녀도 맞춤하게 둘을 두었고 잘생겼고 자신감이 있었다. 그런데 남편이 자기 직업에 불만을 품자 힐다는 아픔을 느꼈고, 이어서 아버지가 암으로 돌아가시자 마음의 평정을 완전히 잃어버렸다. 겉으로는 여느 때와 다름이 없었다. 힐다는 2주나 3주에 한 번 교회에 왔고 마지막 찬송을 부를 때 서둘러 교회를 빠져나가서 아무도 그녀를 만나지 못했다. 그런데 언제부턴가 힐다가 매주 교회에 나왔다. 아주 우연한 기회에 힐다와 개인적인 대화를 나누게 되었는데, 그때 이야기가 쏟아져 나왔다. "내가 살고 있는 이 거대하고 즐거운 세상을 믿을 수가 없어요. 복음서를 읽고, 시편으로 기도하고, 일요일에 예배드리는 게 기다려져요. 인간관계가 모두 달라졌고, 이처럼 에너지가 넘친 적이 없어요. 왜 지금까지 예수님에 대해서 그렇게 바보같이 굴었는지 모르겠어요." 나는 힐다가 얼마나 수줍음이 많은지 전혀 모르고 있었다. 힐다는 친밀함이나 내면의 문제를 다루는 일에 무척 서툴렀다. 지금은 그녀 인생에서 가장 큰 사건, 지금 그녀가 거하는 새로운 실재를 아는 사람이 나밖에 없었다. 내가 그 이야기를 알게 된 것은 순전히 목사이기 때문이었다. 목사들은 때로 내면의 삶에 접근할 수 있는 특권을 누린다. 지금 힐다의 이야기는 흥분에 차 있다. 모차르트의 단계이다. 그와 동시에 다른 사람들은 용감하게 기도로 감당하는 아픔을 겪고 있기도 하고, 또 어떤 사람들은 남이 알아주지 않아도 지칠 줄 모르는 친절을 베풀기도 한다. 이런 이야기들은 비밀로 하기 때문에 드러나지 않는 것이 아니라, 주변 사람들이 하나님을 보지 못하기 때문에 드러나지 않는다. 너무도 많은 눈들이 텔레비전으로 멍해져서 바로 앞에서, 때로는 자기 집안에서 벌어지는 하나님 이야기를 보지 못한다. 나는 그것을 보고 듣는 것이 내 임무라고 정했다.

하루는 카를 바르트를 읽다가 창세기의 방법과 도스토옙스키의 소설 방법을 비교하는 문장을 보게 되었다.[15] 바르트는 두 책 다 호기롭게 관습적인 평가와 명예를 무시하고 관습적으로 보이는 삶의 표면을 걷어내고 예기치 못한 하나님의 깊이를 드러냄으로써 사람들의 삶에 다가간다고 지적한다. 도스토옙스키와 창세기는 남자와 여자들의 가면을 존중하지 않고 그들의 비밀을 판단한다. 두 책 모두 사람들이 스스로 제시하는 모습 너머를 보면서 무엇이 진짜이고 가짜인지를 구별한다. 두 책 모두 바울의 표현을 빌려 말하자면, '그러므로' 의로운 것이 아니라 '그럼에도 불구하고' 의롭게 여겨진 존재로 사람을 본다. 자신이 생각하는 모습이 공식적으로 인정을 받아서 의로운 것이 아니라 용서받았기 때문에 의로운 것이다.

씨앗을 심는 도스토옙스키

도스토옙스키는 그 모든 것을 자신의 마지막 소설인 《카라마조프 가의 형제들》 안에 담는 행운을 누렸다. 그 덕분에 도스토옙스키의 책을 읽는 모든 사람도 행운을 누리게 되었다. 《카라마조프 가의 형제들》은 결코 세련되지는 않지만, 영혼의 거대한 잠재력으로 활기가 넘친다. 사실 글이든 삶이든 도스토옙스키에게 세련된 것은 하나도 없다. 작가이자 목회자였던 프레드릭 비크너Frederick Buechner는 《카라마조프 가의 형제들》을 "부글부글 끓는 찌개와 같은 책"이라고 했다. "처지고 산만하고 인물도 너무 많고 너무 길지만, 무엇이든 그 안으로 들어오도록 도스토옙스키가 여지를 두었다는 바로 그 사실 하나 때문에 어쩌면 다른 어떤 것도 아닌 성령께서 직접 이곳저곳으로 들어가시게 되었다. 그래서 적어도 내가 보기에는… 종교 체험에 대한 소설이라기보다는 그 소설을 읽는 것 자체가 종교 체험인 그런 책이 되었다. 그 체험은 겉으로 드러나지 않는 하나님, 그리고 끔찍하게 부재하시는 하나님에 대한 체험이다."[16]

이 소설에서 두드러지는 대목은 알료샤가 통합시키는 축복과 같은 것을 경험하는 순간이다.

> 황홀경에 가득 찬 그의 영혼은 자유와 무한한 공간을 갈망했다. 부드럽게 빛나는 별들이 박힌 하늘의 천장이 크고 넓게 펼쳐졌다. 수평선 끝에서 은하수가 희미하게 두 팔을 펼쳤다. 신선한 밤이 동요함 없이 땅을 감쌌다. 성당의 하얀 탑과 황금빛 반구형 지붕이 사파이어 색 하늘을 배경으로 빛났다. 집 근처에 있는 화단의 아름다운 가을 꽃들은 아침까지 잠들어 있었다. 땅의 침묵이 하늘의 침묵과 융합되는 것 같았다. 땅의 신비가 별의 신비와 접촉했다. 알료샤는 가만히 서서 바라보다가 갑자기 땅에 몸을 엎드렸다. 그는 왜 자신

이 땅을 끌어안는지 알 수 없었다. 왜 그곳에, 그곳 전체에 입을 맞추고 싶은 갈망이 마구 올라오는지 자신도 설명할 수 없었다. 그는 울면서, 훌쩍이면서 입을 맞추었고 눈물로 그곳을 적시며 그곳을 사랑하겠다고, 영원히 사랑하겠다고 미친 듯이 맹세했다. '기쁨의 눈물로 땅에 물을 주고 그 눈물을 사랑하라'는 말이 그의 영혼을 울렸다. 무엇을 위해서 우는 것이었을까? 저 우주의 심연에서 자신을 위해서 빛나는 별들을 보며 그는 황홀경에 차서 더 많이 울었고, 그러한 희열이 부끄럽지 않았다. 마치 셀 수 없이 많은 하나님의 그 모든 세계의 실들이 단번에 그의 영혼에서 만나 그러한 만남에 전율하는 것 같았다.[17)]

찾고는 있지만 아직은 하나님의 통합이라고 할 만한 느낌에 도달하지 못한 도스토옙스키의 이전 소설들을 죽 읽으면서 수습 기간을 거친 사람이라면, 마귀가 흩은 것을 알료샤의 축복이 모으고 있음을 알 것이다. 그러나 말과 말씀의 수습 기간을 조금만 보냈어도, 정직하게 글을 쓰고 존경심을 가지고 사람들을 대하려고 노력하기만 했어도, 이러한 황홀경을 이해할 수 있을 것이다.

도스토옙스키는 연작을 쓰려고 했다. 그의 계획은 미슈킨 공작의 후계자인 알료샤의 삶을 '그리스도를 위한 바보' 노선을 따라 발전시켜서 소명적 거룩함의 성인기를 거치게 하는 것이었다. 그러나 그는 그렇게 하지 못했다. 그는 《카라마조프 가의 형제들》을 완성하고 두 달 만에 사망했다. 차라리 그게 나았는지도 모른다. 이러한 일은 결코 완성될 수가 없다. 잘해야 우리는 씨앗을 심을 뿐이다. 그러고는 죽는다. 그리고 부활을 기다린다. 《카라마조프 가의 형제들》에 붙여진 성경 구절은 이것이다. "내가 진실로 진실로 너희에게 이르노니 한 알의 밀이 땅에 떨어져 죽지 아니하면 한 알 그대로 있고 죽으면 많은 열매를 맺느니라"(요 12:24, 개역개정).

씨앗을 심는 도스토옙스키. 내 서재에 꽂혀 있는 여섯 권의 소설이 그 씨앗이다. 도스토옙스키의 인생이 남긴 전부인 그 소설들이 여전히 내 삶을 변화시키고 있다. 하나님과 열정. 도스토옙스키는 유행을 거절하고 급소를 노렸다. 도스토옙스키는 부적응자였다. 결혼생활을 망쳤고 사랑 때문에 고통받았다. 강박적으로 도박을 했고 간질 때문에 글씨가 엉망이었다. 그러나 도스토옙스키는 창조해냈다. 열정에 사로잡혀 살았다. 도스토옙스키는 하나님을 기대하며 살았다. 그리고 그것을 '소명적으로' 했다. 열정과 하나님을 소명으로 삼은 것이다.

조씨마 신부는 설교하면서 요한복음 12장 24절을 이렇게 설명했다.

이 땅의 많은 것들이 우리에게 가려져 있지만, 대신에 우리는 다른 세상, 더 높은 하늘의 세상과 결속되어 있음을 느끼는 신비로운 내적 감각을 받았습니다. 그래서 우리의 생각과 감정의 뿌리는 여기에 있는 것이 아니라 다른 세상에 있습니다. 그렇기 때문에 철학자들은 이 땅의 본질적 성질은 이해할 수 없다고 말한 것입니다. 하나님은 다른 세상의 씨앗을 가져다가 이 땅에 심으셔서 자신의 정원에서 자라게 하셨고, 그래서 올라올 수 있는 것은 전부 올라왔습니다. 자라는 것은 전부 살아 있지만 다른 신비로운 세계와의 접촉에 대한 감각을 통해서만 삽니다. 따라서 여러분 안에서 그 감각이 약해지거나 파괴되면 여러분 안에서 자란 것도 죽을 것입니다. 그러면 여러분은 생명에 대해서 무관심해질 것이고 심지어 그것을 싫어하기까지 할 것입니다.[18]

나는 이 설교를 여러 번 들었다. 그리고 지금도 계속 그 설교가 내 소명의 땅인 연필과 교구의 세계로 나를 데려다놓는다. 정직하게 한 단어 한 단어 쓰려고 노력하는 내 책상으로, 기도하며 한 걸음 한 걸음 가기로 결심하는 내 교구로 데려다놓는다.

요나의 폭풍과 바울의 난파

요나 다음에 성경에 나오는 거대한 바다 폭풍 서사는 사도 바울의 난파 이야기이다(행 27장). 성경에는 바다 이야기 자체가 드물어서 구약성경과 신약성경에 이렇게 나란히 나오면 관심을 끌 수밖에 없다. 두 이야기 모두 소명 이야기이다. 선지자와 사도로서 말씀 사역으로 하나님께 부름을 받은 것이 그들 인생의 결정적 사건이었다. 이 이야기를 나란히 놓고 보면 비교와 대조가 보인다. 요나와 바울은 서로 반대되는 유형이다. 요나는 하나님의 얼굴을 피해 도망가다가 돌아온 불순종하는 선지자이고, 바울은 예수 그리스도 안에서 받은 하나님의 고귀한 부름을 따르다가 방해를 받으나 포기하지 않는 순종하는 사도이다.

두 이야기는 길이 면에서도 비슷하고 서사 기술도 똑같이 인상적이다. 두 이야기 모두 배가 지중해를 지나 서쪽을 향해 가다가 큰 폭풍을 만난다. 두 이야기 모두 주인공과 선원들이 익사할 위험에 처한다. 그리고 두 이야기 모두 주인공들이 자신의 목숨뿐 아니라 소명까지 구조받는다. 요나는 소명에 불순종했다가 돌아서고, 바울은 소명에 순종했음을 확인받는다.

전파된 말씀을 통해서 온 세상에 구원을 가져오시려는 하나님의 열정을 축으로 두 이야기는 진행된다. 구원, 즉 모든 피조물이 구함을 받는 사랑을 경험하길 바라는 하나님의 뜻은 가볍거나 차가운 관념이 아니라 거칠고 넘치는 에너지이며, 인간의 통제로 환원될 수 없는 것이고, 종교적 직업에 종사하도록 고삐를 매서도 안 된다. 폭풍은 전면적이고 감당할 수 없는 것이다. 그래서 통제할 수 없는 하나님의 영/바람과 유사한 면이 있다. 폭풍 앞에서는 목숨을 잃거나 구출받거나, 둘 중 하나밖에 없다. 걸터앉아 구경할 수 있는 멋지고 안전한 바위 같은 건 없다.

천둥과 번개, 파도와 하얀 물거품을 즐길 수 있는 외야석 같은 건 없다. 선지자와 사람들, 선원과 성인들 모두가 그 안에 있다. 폭풍 앞에서는 다른 어떤 것도 문제가 되지 않는다. 죽느냐 사느냐 그것뿐이다. 지금까지의 현안이 무엇이었든 상관없다. 단 하나의 문제만 있을 뿐이다. 구원이냐, 아니냐.

일단 폭풍이 일자 요나는 통제력을 잃는다. 폭풍이 일기 전에는 제법 용케 통제하고 있었다. 다시스를 목적지로 정했고 다시스로 가는 데 필요한 상당한 액수의 돈도 지불했다. 지브롤터 해협을 넘는 장거리 여행에 드는 비용과 거의 1년에 달하는 여정은 결코 사소한 문제가 아니었을 것이다. 요나는 돈이 있었던 사람이다. 자기 뜻, 자기 결정을 실행하는 데 필요한 재정이 있었다. '그것의 값'이라는 뜻의 '스카라*s'karah*'에 나오는 3인칭 여성 접미사의 선행사는 바로 그 앞에 나오는 '배'라는 뜻의 여성 명사인 '아니야*aniyyah*'이다. 그런데 이렇게 배치를 하면 묘하게도 요나가 그 배 전체의 삯을 지불할 수 있었다는 인상을 준다. 이 여행 전체의 책임을 그가 지고 있다, 책임자는 그다, 다른 여지가 없다![19] 그러나 자신의 소명 운명을 책임지겠다는 요나의 적극적인 행동과 그것을 실행하기 위해서 끌어온 상당한 재정이 이제는 하찮게 되었다. 하나님의 폭풍과 하나님의 구원이(혹은 비非구원이) 그 장면을 지배한다. 요나의 뜻과 요나의 돈은 이제 사소해져버렸다.

바울도 자기 배를 통제하지 못했다. 바울의 만류에도 불구하고 겨울 항해가 시작되었다. 바울은 크레타의 항구인 '아름다운 항구'에서 겨울을 날 것을 권했지만, 선장과 선주는 충고를 무시하고 로마행을 단행한다. 아마도 욕심 때문이었을 것이다.

인간의 자율성에서 강력한 요소인 돈이 두 이야기에서 중요한 자리를 차지한다. 요나는 다시스로 가는 표를 사기 위해서 상당한 액수의 돈을 지불했고, 선주는 이윤 때문에 바울의 조언을 무시했다. 그러나 돈의 권력은 폭풍 앞에서 사라진다. 이제 상대해야 하는 권력은 하나밖에 없다. 바로 하나님, 그리고 하나님의 구원이다.

요나와 함께 폭풍을 만난 선원들이 할 수 있는 일은 배를 가볍게 하는 것, 지금까지 주요 관심사로 여겼던 것을 없애는 것뿐이었다. "저희들이 탄 배를 가볍게 하려고, 배 안에 실은 짐을 바다에 내던졌다"(욘 1:5). 바울이 탄 배에서는 "다음날 선원들은 짐을 바다에 내던졌고, 사흘째 날에는 자기네들 손으로 배의 장비마저 내버렸다"(행 27:18-19). 14일 후에 그들은 마지막으로 "남은 식량을 바다에 버려서 배를 가볍게 하였다"(행 27:38). 하나님의 행동이 강화되면서 인생의 의미는 우리가 하나님께 무엇을 드릴 것인가, 우리가 무엇으로 하나님을 도울 것인가가 아니라, 우리가 누구인가에 집중된다. 지금 여기에서는 생명이 오락가락하기 때문에, 소명의 생명이 오락가락하기 때문에 특히 더 그렇다.

그렇게 요나와 바울의 소명은 정화된다. 좋은 의도(바울)와

나쁜 의도(요나)로부터 정화된다. 이러한 소명이 조금이라도 가치를 가지려면, 단순히 하나님에 대한 증언, 하나님에 대한 반응이어야 한다. 부정적으로건 긍정적으로건, 소명이 하나님의 일을 방해해서는 안 되며 하나님의 일을 대신해서도 안 된다.

하나님의 사역을 기도하지 않음(요나)과 기도함(바울)이라고 하는 가장 기본적인 단순함으로 환원함으로써 모두가 구원을 받았다. 요나의 선원도 다 구원받았고 바울의 선원도 다 구원받았다. 두 이야기에는 포괄성에 대한 암시가 있다. 유대교의 전통에 따르면 요나의 배에는 70개 민족의 대표가 타고 있었다.[20] 그리고 바울의 배에는 약 76명(다른 곳에서는 276명이라고도 한다)이 타고 있었다. 구원에는 예외가 없었고, 그것은 요나의 의도나 바울의 능력을 훨씬 뛰어넘는 일이다.

폭풍이 이 이야기의 물리적 환경이라면, 기도는 이 이야기의 핵심 행동이다. 요나 이야기에서는 선원들이 기도한다. 그들은 각자 자기 신을 향해 부르짖고(욘 1:5) 그다음에는 여호와께 부르짖는다(1:14). 선장은 요나에게 그의 신에게 기도하라고 하지만 요나는 그렇게 하지 않는다(1:6). 요나는 나중에 물고기 뱃속에서 기도하지만, 그때는 이미 구원이 이루어지고 난 뒤다. 반면에 바울은 그 배에서 유일하게 기도하는 사람이다. 선원들은 모든 희망을 잃고 기도하지 않았다(행 27:20). 그러나 바울은 기도했다. 바울은 가장 어두운 밤을 지날 때 기도했고 복음의 메시지를 받았다. "바울아, 두려워하지 마라." 아침에 바울은 선원들에게 그 복음을 전했다. "그러므로 여러분, 힘을 내십시오. 나는 하나님께서 나에게 말씀하신 그대로 되리라고 믿습니다"(27:25). 나중에 바울은 그 불운한 배에 탄 모든 사람을 모아 빵을 떼고 기도하면서 하나님께 예배하게 했다. 성찬이 아니라면 적어도 성찬의 모양새를 갖춘 예배였다(27:35).

난관에 봉착할 때, 극단적인 난관, 폭풍 난관에 봉착할 때 우리의 모든 것이 벗겨지고 삶의 가장 기본적인 실재가 드러난다. 요나에게 그것은 기도 없음이었고, 바울에게 그것은 기도였다. 폭풍은 요나가 기도하지 않는 선지자라는 점을 드러냈다. 폭풍은 바울이 기도하는 사도라는 점을 드러냈다.

굵직한 바다 폭풍과 기도로 구성된 두 이야기는 마찬가지로 바다 폭풍과 기도로 구성되어 있어 요나와 바울을 연상시키는 예수님의 이야기 두 개를 감싸고 있다. 먼저 예수님은 요나처럼 폭풍이 일 때 주무셨고 그래서 제자들이 깨우러 왔다. 그러나 요나와 달리 예수님은 기도하셨고 폭풍을 가라앉히셨다(막 4:35-41). 두 번째 이야기에서 예수님은 기도하던 장소에서 오셔서 두려워하는 친구들에게 "두려워하지 말라"는 메시지로 그들을 진정시키셨다(막 6:45-52). 그 메시지는 그로부터 30년 후에 바울이 자기 회중에게 전달한 메시지이다.

예수님은 소명을 따라 살도록 제자들을 훈련하시면서 그들이 통제할 수 없는 바다 폭풍을 사용하셔서 그들로 하여금 기도하는 삶을 통해 하나님의 통제에 참여할 수 있게 하셨다. 예수님의 이 두 이야기는 뒤로는 요나의 이야기로, 앞으로는 바울의 이야기로 반향을 일으킨다. 이 이야기를 들으면서 폭풍의 은유와 기도라는 행동이 우리의 소명을 형성하게 할 때 직무설명서를 붙잡고 있는 손에 서서히 힘이 빠지고 하나님이 부르신 일에 익숙해진다.

이 바다 폭풍의 이야기들을 연결해주는 끈은 기도이다. 기도는 하나님의 말씀, 우리를 창조하고 구원하는 말씀에 대한 인간의 반응이다. 우리의 소명에 의문을 제기하는 바다 폭풍은 소명을 회복하는 수단이 된다. 폭풍은 우리가 감당할 수 없는 것 앞에 우리를 노출시킨다. 우리는 태곳적 혼돈으로, 창세기 1장의 '토후*tohu*'와 '보후*bohu*'로 돌아가 거기에서 세상을 만드시는 하나님의 말씀에 삶을 굴복시킨다. 이 폭풍들은 단순히 악천후가 아니다. 뒤덮는 하나님의 바람/성령 앞에 우리의 삶을 노출시키는 것이다. 폭풍 앞에서 우리는 근본적인 것으로 환원되는데, 궁극적 근본은 바로 하나님이다. 따라서 기도는 하나님과 상관있는 유일한 행동으로 떠오른다. 우리의 소명은 하나님이 부르시고 하나님이 형성하시는 평생의 일이다. 우리가 하나님을 (주변적으로가 아니라) 최우선으로 대하지 않으면 우리는 더 이상 소명을 따라 살지 않는 것이며, 우리의 삶과 우리 주변의 모든 세계를 구성하는 거대한 실재와 의식적이고 자발적이고 참여적인 관계를 맺으며 살지 않는 것이다. 폭풍은 (요나의 경우처럼) 우리가 하는 일의 무익함을 폭로하거나 (바울의 경우처럼) 그 일을 확인시킨다. 어떤 경우건 폭풍은 하나님이 우리의 일을 구성하신다는 인식을 하지 않을 수 없게 만들며, 우리의 일에서 하나님을 피하거나 조작할 수 있다는 약간의 암시도 모두 바로잡아준다. 일단 이 일이 제대로 이뤄지면 우리는 진실하게, 쉽게, 두려워하지 않고, 야망이나 불안 없이, 부인하거나 게으름 피우지 않고 일하면서 우리의 소명에 적합한 영성을 배울 준비가 된 것이다.

3부

물고기 뱃속에서

주님께서는 큰 물고기 한 마리를 마련하여 두셨다가, 요나를 삼키게 하셨다. 요나는 사흘 밤낮을 그 물고기 뱃속에서 지냈다. 요나가 물고기 뱃속에서 주 하나님께 기도드리며 아뢰었다(욘 1:17-2:1).

나는 난관에 봉착할 때마다 기도한다. 그런데 나는 늘 난관에 봉착하기 때문에 기도를 많이 한다. 심지어 무엇을 먹거나 마실 때에도 나는 계속해서 기도한다. **_아이작 바셰비스 싱어**

화려한 종교 직업을 보장하는 다시스는 목사가 가야 하는 올바른 목적지가 아니다. 그러나 일단 다시스로 가는 배를 타고 나면 내리기가 쉽지 않다. 숙소도 쾌적하고 동료 관광객들도 매력적이다. 마다할 이유가 뭐가 있겠는가? 요나는 배 밖으로 던져졌다. 우리를 배 밖으로 던져줄 선원이 주변에 없다면, 우리 스스로 뛰어내려야 한다. 뛰어내리면 거의 확실하게 익사한다. 경력 인생이 끝난다.

그러나 요나는 익사하지 않았다. 요나는 거대한 물고기에 먹혀서 살아남았다. 새롭게 구조받은 상황에서 요나가 제일 먼저 한 일은 기도였다.

여기가 이야기의 핵심이다. 물고기 뱃속에 위치한 핵심이다. 종교적 성공주의가 익사하고 난 다음에는 목회 소명이 부활한다. 우리는 원래 부름받았던 그 존재가 된다. 기도함으로써 우리는 부름받은 그 존재가 된다. 그 존재가 되기 위해 먼저 물고기 뱃속에서 기도한다.

물고기 뱃속은 갇힌 장소, 비좁고 제한된 장소이다. 다시스로 가는 배는 서쪽 수평선을 향하고 있었다. 지브롤터 해협과 그 너머로부터 신비로움이 유혹하고 미지의 것이 손짓하는 끝없이 펼쳐진 바다가 그 앞에 있었다. 헤라클레스의 기둥. 아틀란티스. 헤스페리데스. 극점.

종교는 언제나 이러한 숭고한 열망, 완성과 온전함을 갈망하는 충동을 이용한다. 요나는 이 강력한 묘약에 자극을 받아 자신감에 차서 전속력으로 항해하는 배를 타고 달렸고, 바다 바람과 톡 쏘는 소금 냄새는 하나님을 섬기는 신나는 인생에 대한 기대를 감각적으로 고조시켰다. 그런데 지금 요나는 물고기 뱃속에 있다.

물고기 뱃속은 요나가 찾아 나섰던 모든 것의 정반대였다. 물고기 뱃속은 어둡고 눅눅한 감방이었다. 아마 악취도 났을 것이다. 물고기 뱃속은 요나가 '아스케시스(*askesis*, 고행)'로 입문하는 길이었다.

아스케시스와 영성의 관계는 식이요법과 운동선수의 관계와 같다.[1] 아스케시스 자체가 목적이 아니라 성숙과 탁월함에 이르는 수단이다. 그 수단이 없으면 우리는 분비샘의 상태와 날씨 변화에 휘둘린다. 재능은 그것을 얽매는 데서 자라며, 요정의 힘은 병 안에 갇혀 있기 때문에 나온다는 고대의 예술관이 영적으로도 타당하다는 걸 보여주는 대목이다.[2] 창조적인 예술가와 기도하는 목사는 이 부분에서 일하는 기반이 같다. 제한이 없이는, 압박에 의한 강화가 없이는 말할 가치가 있는 에너지도 없다. 이것은 예술가나 목사가 선택할 수 있는 일이 아니다. 이것은 창조적·영적 생활에 통합될 수도 있고 되지 않을 수도 있는 요소가 아니다. 이것은 필수사항이다. 어떤 아스케시스를 취하느냐는 사람마다 다르겠지만, 아스케시스가 없이는, 제한·집중의 시간과 공간이 없이는 영혼의 에너지도 없다.

'아스케시스'는 신약성경의 단어가 아니지만[3] 초대교회는 운동선수의 훈련과 영적 성장의 유사성을 보여주기 위해서 그 단어를 사용했다. 그렇게 사용함으로써 아스케시스는 기도와 영성의 한 측면으로 교회의 언어에 도입되었다. 그러나 훈련된 습관이라는 아스케시스의 의미는 창조성을 다루고 탁월함을 위해 노력하는 인간의 모든 활동에 적용된다.

영성은 맥락을 요구한다. 언제나 그렇다. 영역, 경계, 한계를 필요로 한다. "그 말씀은 육신이 되어 우리 가운데 사셨다." 덜 물질적이게 됨으로써 더 영적인 존재가 되는 사람은 하나도 없다. 영광스럽게 채색된 기구를 타고 높이 올라간다고 더 높은 존재가 되는 게 아니다. 성숙한 영성은 아스케시스를 필요로 한다. 아스케시스는 공동체 안의 각 개인에게 맞게 고안된 후 발전 정도와 조건의 변화를 지켜보며 그에 맞게 계속 수정되는 훈련 프로그램이다. 그것은 외부에서 기계적으로 부과될 수 있는 것이 결코 아니다. 현장에서 유기적으로 배양되어야 한다. 아스케시스는 맥락에 민감해야 한다.

아스케시스는 종종 이 부분에서 문제가 일어난다. 먼저 이 특정 인생의 실제 '토양 조건'을 세심하게 확인한 후 그것을 존중하고 거기에 알맞은 훈련을 고안해야 하는데, 그 반대로 한다. 육체를 벌하고, 육신과 지리적 조건과 유전자가 부과하는 소위 한계라는 것들에 대해서 화를 내며 보복한다. 훈련에 대한 끔찍한 이야기, 이를테면 자기 몸에 채찍질하고, 털이 섞인 거친 천으로 만든 옷을 입고, 못이 박힌 침대에 눕는 등의 이야기가 '금욕적'이라는 단어를 망쳐버렸다.

아스케시스를 이처럼 육신을 벌하는 것으로 오해했지만, 그래도 거룩함을 향해 아스케시스를 이어온 정신이 온전하고 선한 사람들도 있다. 나는 그 사람들을 무한히 존경한다. 그러나 그렇게 순서가 뒤바뀐 접근을 통해 실제로 거룩한 사랑이 더 커졌는지는 의문이다. 그러한 영적 금욕주의는 당시의 의료 관습과 비슷했다. 예를 들어 거머리로 피를 뽑는 것과 같은 관습은 분명 문제가 있었지만, 때로 환자들은 그렇게 잘못된 치료법에도 불구하고 병이 나았다.

1. 조건

목사가 소명을 이뤄가야 하는 환경은 아스케시스를 빨리 습득할 수밖에 없게 만든다. 우리가 일하는 조건은 환경적으로도 위험하고, 개인의 거룩함이나 소명의 거룩함 모두에 매우 비우호적이다. 우리는 한편으로는 기관의 영향을, 다른 한편으로는 회중의 영향을 받으면서 소명을 수행하는데, 우리의 자아가 그 둘 사이를 왔다 갔다 한다. 처음 목사가 되었을 때에 나는 그 세 가지 조건, 즉 나를 목사로 임명한 기관, 나를 부른 회중, 임명받고 부름받은 나 자신이 목사로서 내가 누구이고 무엇을 할 것인지에 대해 다 합의한 줄 알았다. 그런데 알고 보니 기관과 회중과 내 종교적 자아는 니느웨보다 다시스에 대해서 훨씬 더 많이 생각하고 있었다. 그 셋이 3인조가 되어서 다시스를 더 성공이 보장된 것처럼 보이게 만들었다.

최종 결론

나는 새 회중을 세우는 일을 내게 맡긴 기관에 대해 그때나 지금이나 감사한다. 그들은 나를 사역자로 임명했다. 내게 많은 돈을 썼다. 나를 격려하고 조언과 충고를 해주었다. 그들은 안정적 기초가 되는 신학과 행정 절차의 전통을 접하게 해주었다. 내가 지금 기록하고 있는 그 시기에 나는 한시도 그 기관을 거부한 적이 없다. 그러나 나 자신이 죄인이라는 것(내 교단 신학의 핵심 교리이다)과 더불어 그 기관 또한 죄인이라는 것을 곧 알게 되었다. 목사로 임명받고 나서 초기에는 기관이 가진 죄의 너비와 깊이를 이해하지 못했다.

하지만 곧 알게 되었다. 새 교회를 세우는 목사로서 나의 의무 중 하나는 매달 내가 한 일을 보고서로 작성해서 뉴욕 시에 있는 교단 행정부로 보내는 것이었다. 어려운 일은 아니었지만, 하루 정도 시간이 걸리는 일이었다. 첫 번째 페이지는 통계로 채웠다. 내가 전화를 건 횟수, 예배에 참석한 인원수, 헌금 관련 재정 보고, 건축 계획의 진행 상황, 위원회 활동 등이 거기에 들어갔다. 그다음에는 몇 페이지에 걸쳐서 목회 사역에 대한 성찰을 기록했다. 내 일에 임재하시는 하나님에 대한 이해, 교회에 대한 신학적 반추, 선교에 대한 이해, 내 사역에서 부족한 부분들, 서서히 나타나는 듯한 사역의 강점과 기술들에 대해서 썼다. 그런데 몇 달 동안 그렇게 하고 보니 내 상관들이 두 번째

부분은 읽지 않는 것 같다는 생각이 들었다. 그러자 내 짐작이 맞는지 시험해보고 싶어졌다.

그래서 다음 달에는 성실하게 통계 자료를 다 기록한 후에 두 번째 페이지를 펼쳐서 오래전부터 서서히 우울증에 빠져들고 있다는 이야기를 지어내어 자세히 기록했다. 불면증에 시달리며 기도를 할 수 없다고 했다. 현상유지 수준으로 일을 하고는 있지만, 아무 활기도 열정도 없이 기계적으로 하는 일이라고 했다. 이런 느낌과 생각이 드니까 내가 애초에 목사를 하는 게 맞는 건지 심각하게 의문이 든다고, 그러니 상담사를 좀 추천해달라고 썼다.

그렇게 써도 아무런 반응이 없자 강도를 높였다. 다음 달에는 술 문제가 생겼는데 일요일 강단에서 그 문제가 불거졌다고 했다. 사람들은 친절하게 다 이해해줬지만 장로 한 사람이 설교를 그만하게 했다고 썼다. 치료가 필요한 단계에 온 것 같은데, 어떻게 하면 좋겠느냐고 물었다.

그래도 여전히 반응이 없었다. 나는 더 대담해졌다. 다음 달에는 불륜 사건을 지어냈다. 처음에는 가정폭력에 시달리는 여성을 위로하려는 순수한 의도에서 시작했지만, 그 사이에 어떤 일이 생기고 결국에는 같이 자게 되었다고, 그런데 그게 침대가 아니라 예배당 안이었고, 주일 예배를 준비하기 위해서 꽃꽂이를 하는 여성들이 오는 바람에 들켰다고 했다. 이제 사역은 다 끝났다고 생각했는데, 알고 보니 이 공동체는 성생활이 자유분

방한 사람을 매우 존중하는 공동체라 일요일인 다음 날에 예배 참석 인원이 두 배로 늘었다고 했다.

이런 식의 거짓 보고가 어느새 우리 집의 월례행사가 되었다. 나는 서재로 가서 멋지게 소설을 쓴 다음 아내에게 읽어주었다. 우리는 웃고 또 웃었고 아내는 세부 내용을 추가해주면서 이 일에 협력했다.

그다음에는 전례에서 내가 시도하는 혁신들에 대해서 보고했다. 당시는 1960년대라 전례 개혁과 실험이 많았다. 나는 우리 예배가 너무 무미건조하다고 보고했다. 1세기에 팔레스타인에서 버섯 컬트가 있었는데, 예수님이 분명 그곳과 연관이 있었을 거라고 추측하는 학자들의 글을 어디서 읽었다며, 한번 시도해 볼 만하다는 생각이 든다고 썼다. 그래서 페요테(마약류의 일종)라는 버섯 머리 부분을 구해오게 해서 다음 번 성만찬 때 도입했는데, 사람들이 정말로 좋아했다고, 최고의 경험이었다고 썼다. 하지만 교회 헌법에 어긋나는 일은 하고 싶지 않아서 전례집을 찾아보았지만, 거기에도 이 부분에 대해서는 아무런 말이 없으니 이 노선을 계속 취해도 되는지 조언을 해달라고 했다.[4)]

이제는 보고서를 쓰는 일에 재미를 붙였다. 매달 나는 나의 영적 건강과 사역의 성실함을 감독하는 사람들에게 그런 이야기를 써서 보냈다. 그런데도 아무 반응이 없었다.

3년 후에 나는 그들에게 감독받을 의무로부터 벗어났다. 목사와 회중으로서 우리는 이제 어느 정도 조직되고 자리를 잡았고, 우리끼리 해나가야 하는 시점에 온 것이다. 나는 보고를 하기 위해서 교단 사무실이 있는 뉴욕 시로 갔다. 그들은 내게 지난 3년간 자신들이 했던 감독 활동에 대해 평가해달라고 요청했다. 나는 그들의 도움에 감사한다고 말했다. 매달 수표가 제때에 도착했고 늘 정중하게 대우를 받았다고 했다. 하지만 한 가지 조금 실망한 것이 있다고 했다. 그들이 내가 매달 보내는 통계 보고서의 첫 페이지만 읽고 그 뒤는 보지 않는다고 했다. 그러자 그들이 말했다. "아니요, 봤는데요. 그 보고서를 자세하게 읽었습니다. 우리는 그 보고를 아주 진지하게 받아들입니다." 내가 말했다. "어떻게 그럴 수가 있을까요? 내가 음주 문제로 도움을 구했을 때 대답하지 않았고, 성적 모험에 빠졌을 때도 개입하지 않았고, 성만찬에 페요테를 사용한다는 미친 짓을 보고해도 아무런 조처를 취하지 않았잖아요." 그들은 순간 멍해졌고 이내 혼란스런 표정을 짓더니 책임을 회피하고 변명을 늘어놓느라 정신이 없었다. 정말 짜릿한 순간이었다. 현장에서 그들을 잡은 것이다. 나는 사람들이 지나간 옛날 영화를 보듯이 일 년에 몇 차례 그 장면을 떠올린다.[5)]

그러나 그 시절의 웃음과 즐거움은 깊은 실망을 가리기 위한 가면이었다. 영적으로나 소명으로나 나는 혼자라는 것을 깨달았다. 나를 임명하고 내 일에 책임을 진 사람들은 재정 보고, 인원 도표, 프로그램 계획에 관심이 있었다. 그러나 정작 나한테는 관심이 없었다. 그들은 내 직업에만 관심을 보이고 내 소명에는 거의 신경 쓰지 않았다.

한 걸음 더 나아가서 그 이상의 것을 기대한 내가 잘못이었다는 사실을 깨달았다. 영적 지도는 기관이 하는 일이 아니다. 기관이 있어야 하는 자리가 있다. 기관이 없다면 나는 제대로 일을 할 수 없을 것이다. 어쩌면 전혀 못할지도 모른다. 그러나 기관으로부터 영적 보살핌을 받으려 하고 소명에 대한 조언을 기대한 것은 잘못이었다.

황금송아지

내가 하는 일의 두 번째 주요 조건은 회중이다. 이 부분에서도 나는 잘못 배운 것을 바로잡아야 했다. 나는 종교에 대해서 내가 얼마나 부끄러울 정도로 순진했는지 서서히 그러나 확실하게 배웠다. 지금은 나 자신을 지나치게 탓하지 않는다. 목사들 사이에서는 제법 흔한 순진함이라는 것을 알게 되었기 때문이다. 우리는 사람들이 더 많은 종교를 원하니까 자동적으로 우리 주 예수 그리스도의 아버지이신 하나님도 더 원할 것이라고 생각한다. 우리는 사람들이 회중으로 모여서 우리에게 기도를 인도해달라고 할 때, 거룩하신 하나님의 보좌 앞으로 인도해주기를 원하는 것이라고 생각한다.

그러나 사실 우리 회중은 우상을 쇼핑하고 있다. 그들은 쇼핑몰에 갈 때와 같은 마음으로 자신을 만족시켜주거나 자신의 욕구와 필요를 채워줄 무언가를 얻기 위해 교회에 온다. 장 칼뱅은 인간의 마음을, 우상을 만들어내는 무한히 효율적인 공장으로 보았다. 회중은 흔히 목사를 공장의 품질 관리 기사로 본다. 그러나 우리가 그 지위를 받아들이는 순간 우리는 소명에서 이탈한다. 회중으로 모이는 사람들은 어려운 시기를 지날 때 도움을 받기 원하고, 자신이 하는 일에서 의미를 찾길 원한다. 그들은 하나님을 원하기는 하지만, '질투하는 하나님'이나 '우리 주 예수 그리스도의 아버지이신 하나님'을 원하지는 않는다. 대체로 그들은 스스로가 신으로 머물면서 통제하고 어려운 대목에서 도움을 받을 보조 우상 정도만을 바란다. 그리고 목사가 그것을 얻는 방법을 알려주길 기대한다. 조립 라인의 발달로 대량생산이 가능해진 사회에서 우리는 이런 우상들을 다량 방출하고 있고, 모두의 취향에 맞게 다양한 색깔과 모양으로 내놓는다. 장 칼뱅의 통찰과 헨리 포드의 기술을 합한 것이 곧 북미의 종교이다. 황금송아지의 나라에 사는 우리는 아론처럼 성공하는 목사가 되기 쉽고 이것은 꽤 매력적이기도 하다.

모든 신학 책이 그 사실을 가르치지만, 실제로 목회를 할 때 우리는 그러한 기억을 다 지워버린다. 신학 책들은 우리에게 자기 스스로 신이 되려 하거나 자신만의 신을 가지려는 것이 에덴 이후 인간의 특징이며, 이러한 특징은 계속 나타나고 간파하기 어렵고 끈질기다고 가르친다. 그러나 우리 주변에 있는 모든 사람이 스스로 그리스도인이라 말하고, 우리가 정기적으로 들려주는 복음 이야기를 듣고, 우리가 예수님의 이름으로 기도할 때 감사의 미소를 지으면, 우리는 경계를 늦추고 그런 우상 사업은 이제 모두 지나갔다고, 사마리아 언덕의 과거 역사일 뿐이라고 생각한다. 그러니 이제는 두 번째 돌판에 새겨진 눈에 잘 띄는 도덕적 죄들을 없애는 데에만 집중하고, 첫 번째 돌판에 새겨진 너무도 쉽게 위장되는 영적 죄들에 대해서는 더 이상 경계할 필요가 없다고 생각한다.

그러나 목사가 일하는 조건, 즉 회중이라는 조건에 대해서 내가 순진했다는 사실과 대면할 수밖에 없는 때가 오고야 말았다. 그것은 기관이라는 조건을 받아들여야 했던 그때의 경험과 비슷했다.

파송받은 교외 지역에서 새 교회를 조직하면서 내가 했던 첫 번째 일은 새로 지은 규격형 주택이 늘어선 길을 따라 집집마다 방문해서 새로 세우는 교회에 대해서 이야기해도 되겠느냐고 묻는 것이었다. 때로는 집 안으로 초대를 받았다. 간혹 약간의 관심을 보이는 사람도 있었다. 날마다 그렇게 집집이 다녔다. 나는 그 일을 매우 싫어했다. 내가 방문하는 사람들로부터 경계와 의혹의 시선을 받는 것이 싫었다. 처음부터 무례하게 굴며 나를 약장수 취급하는 느낌이 싫었다. 하지만 거기에서 벗어날 길이 없었기 때문에 "지팡이도 자루도"(눅 9:3) 없이 품위 같은 것은 내팽개치고 끈덕지게 그 일을 계속했다. 좋아하지 않는 그 일이 유일하게 즐거웠던 때는 적대감이나 무관심으로 내 앞에서 문이 닫힐 때 뒤로 물러나서 예수님의 말씀에 순종하여 내 발의 먼지를 털 때였다. 나는 신속히 그 명령에 순종했다. 그런데 가끔씩만 열리던 문이 점차 자주 열리기 시작했다. 6주가 지나자 예수님이 말씀하신 "두세 명이 모인"의 정족수가 충분히 채워졌다는 생각이 들었다. 나는 우리 집 지하실에서 첫 예배를 드린다고 알렸다. 그날 나타난 사람은 46명이었다.

우리는 아직 공사가 마무리되지 않은 지하실에 펼쳐놓은 접이식 철제 의자에 앉았다. 때는 겨울이었고 지하실 입구에 이르려면 홍해 바닥처럼 질척이는 진흙땅을 지나야 했다. 새 예배당을 지어야 하는 상황이 눈에 빤히 보였고 그러려면 헌금도 더 많이 해야만 하는 상황이었다. 그러나 이렇듯 주변 환경이 매력적이지 않고 앞으로의 과제도 어마어마했지만 일은 잘 풀렸다. 사람들이 모였고, 친구와 이웃을 초대했고, 헌금도 했고, 건축가도 고용했다. 2년 반 만에 우리는 예배당을 지었고 하나님께 헌당했다.

나는 그 2년 반의 일을 즐거워하지 않았다. 해야 했기 때문에 한 일이었다. 나는 목사가 되고 싶었고 하나님께 드리는 예배로 인도할 회중을 원했기 때문에 전심으로 일했다. 이 사람들이 몇 년 동안 안락한 교회의 장의자를 포기하고 기꺼이 시간과 돈을 내고 리더십을 발휘하여 지역사회에서 하나님을 예배할 수 있는 자리가 마련되도록 회중을 세우고 건물을 건축하려고 해서 나는 기뻤다.

조직을 갖추는 단계가 끝이 났고 건축도 다 되었다. 이제 시작할 준비가 되었다고 생각했다. 이제 우리가 진짜로 해야 할 일에, 예배와 신앙고백과 선교에 우리의 모든 시간과 에너지를 쓸 수 있겠다. 모두가 나와 같은 생각이라고 여기지 않을 이유가 없었다. 그런데 그때 나는 인생에서 가장 놀라운 일 중 하나를 경험했다. 새 예배당에서 이삼 주 정도 축하 분위기 속에서 예배를 드리고 난 뒤부터 출석률이 떨어지기 시작했다. 나는 무슨 일인지 이해할 수가 없었다. 나는 심방하고 묻고 탐색했다. 그런데 무슨 문제가 있는 것이 아니라 단순히 이제는 더 이상 할 일이 없기 때문이라는 것을 알고 경악했다. 그들은 주어진 도전 앞에 성공적으로 응했을 뿐이다. 교단 감독들은 내게 즉시 새로운 프로젝트를 시작하라고 권했다. 무언가 '사람들이 직접 손댈 수 있는 것'으로 그들의 열정을 다시 사로잡으라고 했다. 나는 정중하게 그들의 조언을 거절했다. 우리가 손댈 수 있는 것은 우상이라는 사실을 갑자기 깨달았기 때문이다. 나는 우리가 하나님을 예배하고 이웃을 사랑하고 거룩한 신비를 살아내기 위해 모인 것이라고 생각했다.

하나님을 예배하고 이웃 사랑을 실천하기 위해서 그곳에 온 사람도 더러 있었다. 그들은 남아서 성장해갔고 하나님을 영화롭게 했다. 그러나 내가 생각한 것만큼 많은 사람은 아니었다. 알고 보니 내가 생각했던 것보다 훨씬 더 많은 사람들이 새 교회를 개척하고 세우는 일을 종교 프로젝트라 여기고 동참했다. 교회를 세우는 일이 무언가 가치 있고 초월적인 일 같아서 그 일을 통해 의미를 찾고 집중하려고 했던 것이다. 그들은 하나님께 관심이 없었다. 하나님을 예배하는 것은 감정적으로 흥분되는 일이 아니었다. 이웃을 사랑하는 것은 자아를 만족시켜주지 않았다. 그들은 떠나서 다른 지역사회의 프로젝트에 참여했다.

회중의 영적 위치는 에덴의 동쪽이다. 그곳에서는 자아가 최고 주권자이다. 우리가 세상에서 배우는 교리문답은 대부분 1인칭으로 질문한다. "내가 어떻게 하면 되는가? 어떻게 하면 나의 잠재적 가능성을 최대화할 수 있는가? 어떻게 하면 내 은사를 계발할 수 있는가? 어떻게 하면 내 장애를 극복할 수 있는가? 어떻게 하면 내 손실을 줄일 수 있는가? 어떻게 하면 내 수명을 연장하고 가능하면 영원히 행복하게 살 수 있는가?" 이 질문에 대한 대부분의 답은 종교 활동에 조금 참여하는 것도 괜찮다고 한다.

회중으로 모이는 사람들에게는 이 질문이 한층 더 강화된다. 사람들은 종교에 대해서 아는 게 많을 거라 여기는 목사들이 종교적 차원을 정당화하고 격려해줄 거라고 기대한다. 그래서 우리는 사람들을 기쁘게 하기 위해서 인간의 마음이 우상숭배로 기우는 경향이 있다는 것을 잊고 너무도 쉽게 예배의 중심을 버린다. 그리고 사람들이 기꺼이 내놓는 감정과 종교의 장신구들을 가지고 금송아지 신을 만들어서 "주님의 절기를 지킵시다"(출 32:5)라고 선포한다. 자기가 무얼 하고 있는지 잘 알지도 못하는 상태에서 우리는 사람들의 종교적 열망과 그 순간의 종교적 역동성을 섞어서 모든 사람을 만족시키려 한다.

그리스도의 주 되심에 굴복하지 않으면서 종교적일 수 있는 길은 수도 없이 많고, 사람들은 그런 방법에 대한 경험이 풍부하다. 우리는 금송아지의 나라에 살고 있다. 종교적 감정은 고양되어 있지만 시내 산에서 주어진 말과 갈보리에서 일어난 일과는 동떨어져 있다. 모든 사람이 하나님에 대해서 채워지지 않은 깊은 굶주림을 느끼지만, 그 누구도 하나님을 욕망하지는 않는다. 우리가 정말로 원하는 것은 자기 자신의 신이 되는 것이고, 주변에 있는 그 어떤 신이든 취해서 그 일을 돕게 하는 것이다. 우리는 어려서부터 삶의 수준을 높이는 데 필요한 소비적 분별력을 갖추도록 훈련받는다. 회중이 이러한 사업에 목사가 협력하길 바란다고 해서 놀랄 것은 없다. 하지만 우리가 동조한다면 그것은 심각한 배교 행위이다. "모세가 아론에게 말하였다. 이 백성이 형님에게 어떻게 하였기에, 형님은 그들이 이렇게 큰 죄를 짓도록 그냥 놓아두셨습니까?"(출 32:21) 아론의 변명은 부끄럽기 짝이 없지만, 성공적인 회중을 만들겠다는 열정 때문에 예배를 저버리는 목사들이 내세우는 정당화가 딱 그렇다.

쇼 독차지하기

목회 소명 실현에 주어진 세 번째 조건은 자아이다. 기관이나 회중과 마찬가지로 자아 역시 피할 수도 없고 호의적이지도 않다. 하나님의 말씀과 그분의 백성을 섬기는 이 삶으로 우리를 끌어들인 '하나님을 쫓는 마음'이 우리를 실망시키지 않을 거라고 생각하지만, 이 일만큼 허영과 교만의 책략에 자아를 끈덕지게 노출시키는 일도 없다. 사람들에게 하나님의 이름으로 말을 하는 우리는 신과 같은 어조와 신과 같은 자세를 취하기 쉽다. 그리고 조금이라도 그렇게 하는 순간 사람들이 우리에게 보이는 저항이나 존경에 대해 마치 자신이 신인 양 반응하게 된다. 우리는 하나님의 말씀을 전하는 사람이다. 따라서 사람들이 우리를 칭찬하면 거기에는 하나님을 명예롭게 하는 무언가가 있다. 그리고 사람들이 우리를 거절하면 거기에는 하나님을 거역하는 무언가가 있다. 우리는 소명 때문에 하나님의 대의나 하나님의 말씀과 자신을 동일시하고 그렇기 때문에 신의 정체성을 취하는 잘못에 빠지기 쉽다. 물론 어떤 목사도 자신이 신이라고 분명하게 주장하지 않지만, 여러 해에 걸쳐서 과도한 칭찬을 받다 보면 (혹은 받지 못하다 보면) 그런 표시가 난다. 자아라는 조건은 표면으로 드러나지 않기 때문에 간파하려면 신경을 많이 써야 한다.

내 생각에는 그러한 자아의 환상이 잘 발달하는 지점들을 자주 점검하는 게 좋은 것 같다. 뱀의 교활함처럼 그 환상은 아주 교묘하기 때문이다.

소명을 받은 목사는 예수님의 이름으로 인간 생명의 총체성을 끌어안기 위해서 회중 안으로 들어간다. 우리는 아무리 가망이 없어 보여도 그리스도께서 자신의 뜻을 실행시키지 않을 영역이 하나도 없다고 확신한다. 목사들은 매주 매해 공동체 안에서 사람들과 함께 머물며 굴곡지고 변덕스러운 회중의 삶 속에서 하나님이 자신의 뜻을 이루어가시는 동안 선포하고 인도하고 격려하고 지도하기로 동의한 사람들이다. (하나님은 결국 영광스럽게 그 뜻을 이루실 것이다.)

그렇기 때문에 사람들의 삶 대부분을 구성하는 밋밋한 일과를, 공허한 지루함을, 그리고 매력적이지 않은 책임들을 진지하게 믿음으로 받아들여야 한다. 이것은 안개와 비 속에서 초월성을 증언한다는 뜻이다. 간혹 영광의 섬광을 보지만 상당한 시간을, 때로는 아주 긴 시간을 설명할 수 없는 모호함 속에서 살아야 하는 사람들 가운데서 소망을 가지고 사는 것을 뜻한다. 대부분의 목회는 모호함 가운데서 이루어진다. 그림자 속에서 은혜를 판독하고, 어려운 본문에서 의미를 찾고, 고달픈 인생에 불씨를 일으켜보려고 후후 바람을 분다. 이것은 힘든 일이고 눈에 띄게 화려한 일도 아니다.

그러나 우리가 많은 부분의 일을 하는 이 일상의 모호함 가운데서도 충분히 오래 그들과 함께 있으면 종종 우리가 진정으로 필요한 존재라는 인상을 받는다. 그들이 우리를 알아보지 못할 때에도(사실 그런 경우가 많다) 우리의 존재가 중요한 변화를 가져온다는 것을 확신할 때가 많고, 때로는 결정적인 변화를 가져오기도 한다. 우리가 버림받은 곳으로, 상실에 빠진 인생으로, 에스겔이 말한 '틈'(겔 22:30)으로 가서 그리스도의 말씀을 전하고 그리스도의 자비를 증언했기 때문이다. 그것이 우리의 일이고 그것으로 충분하다. 그 외의 것은 아무리 많은 칭찬과 명예가 있다 하더라도 충분하지 않다. 우리는 직접 화법으로 '하나님'을 말하기 위해서 회중 가운데 있다. 우리는 단 하나의 이유 때문에 그곳에 있다. 설교하고 기도하기 위해서다. (그것이 바로 우리가 하나님을 말하는 두 가지 방식이다.) 넘치고 쏟아지는 기쁨, 슬픔, 즐거움 혹은 감사의 에너지를 할 수 있는 한 잠시라도 하나님께 집중시키려고 거기에 있다. 하나님을 개인적으로 말하기 위해서, 선포할 때나 기도할 때나 명확하고 분명하고 주저함 없이 그 이름을 말하기 위해서 우리는 거기에 있다. 우물쭈물하거나 빼지 않고, 헛기침하거나 미적대지 않고, 선전하거나 개종시키려 애쓰거나 조작하지 않고 말하기 위해 거기에 있다. 우리에게는 다른 임무가 없다. 있는 것에 무엇을 더하기 위해 우리가 필요한 것이 아니다. 우리는 오직 그 이름만 말하면 된다. 아버지, 아들, 성령.

모든 사람에게는 하나님에 대한 굶주림이 있다. 이 굶주림은 여러 가지 방법으로 가려지고 잘못 해석되지만, 늘 거기에 있다. 모든 사람이 "나의 주 나의 하나님!" 하고 금방이라도 외칠 지경이지만 그 외침은 의심이나 저항에 떠밀리고, 일상의 둔탁한 통증에 묻히고, 범상함에 안락하게 순응하면서 가려진다. 그러다가 말이든 사건이든 꿈이든 무슨 일이 일어나고, 믿을 수 없는 은혜, 눈부신 욕망, 저항하는 소망, 용감한 신실함을 인식하지 않을 수 없게 된다. 그러나 그러한 인식만으로는 충분하지 않다. 그것을 가꾸지 않으면 종교적 감상주의나 낭만적 흐느낌으로 흘러가버린다. 아니면 더 심하게는 애국적 자만심이나 바리새파적 우월의식으로 경직되어버린다. 목사는 그 인식을 슬쩍 찔러주어 그것이 주관성과 이데올로기를 지나서 공개적인 장으로 나와 '하나님' 하고 말하게 하기 위해서 거기에 있다.

우리는 거기에서 하도록 되어 있는 일만 해야 한다. 그 이름을 말하고, 그 굶주림을 명명하면 된다. 하지만 정신이 다른 데로 팔리기가 너무도 쉽다. 너무 많은 일이 일어난다. 보고 듣고 말할 것이 너무 많다. 감정도 많고 임무도 많다. 우리는 기회가 너무 많다고 생각한다. 그러나 우리가 받은 임무는 '한 가지 필요한 것', 즉 보이지 않는 조용한 중심인 하나님에 대한 것이다.

그렇게 스스로를 제한하는 일은 쉽지 않다. 중요한 문제를 다루기 때문에 우리 자신을 중요한 존재로 주장하게 된다. 물론 우리는 하나님의 이름으로 그렇게 하며, 우리가 대변하는 그분이 무엇보다도 중요하다는 사실을 주장하고 교회의 효율성을 증대시키기 위해서 그렇게 하는 것이라고 생각한다. 그러한 일이 목사들 사이에 괴로울 정도로 많다. 그러나 그러한 가식은 하나님을 영광스럽게 하지 못하며, 목회적 허영을 선전하고 회중의 정신 이상에 기여할 뿐이다. 우리는 쇼를 독점할 뿐이다. 빛나는 가운을 걸치고 '목사'라는 소리를 들으며 프로그램과 프로젝트에 바쁜 우리는 또 하나의 금송아지를 만들 뿐이다. 이미 이 세상에 필요 이상으로 많은 금송아지를 말이다.

2. 아스케시스

목사들이 일하는 기관, 회중, 자아라고 하는 조건은 피할 수 없고 강력하다. 셋이 하나의 굵은 밧줄이 되어 우리를 얽어매고 소명의 거룩함으로부터 멀어지게 한다. 유망한 종교 직업을 거부하고 우상 생산에 징발당하는 것을 피하고 아론의 허영심에서 벗어나려면, 강력한 방어와 공격을 동시에 이뤄내야 한다.

이 방어 겸 공격이 바로 아스케시스이다. 아스케시스는 가장 가까운 자아에서부터 시작한다. 때가 되면 회중과 기관도 거기에 포함되겠지만, 자아에서부터 시작해야 한다. 자아를 아스케시스의 경기장으로, 기도의 장으로 삼아야 한다. 요나 이야기에서 아스케시스는 물고기 뱃속에서 이루어진다. 물고기 뱃속은 갇힌 장소이며 피할 수 없는 극심한 한계의 장소이다.

뱃속에서 보낸 사흘

아스케시스가 필요한 이유는 '신처럼 되라'는 사탄의 유혹을 우리가 끊임없이 받기 때문이다. 이 유혹의 힘은 목사들이 일하는 장소(회중, 기관) 때문에 악화되지만, 출발점은 거기가 아니다. 유혹의 출발점은 내면, 즉 자아이다. 이 유혹은 기본적으로 종교적인 유혹이고 다른 모든 유혹처럼 당시에는 아주 대단해 보인다. 도덕을 초월하고 한계를 치고 나가고 영향력을 확장하고 잠재적 능력을 맘껏 발휘하고 에덴을 접수한다. 정원을 돌보고 동물의 이름을 지어주고 저녁에 주님과 달콤한 대화를 나누는 아담과 하와로서 순종하는 것에 더 이상 만족하지 못하고 우리는 사탄의 자만심에 감염되어 환상을 맛본다. "너희는 하나님처럼 될 것이다." 정말로 환상적인 말이다.

아스케시스는 이처럼 신이 되려는 탐욕, 신을 가장하는 주제넘음에 개입하는 계산되고 의도적인 행위이다.

우리는 자발적이지 않은 아스케시스가 종종 유익한 결과를 가져온다는 걸 안다. 심장마비로 입원한 교인을 방문했을 때 "정말 내게는 잘된 일이에요. 다시는 전과 같지 않을 겁니다. 내 인생에 대해서, 하나님에 대해서 정말로 제대로 자각하게 됐고, 정말로 중요한 게 무엇인지 알게 되었어요"라고 고백하는 말을 얼마나 자주 듣는지 모른다. 성공이든 돈이든 행복이든 그저 막연한 것들을 생각 없이 강박적으로 쫓는 대신에 가족, 자신이 사는 곳, 자신의 몸 등 직접 와 닿는 개인적인 것들, 실제로 이곳에 있는 것들에 마음을 쓰고, 사랑하고 감사하며 새롭게 살기 시작한다. 이러한 변화는 강제적인 방법을 통해서이긴 하지만 인간의 한계를 깨달았기 때문에 오는 결과이다. 신과 같은 조건에서 산다고 생각하는 환상에서 빠져나와 인간의 조건이라는 현실에 맞춰 살면 삶이 축소되는 것이 아니라 깊어지고, 무능해지는 것이 아니라 활기가 넘친다는 사실에 놀라게 된다. 자기몰입 대신에 하나님의 강렬함이 자리 잡고 성숙한 지혜가 자만심을 대체하기 시작한다.

인생을 깊어지게 하고 현실을 깨닫게 해주는 또 한 가지 비자발적 아스케시스는 투옥이다. 신약성경의 최고 본문들이 감옥에 갇힌 바울과 밧모 섬에 갇힌 요한에 의해 기록되었다. 톨레도 감옥에 갇혔던 십자가의 요한, 버밍햄 감옥에 갇혔던 마틴 루터 킹, 그리고 강제 노동 수용소에 갇혔던 알렉산드르 솔제니친 등은 감옥에 갇혔을 때 나오는 영적이고 창조적인 에너지를 대변한다. 목사들이 일하면서 마주치는 다른 비자발적 아스케시스에는 실업, 이혼, 사별, 그리고 유배 가듯 새로운 곳으로 가는 이사 등이 있다. 이런 한계나 제한 행위 자체가 더 깊고 진정성 있는 삶을 만들어내는 것은 아니지만, 거기에 필요한 조건은 제공해준다.

아스케시스는 자발적인 재난이다. 이런 다양한 재난들이 우리 친구들 그리고 우리가 역사 속에서든 현실에서든 존경하는 사람들에게 영적 진전을 가져오는 것을 보면서 우리는 이렇게 말한다. "기다릴 필요 없다. 왜 사고나 질병이나 실패가 일어나길 기다린단 말인가? 신이 되고자 하는 환상을 버리고, 내 필멸성의 한계를 탐구하고, 멋지지만 죄로 흐려진 창조와 구원의 현실에 나를 담그는 행보를 지금 당장 취하지 못할 이유가 무엇이란 말인가?"

오늘날 마치 영성이 스스로 유발할 수 있는 분위기이고, 영적 훈련이 우리 영혼의 안녕을 돌보기 위해 사용할 수 있는 기법이라도 되는 양 '영적 훈련'을 떠벌리는 말 많은 경건주의 때문에 아스케시스의 기본적 필요와 성질이 많이 퇴색되었다.

공식이나 기술적인 것들은 영적인 생활에 소비자적으로 접근하게 만들기 때문에 우리는 부지런히 그것을 경계해야 한다. 영성은 너무도 쉽게 자신의 입맛과 식성에 맞게 이것저것 골라 먹는 식당이 되어버린다. 이러한 소비자 정신이 비참할 정도로 흔하기에 우리는 그것과 싸우기 위해 가능한 모든 일을 해야 한다. 우선은 '아스케시스'가 우리 마음대로 쓸 수 있는 영적인 기술이 아니라, 우리의 능력이 전무 혹은 거의 전무해지고 하나님의 뜻이 우리 안에 형성되도록 우리 자신을 하나님의 손에 완전히 내맡기는 환경에 몰입하는 것이라고 주장해야 한다.

성토요일

예수님은 물고기 뱃속의 이야기를 가져다가 자신의 아스케시스를 설명하셨다. "요나가 사흘 낮과 사흘 밤 동안을 큰 물고기 뱃속에 있었던 것같이, 인자도 사흘 낮과 사흘 밤 동안을 땅속에 있을 것이다"(마 12:40).

아리마대 요셉의 무덤에 예수님이 묻힌 것은 소망의 끝이고 종교의 끝이었다. 지금까지 남자와 여자들이 하나님에게서 얻길 바라던 모든 것이 거기에서 끝났다. 물고기 뱃속에 계신 예수님은 아스케시스가 우리 삶에서 작용하는 방식을 이해하기 시작하는 자리이다.

성주간의 사건들은 오래전부터 그리스도인들의 상상력에 틀과 재료를 주어 복음의 온전함과 성숙함을 살아내게 해주었다. 8일로 구성된 한 주간에서 마지막 사건 바로 전날인 성토요일이 사실상 무시된 것은 유감스러운 일이지만 오히려 그 사실이 말해주는 바가 있다. 예수님의 생애에서 충분히 축하되지 않는 날이 바로 그날이다. 그날에 대한 상상력이 너무도 미약하고 제대로 인지되지 못하기 때문에 그리스도인의 아스케시스도 미약하게 상상되고 제대로 실천되지 못한다.

아스케시스의 회복은 상상력의 회복에서 시작된다. 아스케시스에 대해서 우리는 어떤 이미지를 가지고 있는가? 요나와 예수님이 그 이미지를 우리에게 제공해준다. 물고기 뱃속에 있는 요나와 요셉의 무덤에 있는 예수님. 성토요일. 갇힘이 집중으로 바뀌고 환상이 소망으로 바뀌고 죽음이 부활로 바뀌는 날이다.

요나와 예수님의 이야기가 내 정신과 기억에 침투하게 해서 내 삶에 아스케시스의 힘을 회복하려고 하는데 오래전에 잊힌 이야기가 하나 생각났다. 바로 프리티페더의 이야기이다.

프리티페더

'예쁜 깃털Prettyfeather'이라는 이름의 인디언 여인이 성토요일에 쓰려고 구매한 물건값을 치르려고 계산대에 5센트짜리 동전 두 개를 올려놓았다. 프리티페더가 구입한 물건은 훈제 돼지 족이었다. 나는 하얀색 정육점용 종이로 고기를 포장했다. 두 개에 5센트 하는 돼지 족 네 개. 성토요일을 위한 음식에도 급수가 있는데, 그중에서 훈제 돼지 족은 가장 하급이었다.

히코리 나무로 훈제한 커다란 햄이 아버지가 운영하는 정육점 진열장 중앙에 놓여 있었다. 아머사, 호멜사, 실버보우사 등등의 식육 가공 회사 영업사원들이 주고 간 형형색색의 홍보용 판지에 그려진 그림은 조금씩 차이가 있기는 했으나 주제는 한결같았다. 부활절 만찬에 아버지가 식탁에 앉아서 햄을 썰고, 어머니가 그 옆에서 만족스러운 표정으로 바라보고, 말끔하게 씻은 아이들이 잔뜩 기대하는 표정으로 쳐다본다. 그렇게 한가운데 주요 제품이 전시되어 있고 그 옆에는 더 작고 싼 피크닉 햄들이 쌓여 있었다. 피크닉 햄에는 가공 회사가 제공하는 홍보 그림도 없었고 심지어 브랜드 이름도 붙어 있지 않았다. 솔직히 말해서 피크닉 햄은 사실 돼지 넓적다리로 만든 진짜 햄이 아니라 어깨 부위로 만든 제품이다. 진짜 햄을 살 돈이 없는 사람들은 피크닉 햄을 샀다. 진짜 햄을 사느냐 피크닉 햄을 사느냐로 손님들은 자신의 사회경제적 지위를 드러냈다.

프리티페더는 돼지 족을 사 갔다. 내 기억에 성토요일에 돼지 족을 사 가는 사람은 그녀밖에 없었다.

나는 인디언 거주 지구에서 자랐는데도 유년기와 청소년기 동안에 프리티페더 말고는 이름을 아는 인디언이 없었다. 토요일마다 그녀는 우리 가게에 와서 물건을 사 갔다. 절인 돼지 족, 돼지 소장, 돼지 피를 섞어 만든 소시지, 돼지 머리 편육, 돼지 간 등이었다. 성토요일이면 중심가를 바라보고 있는 우리 가게의 두꺼운 판유리 창에 칠해진 세일 표시를 보고 손님들이 가게로 몰려왔다. 부자들은 꿀을 첨가하고 히코리 나무로 훈연을 한 비싼 햄을 사 가고, 그보다 형편이 못한 사람들은 아무 설명이 없는 피크닉 햄을 사 갔다. 프리티페더는 돼지 족 네 개를 사 갔다. 안쪽은 연골이고 겉은 질긴 껍질로 된 뼈가 많은 돼지 족 네 개였지만, 그래도 훈제라고 만찬의 향기를 풍겼다.

그녀는 언제나 혼자 왔다. 발에는 모카신을 신고 몸에는 담요를 둘렀는데, 따뜻한 날에도 마찬가지였다. 그녀는 마치 종기처럼 목에 달려 있는 가죽 지갑 안에서 동전을 꺼냈다. 그녀의 얼굴은 발에 신고 있는 모카신의 색깔이나 감촉과 똑같았다.

내게 인디언이란 말은 거의 신화에 가까운 말이었다. 고귀함과 아름다움이 넘치고 사냥과 신성한 의식의 이야기가 가득한, 그런 것이었다. 하지만 어찌 된 일인지 토요일마다 우리 가게에 와서 먹거리라고 하기엔 뭣한 부위를 사 가는 이 인디언 원주민 여자가 그렇게 고귀한 부족에 속해 있다는 생각은 하지 못했다.

그녀가 토요일마다 우리 가게에서 물건을 사고 시내에서 필요한 물건들을 사는 동안 그녀의 남편과 일고여덟 명의 다른 인디언 전사들은 패스타임이라는 술집 뒷골목에서 사과 상자 위에 앉아 싸구려 와인을 병째 돌려가며 마셨다. 사실은 여러 병을 마셨다. 나는 중심가에 있는 식당들 뒷문으로 스테이크 고기와 햄버거를 배달하느라 그 골목을 여러 번 오갔는데, 그럴 때면 쌓여 있는 빈 병을 종종 보았다. 그리고 저녁 늦게 술집 주인 아들로 나보다 나이가 약간 많은 베니 오드가드가 그 전사들을 자기 아버지의 픽업트럭에 실어다가 마을 남쪽 스틸워터 강변에 있는 인디언 야영지에다 부려놓고 왔다. 사회사업이라고 생각하고 하는 일이었을 것이다.

나는 어떻게 프리티페더가 타르지로 만든 판잣집과 원뿔형 천막이 모여 있는 자그마한 마을로 돌아갔는지 모른다. 아마도 걸어갔으리라. 장을 본 작은 짐을 들고, 성토요일에는 네 개의 돼지 족을 들고 걸어갔으리라.

***

성토요일로 따로 지정된 토요일이 있다는 말을 나는 한 번도 들어본 적이 없었다. 토요일은 그냥 토요일이었다. 일 년에 한 번 오는 그날에 굳이 명칭을 붙여야 한다면 그날은 '부활주일 전 토요일'이었다. 그리고 연중 가장 바쁜 날이기도 했다. 아침 일찍부터 나는 스포캔에 있는 아머사에서, 미줄라에 있는 호멜사에서, 그리고 뷰트에 있는 실버보우사에서 운송해 온 커다랗고 향기로운 햄을 들어다가 좌우대칭의 피라미드로 쌓아 진열했다. 일주일 내내 우리는 광고를 했고 토요일은 한 주간의 매출이 절정에 달하는 날이었다. 성스러운 것은 일요일로 보류되었다. 토요일은 열심히 일하고 돈을 버는 날이었다.

그날은 힘들게 일한 증거를 돈으로 확인할 수 있는 날이었다. 부활주일 전 토요일은 그러한 증거를 특히 잘 볼 수 있는 날이었다. 보상받을 만한 기독교인들에게는 수백 개의 햄을, 인디언 여성과 술 취한 인디언 전사들에게는 네 개의 돼지 족을 파는 날이었다.

성금요일과 부활주일 사이에 놓인 토요일은 성스러운 것에 대한 생각은 하나도 없이 고도의 에너지를 발휘해 노동하는 날이었다. 나는 예수님의 죽음이 가져오는 구원의 은혜와 부활의 영광스런 삶을 신실하게 믿는 종교적인 집안에서 자랐다. 그러나 두 가지 믿음의 사건 사이에 있는 그날은 하루 종일 열심히 일하고 돈도 많이 버는 날이었다.

***

미친 듯이 일하며 성스럽지 않은 토요일을 보내던 그때에 내가 사는 마을에 인디언들 말고도 전혀 일하지 않는 사람들이, 그리고 돈도 쓰지 않는 사람들이 있다는 사실을 알았다면 나는 매우 놀랐을 것이고 아마도 믿기 힘들어 했을 것이다. 그들은 이 세상이 가졌던 위대한 희망이 무너진 그때의 절망을 기억하면서 헛된 망상과 방종과 자만심을 버리고 일부러 죽음의 공허함 속으로 들어갔다. 부활절을 위해 철야를 했다. 새벽이 오기를 기다렸다.

그리고 어떤 사람들은 오래된 이 성토요일의 설교를 들었다.

오늘 이 세상에는 이상한 일이 벌어지고 있습니다. 거대한 침묵, 그리고 정적이 있습니다. 이 세상 전체가 침묵하고 있습니다. 왕이 잠이 드셨기 때문입니다. 땅이 진동하다가 잠이 들었습니다. 하나님께서 육신을 입고 잠이 드셔서 이 세상이 시작될 때부터 잠자고 있던 모든 사람을 일으키셨기 때문입니다. 하나님이 육신을 입고 죽으시자 지옥이 두려움에 떱니다.

하나님은 마치 잃어버린 양을 찾듯이 우리의 첫 부모를 찾아 나서셨습니다. 어둠 가운데서 그리고 죽음의 그늘 가운데서 사는 사람들을 방문하기를 열렬히 바라시면서, 포로가 된 아담과 하와를 슬픔에서 벗어나게 해주려고 가셨습니다. 하나님이시면서 동시에 하와의 아들이신 그분이 말입니다. 주님은 자신에게 승리를 가져다 준 무기인 십자가를 지고 그들에게 다가가셨습니다. 그분이 창조하신 첫 인간인 아담이 그분을 보자 공포에 가슴을 치며 모두에게 외쳤습니다. "내 주께서 여러분 모두와 함께하시기를." 그리스도께서는 이렇게 대답하셨습니다. "그리고 너희 영혼과 함께하기를." 그리스도께서는 아담의 손을 잡고 그를 일으키면서 이렇게 말씀하셨습니다. "자는 자여 깨어나라. 그리고 죽은 자 가운데서 일어나라. 그리스도가 네게 빛을 주리라."[6)]

***

알고 보니 나는 이 세상의 의미와 주변 사람들의 의미를 금요일이나 일요일에 말하고 노래하는 내용보다는 토요일에 하는 힘든 노동의 관점에서 해석할 때가 훨씬 많았다. 그 당시에 내가 무슨 말을 들었건(내가 들은 것이 진실이 아니라고 의심할 이유는 없다) 내가 뼛속까지 흡수한 것은 일주일은 인간이 일을 하는 토요일에 절정에 이르고 부활절에 그 결과물을 즐긴다는 전례 리듬이었다.

그와 같은 가정이 내 주변 세상을 해석하는 사회적 틀이었다. 토요일은 힘들게 노동하는 날, 혹은 그 노동의 결과물인 돈을 전시하는 날이었다. 토요일에 일도 하지 않고 돈도 쓰지 않는 것 같아 보이는 사람이 있다면 그는 무엇이 잘못되어도 심하게 잘못된 사람이었다. 술에 취해 돼지 족으로 부활절 만찬을 하는 인디언들이 대표적인 예였다.

이런 관점은 '미국 관습에 따른 복음'에 의해 형성된 삶의 관점이었다. 그 보상은 자명했다. 그리고 나는 그것을 즐겼다. 지금도 마찬가지이다. 열심히 일하면 그에 따르는 보상이 있다. 그 시절에 나는 결코 포기하지 못할 많은 것을 배웠다. 이제 와서 트집을 잡는 것이 은혜를 모르는 처사처럼 보일지 모른다. 하지만 거기에는 중요한 한 가지, 바로 거룩한 안식이 빠져서 다른 모든 진리를 위태롭게 만들고 있었다. 침묵하기를 거부하고 비우는 것을 강박적으로 회피하는 것, 조금이라도 신으로부터 버림받은 인상을 풍기는 경험이나 사람은 거부하는 것이 바로 그러했다.

그것은 해마다 성토요일을 무시하는 것보다 더 큰 일이었다. 그것은 종교가 부추기는 매주의 오만이었다. 성금요일의 십자가형과 부활주일의 부활을 이어주는 다리가 에너지와 보상이 넘치는, 일하는 토요일이었다는 게 문제의 전부가 아니다. 모든 복음의 진리가 우리의 훌륭한 솜씨와 미덕을 매주 전시하는 인간 행동의 서문이나 결론의 역할을 할 뿐이었다. 하나님은 우리가 하는 사업의 배경에 불과했다. 복음 진리도 손상되지 않았고 인간의 에너지도 전적으로 존경할 만한 것이지만, 리듬은 완전히 잘못되었다. 심한 불균형을 이루고 있었다. 우리는 황폐함이 무엇인지 기억하지 못했다. 1세기의 셈족에서부터 20세기의 인디언들에 이르는 황폐한 자들이 우리와 동료라는 의식이 거의 다 사라져 있었다.

그러다가 내가 하는 일보다 하나님이 하시는 일에 더 많은 주의를 기울이는 것이 매우 중요하다는 사실을 확신하는 시점이 왔다. 그리고 그 깨달음을 뼈에 각인시키는 날과 주와 해의 리듬을 찾는 것이 중요하다는 걸 깨달았다. 성토요일은 그 시작이었다. 그다음에는 기회가 생길 때마다 절망에 빠진 사람들을 방문하고 그들의 이름을 익히고 부활을 기다렸다.

***

지금 나의 기억 속에 박혀 있는 것은 매우 신랄한 아이러니이다. 일고여덟 명의 인디언들은 토요일 오후에 싸구려 와인 병이 굴러다니던 패스타임 술집 뒷골목에서 술에 취해 있었다. 그리고 북유럽에서 이주해 온 우리 기독교인들은 그날이 거룩한 날이라는 사실은 안중에도 없이 밤늦게까지 부지런히 일했다. 인디언들은 절망, 즉 종교적인 절망에 빠져 있었다. 그것은 복음서에 기록된 성토요일의 절망과 매우 흡사했다. 그들은 삶에서 아무것도 얻지 못했고, 그들에게 남은 버펄로라곤 5센트짜리 동전에 새겨진 버펄로 이미지뿐이었다. 그중에서 두 개는 인디언 여자가 그날 아침에 살코기보다 뼈가 더 많은 돼지 족 네 개를 사려고 지불했다. 신성했던 그들의 삶은 이제 황무지가 되었다. 그리고 이제 신으로부터 버림받았다고 생각하며 자신들의 절망을 싸구려 와인으로 마비시키고 죽은 비전과 꿈은 패스타임 뒷골목에 묻었다. 그들에게 익숙한 공허함 이면에서 일하시는 하나님을 모르는 채 말이다.

벽 없는 수도원

아스케시스의 필요성과 그에 맞는 상상력을 계발하는 것의 필요성을 확신했다면 이제는 그것을 만들어야 한다. 여기가 어려운 대목이다. 평상시에 하나님이 물고기 한 마리를 정해 우리를 삼키게 해서 강제로 기도의 시간과 장소로 들어가게 하시지 않기 때문이다. 우리가 직접 장소를 찾아야 하고 시간을 마련해야 한다. 이 일은 어렵다. 그런 작업이 필요하다고 아무리 생각해도 실제로 피부에 와 닿지 않기 때문이다. 우리 인생은 대부분 고통의 압력이나 희열의 유혹 없이 지나간다. 게다가 그것 외에 다른 일을 하게 만드는 여러 가지 압력과 유혹이 있다.

아스케시스를 짓는 데 필요한 부품은 간단하다. 시간과 장소이다. 골방과 시계이다. 지성소와 침묵이다. 누구나 그 정도는 해낼 수 있다. 한동안은 문제없다. 문제는 날마다 하는 것이다.

이 시점에 흔히 하는 미국식 조언, 즉 의지력을 발휘하는 것은 이상하게도 효과가 없다. 목사들 대부분도 선의를 지닌 수많은 그리스도인들과 마찬가지로 실패한 결심들이 두엄 더미를 이루고 있는 기도의 골방이 있다.

여기에서 필요한 것은 우리의 영성이 숨을 쉴 수 있을 정도로 여유롭고, 아주 다양한 상황과 기분과 성장의 단계를 수용할 수 있을 정도로 넉넉한 어떤 것이다.

역사적으로 아스케시스를 실현할 수 있는 가장 눈에 띄는 구조물은 수도원이다. 수도원의 탁월함은 포괄성에 있다. 하루의 모든 시간이 기도로 정의되고 수사들의 모든 활동이 기도로 이해된다. 시간마다 날마다 해마다 이와 같은 외적 포괄성이 공동체와 영혼을 관통한다. 기도의 삶이 내면화되는 동시에 사회화된다.

그러나 목사는 수사도 아니고 수도원에서 살지도 않는다. 수도원 밖에서 실현 가능한 목회의 아스케시스를 짓는 것이 가능할까? 옥스퍼드 대학의 현대사가 허버트 버터필드Herbert Butterfield는 그리스도인이 기도하는 것이 역사에 영향을 미치는 가장 중요한 요소라고 확신했다. 전쟁과 외교보다 더 중요하고, 기술과 예술보다 더 중요하다고 생각했다. 버터필드는 또한 기도가 목사들이 소명으로 하는 일의 주요 요소라고 확신했다. 그는 목사들에게 본래의 기반을 회복하라고 요청한다. "한동안 기억될 만한 말을 하나 한다면, 이 말을 하고 싶다. 때로 나는 한

밤중에 향후 50년 안에 개신교가 불리한 위치에 서게 되지는 않을까 하는 생각을 한다. 몇 세기 전에 수사들을 없애버리기로 결정했기 때문이다. 개신교가 그 정책을 따랐기 때문에 관상과 침묵에 우리 자신을 드리고 세미한 소리를 들을 책임이 우리에게 더 많다."[7]

이것은 불가능한 일이 아니다. 다른 여러 부류의 사람들과 마찬가지로 목사도 그 일을 오래전부터 해왔다. 수사들의 수도원과 목사들의 교구의 유일한 차이는 수도원에는 벽이 있고 교구에는 벽이 없다는 것이다. 그러나 벽은 중요한 요소가 아니다. 중요한 것은 인생의 모든 것을, 예배와 일의 모든 것을 기도로 담을 수 있는 충분히 큰 상상력이다. 그리고 그 상상력은 인생의 모든 것이 실현되는 실제 조건에 부합하는 구조(아스케시스) 안에 들어가 있어야 한다.

둘 다 기도로 정의되는 삶인 수도원과 교구의 본질적 연속성을 알아볼 때 우리는 비로소 수사들에게 적합한 수도원처럼 목사들에게 적합하고 현실성 있는 아스케시스를 개발하고 실천할 수 있다. 우리가 목회의 삶을 기도의 삶으로 이해하지 않는다면, 아스케시스는 경건주의적 나르시시즘의 장이 될 뿐이다. 다르게 표현하면, 우리가 기도의 삶을 목회 소명의 포괄적 내면으로 이해하지 않으면, 우리가 짓는 어떠한 아스케시스도 종교 공연을 위한 무대 장치에 불과할 것이다.

3. 기도

내가 고통스러울 때 주님께 불러 아뢰었더니 주님께서 내게 응답하셨습니다. 내가 스올 한가운데서 살려달라고 외쳤더니, 주님께서 나의 호소를 들어주셨습니다.

주님께서 나를 바다 한가운데, 깊음 속으로 던지셨으므로, 큰 물결이 나를 에워싸고, 주님의 파도와 큰 물결이 내 위에 넘쳤습니다.

내가 주님께 아뢰기를 '주님의 눈앞에서 쫓겨났어도, 내가 반드시 주님 계신 성전을 다시 바라보겠습니다' 하였습니다.

물이 나를 두르기를 영혼까지 하였으며, 깊음이 나를 에워쌌고, 바다풀이 내 머리를 휘감았습니다.

나는 땅속 멧부리까지 내려갔습니다. 땅이 빗장을 질러 나를 영영 가두어놓으려 했습니다만, 주 나의 하나님, 주님께서 그 구덩이 속에서 내 생명을 건져주셨습니다.

내 목숨이 힘없이 꺼져갈 때에, 내가 주님을 기억하였더니, 나의 기도가 주님께 이르렀으며, 주님 계신 성전에까지 이르렀습니다.

헛된 우상을 섬기는 자들은, 주님께서 베풀어주신 은혜를 저버립니다.

그러나 나는 감사의 노래를 부르며, 주님께 희생제물을 바치겠습니다. 서원한 것은 무엇이든지 지키겠습니다. 구원은 오직 주님에게서만 옵니다(욘 2:2-9).

그래서 요나는 기도했다. 요나가 기도했다는 사실 자체는 놀랍지 않다. 절박한 상황에 처할 때는 기도하는 게 보통이기 때문이다. 그러나 요나가 기도한 방식은 매우 놀랍다. 요나는 정해진 기도를 드렸다. 요나의 기도는 자신의 고유한 표현으로 드린 즉흥적 기도가 아니었다. 요나의 기도는 완전히 새로울 것 없는 기도였다. 요나는 학교에 가서 기도하는 법을 배웠고 자신이 배운 대로 기도했다. 그가 기도를 배운 학교는 바로 시편이었다.

시편 학교

요나의 기도는 모든 행이 시편에 나오는 상투적 표현들로 채워져 있다.

- "내가 고통스러울 때"는 시편 18편 6절과 120편 1절
- "스올"은 18편 4-5절
- "주님의 파도와 큰 물결이 내 위에 넘쳤습니다"는 42편 7절

- "주님의 눈앞에서"는 139편 7절
- "주님 계신 성전"은 5편 7절
- "물이 나를 두르기를 영혼까지 하였으며"는 69편 2절
- "그 구덩이 속에서 내 생명을"은 30편 3절
- "내 목숨이 힘없이 꺼져갈 때"는 142편 3절
- "주님 계신 성전에까지"는 18편 6절
- "구원은 오직 주님에게서만 옵니다"는 3편 8절에서 빌려온 표현이다.

그 외에도 더 있다. 요나의 기도는 단 한 단어도 독창적인 것이 없다. 요나는 모든 단어를 통째로 시편에서 가져왔다.

그런데 단어만 기존의 것을 가져다 쓴 것이 아니다. 형식 또한 시편에서 파생된 것이다. 지난 백 년 동안 양식비평 학자들은 시편이 취하는 특별한 형식에 주목했는데, 그 형식을 크게 두 범주로 정리했다. 하나는 애가이고 하나는 감사이다. 애가와 감사는 우리가 인간으로서 처하게 되는 두 가지 조건, 즉 곤경과 안녕이라는 조건과 맞물린다. 영혼의 상태나 처한 상황에 따라 우리는 고통 속에 절규하거나 찬양을 터트린다. 두 가지 범주는 다시 세분화되는데, 상투적인 서두와 중간, 결말에 따라 형식을 규명할 수 있다. 리듬이 정해져 있고 단어도 배정되어 있다.

참으로 놀라운 사실이다. 우리는 종종 미리 짜 맞추거나 계산하지 않고 인간의 조건을 있는 그대로 표현한 즉흥적 기도가 가

장 진실하다고 생각하는데, 가장 고통스러운 상황에서 요나가 드린 기도는 배운 대로 하는 기도였다. 하지만 언어 자체를 생각하면 조금 덜 놀랍기도 하다. 우리는 불분명한 울음과 옹알이로 말을 시작하지만, 몇 년간 말을 배우고 나면 시를 쓸 줄 알게 된다. 아기들이 내는 소리가 셰익스피어의 소네트보다 더 정직한가? 둘 다 정직하다. 그러나 소네트가 더 많은 경험을 담고 있다. 기도에서 정직은 필수이다. 그러나 우리는 그 이상의 것을 바란다. 우리는 최대한 많은 삶을, 가능하다면 모든 삶을 표현하여 하나님께 응답하고자 한다. 이 말은 삶의 복잡함에 걸맞은 기도 형식을 배워야 한다는 뜻이다.

시편에서 가장 흔한 기도 형식은 애가이다. 슬픔이 우리에게 가장 흔한 상태이니만큼 예상대로라고 하겠다. 우리는 곤경에 빠질 때가 많기 때문에 애가 형식으로 기도할 때가 많다. 시편 기도학교를 졸업한 사람이라면 단순히 반복이 잦다는 이유 하나만으로도 애가 형식을 가장 잘 알 것이다.

물고기 뱃속에 있던 요나는 최악의 곤경에 빠져 있었다. 따라서 우리는 요나가 당연히 애가로 기도할 것이라고 생각한다. 그런데 정작 우리 손에 들린 것은 일반적인 감사 형식으로 된 찬양의 시편이다.[8)]

여기에서 드러나는 중요한 사실이 있다. 요나는 기도를 배우러 학교에 갔고 가서 잘 배웠다. 그러나 요나는 기계적으로 배우는 학생이 아니었다. 학교 교육이 요나의 창의성을 질식시키지 않았다. 요나는 형식을 구별할 줄 알았고, 자신의 실제 상황과는 다른 형식으로 기도하기로 했다. 상황은 '애가'를 가리켰다. 그러나 기도는 비록 상황에 영향을 받기는 해도 상황에 의해 결정되지는 않는다. 요나는 기도에서 창의성을 발휘하여 '찬양' 형식으로 기도를 드리기로 택했다.

우리의 진정한 상태를 두고 기도하고 싶다면, 살아 계신 하나님께 우리 자신 전부로 반응하며 기도하고 싶다면, 우리의 느낌을 표현하는 것으로는 충분하지 않다. 기도에는 오랜 도제기간이 필요하다. 그다음에는 상급학교로 가야 한다. 시편은 학교이다. 기도하는 요나는 시편 학교에서 부지런히 공부했음을 보여준다. 곤경 때문에 기도가 시작되었지만, 곤경으로 기도가 축소되지는 않았다. 요나의 기도는 자신의 즉각적 경험보다 훨씬 더 큰 세계로 요나를 데려갔다. 요나는 자신이 대면하고 있는 하나님의 크심에 적합한 기도를 드릴 줄 알았다.

요나의 이러한 기도는 오늘날 지배적인 기도 풍조와 대조된다. 우리 문화가 제시하는 기도의 형식은 대부분 자기표현이다. 우리는 하나님 앞에 자신의 감정을 쏟아내거나, 우리가 필요하다고 느끼거나 기회가 될 때 하나님께 감사를 드린다. 그런 기도는 자아에 대한 의식의 지배를 받는 기도이다. 그러나 성숙한 기도는 하나님에 대한 의식의 지배를 받는다. 기도는 자기 자신에게 집착하는 것에서 우리를 구해내어 하나님에 대한 흠모와 하나님을 향한 순례로 우리를 이끈다. 통증에 얼얼해하는 사람들, 위기 속에서 갈팡질팡하는 사람들, 혼란의 늪에 빠진 사람들 등 소명 때문에 참으로 다양한 상황 속의 사람들을 접하게 되는 목사들은 특별히 그러한 구출이 필요하다.

작가인 아들이 현대 문화의 기도와 시편 기도의 차이를 분명하게 구별해주는 이야기를 들려주었다. 아들이 콜로라도 대학에서 문예창작 과정을 가르칠 때였다. 학생들은 대개 창의적인 작가가 되고 싶어서 그 수업을 듣는다. 초기에 제출하는 창작 글들은 시든 소설이든 자기도취에 절어 있다. 학생들은 전부 나르시시스트들이고 글쓰기는 더 나은 나르시시스트가 되는 길이라고 생각한다. 모든 것이 자기 경험으로 환원되고 그 관점으로 재구성된다.

진짜 작가들은 그렇게 하면 안 된다는 것을 안다. 개인의 경험이 재료를 제공하고 추동력이 되는 때가 많지만(어떻게 그렇지 않을 수 있겠는가), 글 쓰는 행위는 무엇보다도 더 큰 세계를 탐험하는 행위이고, 더 깊은 실재로 들어가는 행위이며, 자기 자신으로부터 멀어지는 행위이고, 자신 너머에 있는 다른 인생과 다른 세계로 들어가는 행위이다. 말 그대로 글 쓰는 행위는 창의적이다. 전에는 없었던 어떤 것을 존재하게 하는 것이다. 그래서 학생들이 쓴 소설과 시를 읽던 아들은 너무도 지루해졌다고 한다.

그래서 하루는 절박한 심정으로 학생들을 데리고 길 건너에 있는 공동묘지로 갔다. 학생들은 몇 시간 동안 묘지들 위와 묘비들 사이를 걸으며 비문을 읽었고, 자신들이 관찰하고 상상한 것을 메모했다. 그다음에 학생들은 공동묘지를 소재로 소설이나 시를 쓰라는 과제를 받았다. 효과가 있었다. 진정한 창의성이 나타나기 시작했다. 소재는 공동묘지에 불과했지만, 학생들은 상상력을 발휘하여 자신이 아닌 세계, 자신보다 훨씬 더 큰 세계로 들어갔다. 자신에 대한 이야기가 더 깊은 실재 안에서 흘러나왔다.

시편은 영이신 우리 주님께서 우리가 우리 자신으로부터 벗어나게 하시고, 우리의 기도를 자기몰두로부터 구하시고, 우리가 하나님께 응답하는 길로 나가도록 이끄시는 공동묘지이다.

시편은 기도를 배우는 사람들을 위한 학교이다. 근본적으로 기도는 우리에게 말씀하시는 하나님에 대한 우리의 응답이다. 언제나 하나님의 말씀이 먼저이다. 하나님이 먼저 말씀하신다. 언제나 그렇다. 그다음에 우리가 응답한다. 우리는 하나님이 호명하시는 세계에서 정신을 차린다. 거기에서 우리는 응답하는 법을 배워야 한다. 그냥 예, 아니오 하는 것이 아니라 정말로 응답해야 한다. 우리의 존재 전체가 응답해야 한다. 어떻게 그럴까? 우리는 그 언어를 모른다. 하나님이 호명하신 세계에서 우리는 심각하게 뒤처져 있다. 부모와 대화하는 법, 학교에서 시험을 통과하는 법, 가게에서 거스름돈을 제대로 받는 법은 잘 배우지만, 하나님께 응답한다? 시행착오를 거치면서 대충 하면 될까? 길거리에서 엿들은 걸로 그럭저럭 해낼 수 있을까? 이스라엘과 교회는 우리 손에 시편을 쥐어 주면서 말한다. "자, 여기에 텍스트가 있다. 이 기도를 연습해서 하나님께 응답하는 너희 삶의 온갖 다양성과 거대한 깊이를 배우도록 해라."[9)]

1,800년 동안 사실상 모든 교회가 이 본문을 사용했다. 경건의 시간을 위한 보조도구와 심리적 위로장치와 달빛의 해변 산책과 같은 시류적인 것들이 그 자리를 대신한 것은 불과 200년 전부터이다.

물론 시편은 경건하지도 심리적이지도 낭만적이지도 않다. 그쪽으로는 전혀 소용이 없다. 시편의 용도는 아스케시스의 한 요소로서 우리의 형식 없음에 형식을 부과할 뿐이다.

사실 기도하고자 하는 충동은 부족하지 않다. 그리고 기도에 대한 요청도 결코 드물지 않다. 기도에 대한 욕망과 요구가 계속해서 기도의 문제를 우리 앞에 들이민다. 그렇다면 왜 그토록 많은 사람들이 기도하지 않는 것일까? 이유는 간단하다. 우물이 깊은데 그 물을 길을 도구가 없기 때문이다. 우리에게는 양동이가 필요하다. 물을 담을 수 있는 그릇이 필요하다. 욕망과 요구는 구멍이 숭숭 뚫린 체이다. 우리는 욕망과 요구를 하나님의 현존과 말씀이 있는 야곱의 깊은 우물로 내려서 그것을 다시 물 위로 떠올리는 데에 적합한 그릇이 필요하다. 시편이 바로 그런 양동이이다. 시편이 기도 자체는 아니지만 지금까지 고안된 것 중에서 가장 적합한 기도의 용기, 즉 아스케시스다. 그 기능을 이해하고 나서도 시편이라는 이 양동이를 사용하지 않는 것은 일부러 고집을 부리는 것이다. 임시변통으로 사용할 만한 다른 모양과 재질의 용기를 만드는 것이 불가능하지는 않을 것이다. 지금까지 그러한 시도들이 충분히 많았다. 하지만 이렇게 디자인이 좋고 균형이 잘 잡힌 용기가 우리 손에 주어졌는데, 왜 그런 임시방편에 만족한단 말인가?

규칙

기본적인 아스케시스 형식은 매달 매일 순서를 따라서 시편으로 기도하는 것이다. 이것은 지난 2,000년 동안 교회가 합의한 형식이다. 가톨릭의 경우는 성무일도聖務日禱가 있고, 성공회에는 공동기도서가 있는데, 그런 것이 없는 우리는 좋건 싫건 매달 시편을 서른 개로 나누어서 기도하면 된다. 아우구스티누스는 시편을 '학교'라고 했다. 암브로시우스는 좀 더 활동적인 은유를 써서 '체육관'이라고 했다. 날마다 운동하러 들어가서 평생의 영성을 위해 건강을 잘 관리하고 완전히 살아 있는 인간으로 사는 것이다.

이처럼 날마다 드리는 시편 기도는 따로 분리된 행동이 아니다. 시편 기도는 커다란 두 구조물 사이에 있다. 하나는 일요일에 드리는 공동예배(다른 그리스도인들과 회중으로 모이는 것)이고, 다른 하나는 하루를 지내면서 드리는 묵상 기도이다(이 기도는 무작위적이고 계획적이지 않으며 때로는 의지적으로 때로는 자연스럽게 하나님에 대한 응답으로써 우리가 하는 말과 행동을 묵상하는 것이다).

이 세 가지 연동 구조물이 우리의 '벽이 없는 수도원'이며, 우리가 소명을 실천하는 실제 조건(기관, 회중, 자아)에 부합하는 기도의 그릇이다.

공동예배는 우리의 영성을 계시, 공동체, 섬김에 정박시킨다. 수년간 드린 시편 기도로부터 한 줄 한 줄 세워진 요나의 기도는 예배의 장소에 묶여 있다. 4절에서는 "주님 계신 성전을 다시 바라보겠습니다" 하고, 7절에서는 "나의 기도가 주님께 이르렀으며 주님 계신 성전까지 이르렀습니다"라고 한다. 물리적으로 예배의 장소에 있을 수 없을 때에라도 요나는 공동예배를 통해서 그 장소를 지향한다.

묵상 기도는 우리의 기도 생활을 일상의 모든 구체적인 내용들로 확장하고 퍼뜨린다. 요나의 기도도 묵상 기도의 한 예이다. 우리가 의도하는 것은 공동예배와 시편 기도가 합해져서(바울이 명한) '쉬지 않는 기도'가 되는 것이다.

예배와 묵상 사이에 자리 잡은 시편은 우리가 습관적으로 가서 기도의 기반과 단어와 리듬을 살피는 장소이다. 거기에서 우리는 수세기 동안 쌓인 기도하는 공동체에 우리 자신을 담그며, 기도했고 기도하는 이 친구들과 동료가 된다. 예배와 묵상은 정기적으로 먹을 것을 보급해주어야 하는데, 시편이 그것을 제공

해준다.[10]

이 간단하지만 포괄적인 아스케시스는 우리의 기도 생활과 발전하는 영성의 기본 패턴이다. 아주 복잡할 것은 없지만, 복합적인 개별화는 가능하다. 이것이 바로 영적인 삶의 '주어진 아스케시스'이다. 아직은 그 누구도 그보다 더 나은 것을 만들어내지 못했다. 그것이 없으면 우리는 풍성한 음식이 차려진 식탁에 앉았으나 접시, 컵, 포크, 나이프, 스푼이 없는 것과 같다. 처음 세상에 태어날 때는 먹는 도구가 필요하지 않다. 우리는 젖을 먹고 그것으로 모든 필요를 채웠다. 그러나 자라면서 젖을 떼고 나면 도구를 사용하는 일에 능숙해진다. 그리스도 안에서 사는 새 삶에서도 그와 비슷한 진전이 일어난다. 식탁에 놓인 식기와 식사 도구와 같은 아스케시스가 주어지지 않으면, 우리는 유아 상태에 머물게 된다.

역사적으로 이것을 '규칙rule'이라고 불렀는데, 이 단어는 라틴어 '레굴라*regula*'에서 온 말이다. 이것을 그림으로 그리면 다음과 같다.

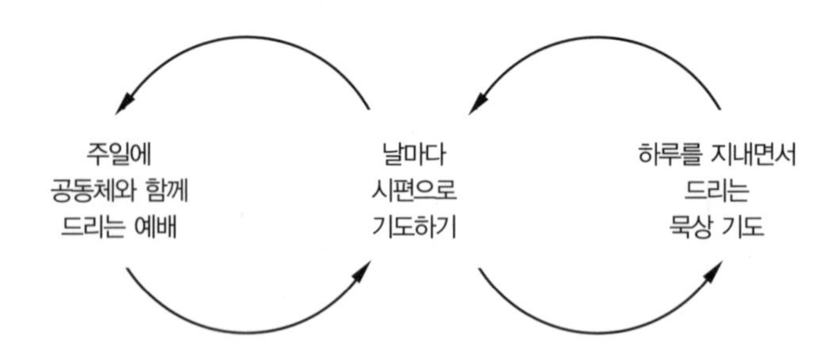

이 기본적인 구조에 보조적으로 들어오는 몇 가지 관련 행동들이 있는데, 흔히 그것을 '훈련'이라고 부른다. 우리는 모든 훈련에 친숙해져야 하고 훈련이 어떻게 기능하는지 알아야 한다. 그러나 그중에서 특별히 어느 것을 사용하느냐는 시기와 기질, 상황의 문제이다. 어떠한 훈련도 그 누구의 아스케시스에서 지속적으로 남아 있는 경우는 거의 없다.

기도와 예배를 일련의 '훈련' 안에 고정시키는 것이 영적 생활이라고 제시하는 경우가 있는데 잘못된 것이다. 그렇게 되면 영적 생활을 은연중에 소비자 입장에서 접근하게 하고, 실제로 그렇게 하도록 청하는 격이 된다. 마치 우리 앞에 모든 선택지가 놓여 있어서 취향이나 기분에 따라 아무것이나 선택할 수 있기라도 하는 것처럼 말이다. 우리는 언제나 공동예배, 시편 기도, 묵상 기도의 기본 규칙에서 시작하고 그리로 돌아온다.

슬프게도 기도와 영성에 소비자 정신이 등장하는 경우가 많다. 우리는 소비자 정신과 싸우기 위해 가능한 모든 일을 해야 하지만, 무엇보다도 우리 자신이 거기에 탐닉하지 않도록 해야 한다. 우선 우리 모두가 기본 규칙을 공통적으로 가지고 있음을 알고, 필요에 따라 사용할 수 있는 다양한 훈련들에 익숙해지면 된다. 때로 훈련은 기본적인 기도 생활을 특별한 영역으로 확장시키고 발전시키기 위해서 사용될 것이다. 또 때로는 앞선 훈련이나 경험에서 놓친 것을 만회하는 데 사용될 것이다. 결코 모든 사람에게 일률적으로 적용되어서는 안 된다. 우리는 약의 용량을 재는 약사처럼 훈련을 잘 부과해야 한다. 훈련은 특허 의약품이 아니다.

영성에서 가장 많이 사용하는 14개 훈련은 영적 독서, 영적 지도, 묵상, 고백, 신체 운동, 금식, 안식일 지키기, 꿈 해석, 피정, 순례, 구제(십일조), 일기 쓰기, 안식년, 소그룹이다.

성경적·교회적 아스케시스인 시편 기도와 그 전후에 드리는 공동예배와 묵상 기도를 회복했다면, 우리는 전문성을 계발해서 그 어떤 훈련이든 필요할 때면 불러서 사용하고 필요하지 않으면 옆으로 제쳐둘 수 있어야 한다. 아스케시스는 개인에게 맞게 주문 제작되어야 한다. 프리드리히 폰 휘겔Friedrich von Hugel은 "영혼에는 이하동문이 없다"고 말했다.[11] 이하동문이 없기 때문에 누구에게나 맞는 프리 사이즈의 아스케시스도 없다.

앞에서 나는 주문 제작된 아스케시스의 계발을 설명하는 은유로서 '유기적인'이라는 단어와 '토양'이라는 단어를 사용했다. 유기농법에서 가져온 이 은유가 적절하다고 생각한다. 이 은유는 또한 너무도 많은 것을 약속하고 너무도 많은 사람을 망치는 기계적이고 강제적인 영성 계획이 횡행하는 것을 경계하는 데에도 유용하다.

나는 기도 생활을 계발하는 장소를 표현하기 위해서 흙의 이미지를 사용한다. 기도 생활은 이어서 나의 소명 영성으로 발전한다. 분석해보면 이 흙은 많은 요소로 구성되어 있다. 실제 회중, 가정환경, 교육 정도, 개인의 기질, 지역 기후, 현지의 정치,

대중문화 같은 것들이다. 버몬트의 토양은 텍사스의 토양과 다르다. 토양을 염두에 두지 않고 작물을 기르려고 하면 성공할 수 없다.

다른 사람의 흙에서 자라는 것을 모방해서 영성을 계발하려는 것은 미네소타에 오렌지 과수원을 일구는 것만큼이나 잘못된 판단이다. 남이 아니라 내가 존재하는 안팎의 상황, 그것이 지나온 역사와 현재에 신중하고 세심하게 주의를 기울여야 한다. 상황을 무시하고 모방하는 영성만큼 빠르게 망하는 것도 없다. 영성은 강제로 부과할 수 없다. 반드시 직접 키워야 한다. 기도는 버려진 목재에 헌옷을 씌워 땅에 박아놓은 허수아비가 아니다. 기도는 흙에서 싹트는 씨앗이고, 그 흙에 있는 모든 것에 민감하다. 질소와 칼륨, 지렁이와 감자딱정벌레, 비와 태양, 4월과 10월, 토끼의 이빨과 인간의 손 등 모든 것에 민감하다. 거기에서 일어나는 일은 대부분 눈에 보이지 않고 인간의 통제를 벗어나 있다. 모든 것이 연결되어 있으며 비율도 중요하고 크기도 중요하다.

이 영성의 흙을 오랫동안 간 사람은 인공 첨가물을 경계한다. 한 계절 동안 기적처럼 효과가 있는 살충제와 비료도 계속 쓰면 파괴적인 결과가 나오는 경우가 많다. 도구는 식물과 흙이 무엇을 필요로 하느냐에 따라 사용해야지 우리가 무엇을 잘하느냐에 따라 사용하면 안 된다. 단단한 흙을 풀어주기 위해서 호미질만 날래게 하면 되는 곳에 신나게 삽질을 하면 연약한 토마토

줄기를 죽이게 된다. 도구(훈련)에 대한 지식이 필요하지만, 그 지식을 경험을 통해 알게 된 실제 흙의 상태나 채소와 과일, 영혼과 몸이 실제로 자라는 방식에 대한 경외감에 통합시키지 않으면 결과는 파괴적일 수밖에 없다.

이제 우리의 그림은 다음과 같다.

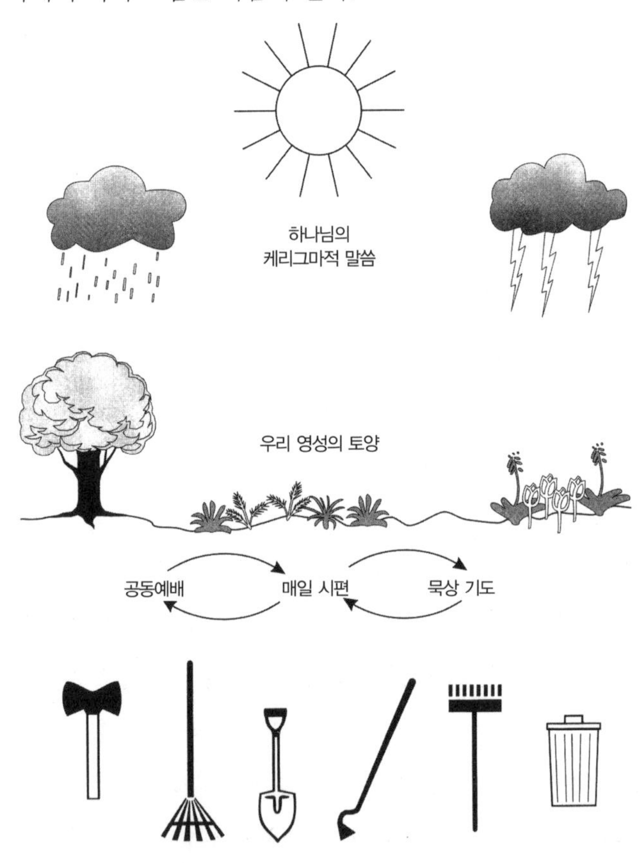

'14개의 훈련'이 잘 구비된 공구창고
필요할 때 쓰고 필요하지 않으면 내버려둔다.

묵상하는 목회자

기도는 우리가 참여할 수 있는 가장 인간적인 행위이다. 행동의 경우 우리는 동물과 공통점을 가지고 있다. 사고의 경우 우리는 천사와 공통점을 가지고 있다. 그러나 기도는, 인간이 하나님 앞에서 집중하고 반응하는 기도는 인간의 것이다.

그리스도인이든 비그리스도인이든 인간이라는 존재의 고유성을 찬찬히 오래 살펴본 사람은 누구나 이 사실에 동의한다. 기도는 우리의 핵심 활동이다. 인간 존재의 중심에는 기도의 삶, 기도의 실천이 있다. 세계 문명의 맥락에서 살펴볼 때, 그리고 역사에 따라 펼쳐볼 때 특이한 점은 미국인 목사들이 기도의 지평에서 차지하는 이상한 위치이다. 우리에게 기도는 소비재이다. 우리 외부에 있는 경건의 품목이며 대체로 하찮게 취급된다.

정말로 이상한 일이다. 사제, 구루, 선지자, 치료 주술사, 샤먼 등 우리가 아는 모든 종교 집단의 성직자들은 누구나 예외 없이 자신을 기도하는 사람으로 이해했다. 그들은 하나님과 정신과 영혼을 다루는 일을 하는 사람들이다. 그들은 모든 자연적인 것에 책임 있게 연결되어 있으면서 초자연적인 것에 닿고자 했다.

그러나 미국인 목사 중에서 진정으로 묵상하는 사람은 드물다. 영혼에 그리고 하나님께 계속해서 쉽게 다가갈 수 있게 양육해주는 훈련을 수용하는 목사, 자기 자신을 기도 공동체에 배정된 기도의 사람으로 이해하는 목사가 드물다. 어쩌다가 우리는 기도하는 우리의 선조들로부터 이렇게 단절된 것일까?

내가 나에게 부과한 임무, 그리고 요나로부터 그토록 도움을 많이 받은 임무는 포괄적이고 통합적인 기도의 실재를 다시 인식하는 것이다. 특히 목사들을 위해서 그리 해야 한다. 사람들에게 기도를 가르치고 그들을 위해서 기도하는 것이 최우선 임무인 목사들이 기도를 마치 의식 절차인 양 다루기 때문이다. 소명의 거룩함이 경건한 소원 이상의 것이 되려면 목사들이 기도의 깊은 바다로 뛰어들어야 한다.

다시스의 성공주의를 지지하고 목사들의 시간과 에너지 대부분을 차지하는 종교 프로그램을 짜는 것이 우리의 소명을 얼마나 파괴하는지 이제 분명하지 않은가? 점점 더 많은 사람들에게 분명해지고 있고, 목사들 사이에 불만족이 깊어지고 있다. 우리가 그토록 자주 자신도 모르는 사이에 공모자가 되어버리는 대중 종교의 사기 행각을 보며 우리는 소명 양심을 점검하지 않을 수 없다. 우리는 이렇게 자문한다. "이게 정말로 내가 부름받은 일인가? 이게 바로 '목사'의 의미인가?" 우리에게 주어진 직무설명서를 보고, 우리에게 제시된 경력 프로필을 보고, 전문가들이 해주는 조언을 듣고, 머리를 긁적이며 자문한다. 어쩌다가 여기까지 오게 되었을까. 한 사람씩 남자와 여자들이 자신의 행보를 취하고 있다. 흐름을 거슬러서 움직이기 시작하고 있다.

현대적인 목사가 되기를 거부하고, 현대적인 것에 의해 우리의 삶이 하찮아지는 것을 거부하며 묵상을 회복하고 있다. 그런 사람이 아주 많은 것은 아니지만, 변화는 소수에 의해 일어난다는 건 익히 알려진 사실이다. "묵상한다contemplate는 말은 '신성한 곳*templum*, 성전temple, 장소, 예언자가 선을 그어 표시한 관찰의 공간'을 가리키는 말에서 유래했다. 묵상한다는 것은 단순히 관찰하거나 바라본다는 뜻이 아니라 신의 임재 안에서 그 일을 한다는 뜻이다."[12)]

우리는 출구 혹은 돌아가는 길을, 내가 소명적으로 거룩한 삶이라고 부르는 것을 실현할 길을 찾고 있다. 묵상이 그 길이다. 그 길에 나서는 것, 단호하게 인내하며 한 발 한 발 떼는 일이 매우 시급하다. 영혼을 상대하는 사람들의 영혼이 심하게 망가져 있기 때문이다. 고통과 죄의 폭풍을 맞은 이 세상에서 예수님의 이름으로 말하고 행하는 사람들의 난파 정도에 대해, 연간 고속도로 교통사고와 같은 통계를 내가 본 것은 아니지만, 만약 그 수치를 볼 수 있다면 분명 우리는 깜짝 놀라는 동시에 정신이 번쩍 들 것이다. 동료 인간에게서 하나님과 죄와 거룩함이 문제가 되는 존재의 중심과 깊이를 다루는 일에 착수하는 순간 우리는 다른 일이었다면 피해 갈 수 있었을 수많은 위험과 간섭과 가식과 오류에 시달리게 된다. 소위 '영적인 일'은 우리를 영적인 죄에 노출시킨다. 육신의 유혹은 뿌리치기는 힘들어도 쉽게 간파할 수는 있다. 그러나 영혼의 유혹은 미덕에의 초대인

양 가장한 채 나타나는 경우가 많다.

그리스도인은 어떠한 유혹이든 받을 수 있다. 그러나 명백하게 기독교적인 것으로 규정된 일을 하는 우리들, 목사, 교사, 선교사, 군목, 원목, 교목, 개혁가들은 특별히 위험한 환경에서 산다. 일의 성격 자체가 끊임없는 죄의 유혹이기 때문이다. 옛 표현을 빌리자면 죄는 교만이다. 그런데 교만을 규명하는 것은 거의 불가능하다. 특히 초기 단계에서는 더욱 그렇다. 얼핏 보면 교만이 열정적인 참여, 희생적인 열심, 이타적인 헌신으로 보이고 또 그렇게 느껴지기 때문이다.

소명이 악화시키는 이러한 교만은 보통 개인 신앙과 공적 사역이라는 미세한 틈에서 발생한다. 개인 신앙으로는 하나님이 우리를 창조하시고 구원하시고 축복하셨다고 믿는다. 그런데 사역의 소명으로는 하나님을 대신해서 창조하고 구원하고 축복하는 작업에 착수한다. 우리에게 구세주가 필요하다고 확신했기 때문에 우리는 그리스도인이 되었다. 그런데 사역의 삶으로 들어서는 순간 우리는 구세주를 대신해서 행동하기 시작한다. 그것은 대단히 매력적인 일이다. 도움이 필요한 세상, 고통 중에 있는 세상, 난관에 처한 친구와 이웃과 낯선 사람들이 있다. 게다가 그들 모두가 연민과 음식, 치료와 증언, 지적과 위로와 구원이 필요하다. 우리가 이 긴급한 일을 처음 시작할 때는 하나님에 대해서 이야기하고 우리의 일에 그리스도의 일을 반영하려고 한다. 우리의 일은 세상을 회심시키고 생명을 회복시키라는 성경의 명령에서 시작되고 그 명령에 의해 규정된다. 그리스도를 통한 구원의 경험이 우리의 일에 동기를 부여했기 때문에, 그리고 우리가 일하는 사람들에 대한 목표가 전부 하나님의 정의와 평화, 용서와 구원에 의해 형성되었기 때문에, 그토록 순수한 동기와 선한 의도를 가진 일이 잘못될 수 있다는 생각은 거의 하지 않는다.

그러나 거의 항상 무언가 잘못된다. 구세주를 선포하고 그분의 명령을 시행하려는 열성 때문에 우리는 자기 자신이 기본적으로 그리고 일상적으로 구세주를 필요로 한다는 사실을 잊어버린다. 처음에는 우리가 구세주를 필요로 한다는 사실과 구세주를 위한 우리의 일 사이에 있는 틈이 거의 보이지 않는다. 우리는 기분이 아주 좋고, 너무나 감사하고, 구원이 무척이나 실감난다. 그런데 우리 주변에 있는 사람들은 정말로 도움이 필요하다. 그래서 우리는 무모하게 그 도전에 자신을 던진다. 그렇게 하다 보면 대부분의 사람들이 자신의 일과 그리스도의 일을 너무 동일시한 나머지 그리스도는 뒤로 물러나고 자신의 일이 무대 중심에서 조명을 받는다. 그 일이 너무도 강렬하고 매력적이고 옳기 때문에 우리는 신의 에너지로 일하는 것처럼 느끼며 일한다. 그러다가 어느 날 자신을 혹사하고 있다는 걸 깨닫게 된다. (혹은 남들이 그 사실을 알게 된다.) 그 일 자체는 아름다울 수 있지만, 일하는 과정에서 우리 자신은 짜증내고 지치고 강요하고 가르치려 들면서 아름답지 못한 모습을 드러낸다.

하나님을 필요로 하지 않는 신처럼 행세하지 않으려면 묵상하는 목사가 되어야 한다. 우리의 소명에 적합한 묵상의 삶을 개발하지 않으면 우리가 하는 일과 우리의 선의는 은근히 교만을 부채질하여(불가피한 일이다) 우리를 파괴하고 우리와 함께 우리를 위해서 일하는 모든 사람을 파괴할 것이다.

묵상은 예배와 기도라는 거대한 실재를 구성한다. 묵상이 없으면 우리는 성과를 중시하고 프로그램에 집착하는 목사가 된다. 묵상하는 삶은 활동적인 삶의 대안이 아니라 뿌리이자 기초이다. 진정한 묵상가들은 영성에 도피주의라는 딱지를 붙이는 것은 오류임을 보여준다. 목사들이 묵상하는 삶을 실천하지 않으면, 어떻게 사람들이 묵상하는 삶의 진실을 알고 그 에너지에 접근할 수 있겠는가? 묵상하는 삶은 엄청난 양의 에너지를 이 세상에 발생시키고 풀어놓는다. 진을 빼는 교만의 열기가 아니라 활력을 주는 하나님의 은혜 에너지를 풀어놓는다.

4부

니느웨로 가는 길

요나는 주님께서 말씀하신 대로, 곧 길을 떠나 니느웨로 갔다. 니느웨는 둘러보는 데만 사흘길이나 되는 아주 큰 성읍이다. 요나는 그 성읍으로 가서 하룻길을 걸으며 큰소리로 외쳤다. 사십 일만 지나면 니느웨가 무너진다!(욘 3:3-4)

우리는 고통을 많이 받은 가난한 백성이다.

여러 별들 아래서 야영을 했다.

진흙 강에서 컵으로 물을 뜨고

포켓나이프로 빵을 자르는 그곳에서.

선택한 것이 아니라 받아들인 이곳이 바로 그곳이다. **_체스와프 미워시, 〈때는 겨울이었네〉, 《시선집 1931-1987** ***The Collected Poems, 1931-1987*****》**

목사가 되었지만 '목사'라는 단어는 내게 망가진 단어였다. 나는 '목사'라는 말에 전혀 흥분하지 않았다. '목사'는 내가 열망하는 그 어느 것도 지칭하지 않는 단어였다.

하지만 놀랍게도 목사들을 흔히 만날 수 있고 그들이 일하는 기독교 공동체 자체는 내게 매우 긍정적인 의미를 가졌다. 나는 어린 나이에 예수님을 알게 되었고, 성경 이야기를 배웠고, 예수님과 성경 이야기에서 발전된 생활 방식을 거리낌 없이 받아들였다. 나는 지루하지 않고 사랑이 풍성한 가정에서 자랐다. 내가 기억하는 한, 친구네 집이나 가족보다 우리 집이 훨씬 재미있고 다채로웠다. 우리 가족이 나가던 자그마한 종파의 교회에는 성장기 소년에게 재미있을 만한 일이 많았다. 봄과 가을에 방문하는 '부흥사'들은 해마다 그맘때면 감정적 고양을 기대할 수 있게 해주었다. 노동자 계층이 주를 이루던 회중은 '개성'이 넘쳤고, 천편일률적인 대중문화로부터 자유로웠다. 괴짜 같은 순회 부흥사들은 곡과 마곡에서 곧 성취될 예언들에 대한 최신 소식을 가져왔다. 부적응자들은 굳이 적응하지 않아도 되는 자리를 찾았고, 그들이 적응하지 않아도 되게 사람들이 내버려둔 덕분에 어느 정도 존엄성도 챙길 수 있었다. 입다의 요란한 흐느낌, 밧세바의 주체 못하는 아름다움, 헐크처럼 망가진 삼손의 모습이 우리 회중에게선 친숙한 광경이었다. 누가복음에 나오는 안나의 주름진 스웨덴 사람 버전이라고 할 수 있는, 100세가 족히 넘은 리켄 자매는 주께서 자신에게 죽지 않고 주님의 재림 때에 공중으로 들림받을 성도 가운데 하나가 될 거라고 약속하신 환상을 주일마다 이야기했다. 그 이야기는 종말론적으로 나를 긴장하게 만들었다! 주일마다 교회에서 만나는 남자와 여자들은 내게 이야기를, '성경' 이야기를 생각나게 했다. 훗날 '두 개의 지평'이 근사치의 해석학적 화해를 이루게 하려고 얼마나 오랜 세월을 애썼는지 모른다. 믿음이 형성되던 시절에 내게는 단 하나의 지평밖에 없었기 때문이다. 교회에서 듣는 성경 이야기와 집에 와서 이야기하던 교회 사람들의 이야기 사이에 아무런 간극이 없었다. 매우 성경적인 공동체였다. 성경적이라고 해서 태도가 아주 좋다거나 거룩했다는 뜻이 아니다. 오히려 고린도 교회의 모습에 더 가까웠다고나 할까. 그러나 죄가 분명하게 드러났고 하나님을 의식했다. 오이가 한여름의 서리에도 무사했다고 보고한 제이슨 에이커스 씨의 기적은 물이 포도주로 변한 가나의 사건과 한가지였다. 외양간에 있던 동물과 성교를 하다가 발각된 후 골목 끝에 있는 헛간에서 목을 매달아 자살한 열여덟 살 빌 펠튼의 이야기는 아겔다마의 유다 이야기와 겹쳤다. 소피라고 하는 어린 폴란드 난민 여성이 우리 마을에 와서 뚱뚱한 중년의 홀아비와 결혼한 이야기는 모압 여인 룻의 이야기를 생생하게 보여주었다. (그러나 불행히도 그녀가 보아스와 오래 행복하게 살았을지에 대해서는 의구심이 들었다.)

그러나 내가 집처럼 편안하게 여긴, '성경적으로' 편안하게 여긴 이런 사랑과 웃음, 희생적 아름다움과 어두운 성의 이야기가 뒤범벅된 이곳에 유일하게 맞지 않는 사람이 하나 있었으니, 바로 목사였다. 우리가 살던 계곡은 사냥꾼과 낚시꾼들을 끌어들였고, 그들 중 몇몇은 목사 행세를 하며 정기적으로 마을을 오갔다. 그들이 사기꾼이라는 것을 정확히 언제 알게 되었는지는 모르지만, 청소년기 훨씬 이전이었던 것만은 분명하다. 나는 그 사람들이 우리에게는 관심이 없다는 것을 알았다. 사실 그들은 우리를 경멸했다. 그들은 우리 마을에 와서 야생의 희열과 감정의 전리품을 낚아채서는 금세 떠나버렸다. 나는 그들이 강단에서 진리를 말하는 것이 아니라 선전과 같은 조작과 신학적 협박을 한다는 것을 알았다. 그들은 우리를 사랑하지 않았고 하나님을 믿지 않았다. 적어도 우리가 사랑하고 믿는 것과 같은 방식은 아니었다. 그 목사들에 대한 인상이 내 성장기 동안 계속해서 쌓여갔다. 개인적으로는 다들 좋은 사람이었을 거라고 생각한다. 그러나 소명의 차원에서 그들은 부정직했고, 자기중심적이었고, 하나님보다는 자신들이 산출할 수 있고 이익을 볼 수 있는 종교적 효과에 관심이 있었다.

내게는 존경하는 목사가 하나도 없었다. 그 시절을 돌이켜보면 그러한 사실이 하나님에 대한 내 감정에 별다른 변화를 가져오지 않았다는 사실이 신기하기만 하다. 일요일에 무대에서 그들이 차지하는 공간이 넓기에 어떤 의미에서 목사들은 눈에 띄지만, 그들이 내게 미친 영향은 미미했다. 그들은 신앙 자체, 즉 하나님과 구원에 대한 나의 인식에는 전혀 간섭하지 못했다. 그들의 중요성은 외적인 차원에만 머물 뿐 결코 내 마음속까지 뚫고 들어오지 못했다. 그들이 확실하게 한 일 중 하나는 내가 목사가 될 생각을 눈곱만큼도 하지 않게 한 것이다.

성인기로 접어들던 청소년기 말에 어떻게 하다 보니 나는 주류 교회에 다니게 되었다. 지성의 삶을 수용하면서 역사에 뿌리를 두고 있는 영성이 필요하다고 느끼고 있었는데, 마침 그것을 찾을 수 있었다. 사고가 매우 건강하여 하나님께 영광이 되는 정신과 한 세대의 경험을 넘어 수세기 동안 살아낸 신앙의 깊은 토양으로 뻗어 내려가는 뿌리를 발견한 것이다. 그러나 신학과 전통을 접할 수 있었던 그러한 교회에서도 목사에 대해서만큼은 마찬가지로 운이 없었다. 이전의 목사들이 마치 서커스 천막 옆에서 호객행위를 하는 사람들처럼 천박했다면, 나중에 만난 목사들은 기업의 중역처럼 지루했다. 제도권에 편입된 그들은 단조로웠고, 회사를 위해서 열심히 일하는 종교 사업가로 변해 있었다. 효율적인 종교 가게를 운영하는 그들의 열정은 내게서 존경심을 불러일으키지 못했다.

그러는 와중에도 나는 계속해서 하나님과 성경과 교회와 관련된 일 중에서 할 일을 찾았다. 가르치는 일이 딱 맞을 것 같았다. 나는 책을 잘 알았고 좋아했다. 내 마음에 맞는 사고와 경험을 다루면서 신학, 성경, 언어를 가르치면 되겠다고 생각했다. 그렇게 하는 것이 자연스러워 보였고 그래서 나는 그 길을 따랐지만, 분명한 초점이 있는 것은 아니었다. 나는 스승들이 나를 이끄는 대로 이곳 혹은 저곳으로 갔다. 그러다가 결국 뉴욕 시에 있는 신학교 교수가 되어 영어 성경과 성경 언어를 가르치게 되었다.

그 무렵 나는 결혼했고 곧 아이가 태어날 예정이었다. 그러나 내 월급은 늘어나는 가족을 부양할 정도가 못 되었다. 나는 수입을 보완할 길을 찾지 못하면 팔복 중 첫 번째를 곧 시험할 처지에 놓이게 된다는 걸 깨달았다. 썩 마음에 들지 않는 성경 내용을 실천하기보다는 성경을 가르치는 데 더 관심이 많다는 것을 깨달은 나는 파트타임 일자리를 찾아 나섰다. 그런데 내게 주어진 파트타임 일자리는 목사밖에 없었다. 나는 목사가 아니었고 또 목사가 될 생각도 없었기에 소명의 차원에서 정직하지 않다는 것을 의식하면서도 할 수 없이 그 일을 받아들였다. 그리하여 나는 돈을 목적으로 목사 일을 하게 되었다.

내가 일을 하게 된 곳은 뉴욕의 화이트 플레인스였다. 나는 월, 수, 금요일에 뉴욕 시로 통근하며 강의했다. 그리고 나머지 날에는 임무로 부과된 목사 일을 했다. 몇 주간 그렇게 하고 나니 내가 함께 일하는 이 목사가 내가 전에 알던 그 어떤 목사와도 다르다는 것을 서서히 깨닫게 되었다. 돌이켜 보면 어떻게 그럴 수 있었을까 싶지만, 스물일곱 살이 되어서야 나는 처음으로 하나님의 사람으로 그리고 정직한 사람으로 내가 존경할 수 있는 목사 곁에 있게 되었다. 전에도 그런 목사들이 분명히 근처에 있었을 것이다. 그러나 굳어진 편견 때문에 그들을 제대로 알아보지 못했다. 그런데 지금 이 목사가 어떤 사람인지, 무엇을 어떻게 하는지 보면서 나는 그때까지 가려졌거나 모호했던 내 인생의 일면들을 깨닫기 시작했다. 그 시절에 아내에게 이렇게 말했던 기억이 난다. "내가 늘 하고 싶었던 일이 바로 이런 거야. 그런 직업이 있는 줄 지금까지 몰랐던 거지."

나는 가르치는 일을 좋아했고, 평생 그 일을 한다고 해도 불행하지는 않았을 것이다. 그러나 지금 내가 경험하는 이 일은 내 소명의 중심을 건드렸다. 나는 이 일을 위해서 태어났던 것이다. 나는 탄생과 죽음, 의심과 믿음, 기쁨과 고통, 치유와 구원 등 생명이 형성되는 그 자리에 있는 것이 좋았다. 인생에는 이처럼 일정표나 의제에는 나타나지 않는 수많은 작은 틈이 있고 목사는 우연히 그 순간과 마주하게 된다. 나는 이 소망과 사랑의 위험한 모험에, 이 인생들에 거룩함이 자리 잡아가는 일에 참여하는 것이 좋았다. 내가 가장 좋아한 것은 초자연의 경계에서 일한다는 느낌이었다. 살아 계신 하나님이 자비와 은혜, 사랑과 구원으로 일하시면서 우리가 그저 익숙하게 '자연스럽다'

고 부르는 모든 것에 침입하시고, 관통하시고, 놀라게 하시는 그 자리에 있는 것이 제일 좋았다. 교수로서 나는 과거의 일에 대해서 이야기했다. 그런데 여기에서 나는 지금 일어나는 일에 참여하고 있었다. 시를 짓는 시인과 같은 느낌이었다. 단, 지금 만들어지는 것은 시가 아니라 생명, 구원의 생명이었다.

그로부터 2년에 걸쳐서 나는 대학 교수에서 교구 목사로 내 소명의 정체성을 수정했다. 과거에 꽉 막혔던 전형적 인상이 사라지면서 목사라는 소명을 자유롭게 받아들일 수 있었다. 바구니를 타고 성벽을 넘어간 셈이었다. 목사. 그게 바로 나였고, 나는 그 삶을 살 것이다. 목사이면서도 하나님의 이름으로 사람들을 조작하지 않을 수 있다는 것을 알게 되었고, 목사이면서도 종교 사업을 운영하지 않을 수 있다는 것을 알게 되었다. 사람들이 있는 그 자리에서, 그 시간과 장소에서 일어날 수 있는 모든 일을 존중하면서 그들을 아주 진지하게 대하는 목사가 될 수 있는 길이 있었다. 그리고 하나님의 말씀이 구원의 결정적 말씀이 되게 하고 나는 그저 그것을 선포하고 신뢰할 뿐 이용하지는 않는 목사가 될 수 있는 길이 있었다. 나는 니느웨로 가는 길에 있었다. 그리고 훗날 내가 목회 소명의 지리적·종말론적 양극이라고 이름 붙이게 된 것에 대한 감을 익히고 있었다.

1. 지리

요나는 종교 경력을 버리고 진정한 목사가 되기로 결심한 뒤 아스케시스를 받아들이고, 기도의 삶으로 들어가고 니느웨로 갔다. 거기에서 요나는 거리를 돌아다니며 자신이 부름받은 일, 즉 목사의 일을 했다.

낯선 세계를 돌아다니는 것은 목회의 본질 중 하나이다. 우리는 보도에 발을 딛고 현장을 받아들인다. 목회는 신학적인 것 못지않게 지리적이다. 목사는 메모를 전달하거나, 단체 메시지를 보내거나, 거리를 두고 일하지 않는다. 현장은 목회의 일부이다. 현장에 있는 것, 특정 교구의 특정 토양에서 일하는 것이 목회의 본질이다.

요나는 니느웨로 가자 목사가 되었다. 다시스와 달리 니느웨는 지도상에 있는 장소이다. 다시스는 꿈이고 환상이고 목표이다. 반면에 니느웨는 지도로 그릴 수 있고, 길거리에 먼지와 흙이 날리고, 그다지 여생을 같이 지내고 싶지 않은 사람들로 가득하고(그들이 과거에 적이었다는 사실을 기억하라), 분명한 임무가 부과된 곳이다.

니느웨로 간 요나가 이상적인 목사는 아니라는 사실을 상기시키고 싶다. (요나는 어떤 면에서도 이상적이지 않다.) 그러나 요나는 '목사'이다. 요나 이야기는 그 무게와 요구로 우리를 억압하는 목사의 모델이 아니라는 점에서 은혜롭다. 니느웨로 간 요나는 통명스럽다. 단지 순종하기 위해 그곳에 갔을 뿐이다. 마지못해서 툴툴거리며 하는 순종이었지만, 그래도 순종은 순종이었다. 요나는 다시스가 아니라, 다른 어떤 곳이 아니라, 바로 '그곳'에 있다. 그리고 그곳에는 이름이 있다. 니느웨.

모든 교회는 특정 장소에 자리 잡고 있다. 일반적인 교회, 통칭할 수 있는 교회, 누구에게나 맞는 단일 사이즈의 교회는 없다. 그리고 목사는 이름이 있는 그 장소에 배정된 사람이다.

나는 니느웨라고 하는 지명과 그곳에서 요나가 한 일을 사용해서 목회 소명에 너무도 본질적인 장소에 대한 인식이 어떻게 우리로 하여금 상세한 것들에 몰두하게 하고 우리의 사역에 영향을 미치는지 고찰해보고 싶다.

율리시스

개인적으로나 소명의 차원에서나 의미가 있었던 목회적 돌봄에 관한 첫 번째 책은 제임스 조이스의 소설 《율리시스 *Ulysses*》였다. 이 굽이진 내러티브를 3분의 2 정도 읽었을 때, 내가 목회에서 무엇을 할 수 있는지, 무엇을 해야 하는지를 알게 되었다. 《율리시스》를 읽기 전에는 근무일의 측면에서 본 사역이 특별히 창의적이라고 생각한 적이 없었다. 중요하다는 것은 알았고, 내가 원하건 원하지 않건 수행해야 하는 기본 임무로 받아들였지만, 간혹 하나님의 임재를 느끼는 순간들을 제외하고는 특별히 흥미를 느끼지 못했다. 그 외에 내가 하는 거의 모든 일들, 설교, 가르침, 기도, 글쓰기, 행정은 내 정신과 영혼에 훨씬 큰 부담을 지웠고, 내게서 최선의 것을 이끌어내고, 나를 한계까지 밀어붙였다. 한편 외로운 사람을 방문하고, 병든 사람을 찾아가고, 죽어가는 사람 곁을 지키고, 모임 전에 잠시 잡담을 하는 일들은 약간의 요령과 연민과 성실함만 있으면 만족스럽게 해낼 수 있는 일상적인 기능들이었다. 성실함이 중요했다. 일단 그 자리에 있는 것 말이다.

그러던 어느 날 《율리시스》를 611페이지쯤 읽었을 때 내 발 아래에서 지진이 일어나며 땅이 벌어졌고 내가 평범하다고 생각했던 모든 일이 그 틈으로 빠져버렸다. 목회 소명의 모든 일상적 일과들이 더 이상 '일상적 일과'가 아니게 되었다.

조이스의 소설에서 '율리시스'에 해당하는 레오폴드 블룸은 아주 평범한 사람이다. 인생의 그 어떠한 부분도 그에게는 특별한 것이 없었다. 모두 단조롭고 평범했다. 그리고 그가 사는 도시인 더블린도 아주 평범했다. 특별한 것이라곤 아무것도 없고 우울할 정도로 평범한 도시였다.

이와 같이 무색무취에 특별할 것 없는 사람과 그가 사는 무색무취에 특별할 것 없는 도시가 소설의 배경이다. 제임스 조이스는 더블린에 사는 유대인 레오폴드 블룸의 인생에서 단 하루를 서사로 푼다. 조이스는 이 사람의 인생에서 단 하루를 우리에게 세세히 보여준다. 주목할 만한 일이 하나도 일어나지 않는 하루이다. 그러나 풍부한 상상력으로 매우 예리하게 (목사처럼!) 세심히 관찰한 내용이 축적되면서 서서히 깨달음이 오기 시작한다. 아주 평범하기는 하지만 모든 내용이 독특하게 인간적이라는 깨달음이 온다. 그리고 간혹 가다 몇몇 부분들이 옛 신화에 대한 기억을 부추긴다. 호메로스가 장엄하게 들려준 그리스인 오디세우스의 모험 이야기 말이다. 그는 온갖 경험과 가능성으로 가득한 나라들을 여행하고 마침내 집으로 돌아온다.

조이스는 평범한 사람이 사는 평범한 하루라는 한계 안에서도 의미는 무한하다는 사실을 내게 일깨워주었다. 사고팔고, 말하고 듣고, 먹고 싸고, 기도하고 욕하는 레오폴드 블룸은 장엄하게 신화적이다. 트로이에서 이타케로 향하는 20년간의 여행은 모든 사람의 인생에서 24시간마다 반복된다.

이제 내 일이 무엇인지 알았다. 그것은 바로 목사의 일이었다. 나는 조이스가 레오폴드 블룸을 바라보았던 상상력과 통찰력과 포괄성을 가지고 교구 사람들을 볼 수 있길 바랐다. 이야기의 줄거리는 다르다. 내 눈앞에서 펼쳐지는 이야기는, 내가 그 이야기를 볼 수 있을 만큼 충분히 오래 깨어 있을 수만 있다면, 오디세우스의 그리스 이야기가 아니라 예수님의 복음 이야기이기 때문이다. 수단도 다르다. 조이스는 연필을 사용하는 작가였고, 나는 기도를 실천하는 목사이기 때문이다. 그러나 우리는 같은 일을 하고 있다. 우리는 오늘 역사와 성性과 종교와 문화와 장소가 이 사람 안에 서로 신기하게 얽히는 것을 본다.

이해해야 할 이야기가 두 개라는 것을 나는 이제 알게 되었다. 복음 이야기는 이미 잘 알고 있었다. 나는 설교자, 즉 선포할 메시지를 가진 사람이었다. 나는 본래 복음 이야기가 쓰인 언어를 배웠고, 교육을 통해서 그 이야기의 오랜 발전 과정을 숙지했고, 그것을 현재로 번역하는 방법을 가르쳤다. 그 이야기 안에서 내 정신을 건강하고 정직하게 유지시키는 신학에 깊이 들어가 있었고, 균형과 비율을 맞춰주는 역사를 잘 알았다. 강단에서나 성서대에서 나는 그 이야기를 읽고 들려주었다. 나는 이 일을 무척 좋아했다. 복음 이야기를 읽고 숙고하고 설교하고, 다른 문화에서 다른 경험을 가지고 다른 기후와 다른 정치권에서 사는 사람들이 그 이야기에 다가갈 수 있게 돕는 것이 무척 좋았다. 특권이고 영광스러운 일이었다. 목사가 되면 그런 일을 할 거라고 예상했고, 그 일을 위해 필요한 훈련을 받았다.

그러나 다른 한쪽의 이야기들, 레오폴드 블룸과 버크 멀리건, 잭 틴데일과 메리 본, 낸시 라이언과 브루스 매킨토시, 올라프 오데가드와 애비게일 데이빗슨의 이야기도 이해해야 했다. 이 사람에게서, 이 도시에서, 오늘, 예수님의 이야기가 다시 이루어지고 다시 경험되고 있었다. 그리고 내가 여기에 있는 이유는 그 이야기가 틀을 잡는 것을 보고, 문장이 형성되는 것을 듣고, 행동을 관찰하고, 인물과 플롯을 분별하기 위해서였다. 에릭 매튜스가 표준 미국 영어로 말하는 것을 들을 때 나는 마태복음을 그리스어로 읽을 때만큼이나 해석학적으로 진지해지기로 결심했다. 제임스 조이스가 레오폴드 블룸이라는 인물과 그의 더블린 친구와 이웃으로 분한 율리시스 이야기를 들려줄 때처럼, 내 회중의 각 사람 안에 있는 예수님 이야기를 최대한 자세히 그리고 생생하게 보고 싶었다.

예수회 신부이자 시인이었던 제라드 맨리 홉킨스Gerard Manley Hopkins가 나의 작업을 위한 텍스트를 제공해주었다.

> 그리스도는 수많은 곳에서
> 그분의 것이 아닌 아름다운 손발과 아름다운 눈으로
> 사람들의 표정을 통해 아버지 뜻에 맞춰 움직이시기 때문에.[1)]

그때부터 지금까지 가정과 병원을 방문하고, 외로운 사람을 찾아가고, 임종을 앞둔 사람과 함께 있고, 대화를 듣고, 영적 지도를 하는 것이 그 이야기에 접근하는 중요한 기회가 되었다. 이제는 요령과 연민과 성실함보다 훨씬 더 많은 것이 요구되었다. 이것은 '그냥 그 자리에 있는 것'보다 훨씬 더 큰일이었다. 나는 어조의 차이를 감지하려 하고, 연결고리를 찾으려 하고,

기억하고 기대하고, 동사가 어떻게 변하는지 살펴보고('그러니까 저건 부정 과거고 저건 불규칙 완료형인가?'), 속죄와 화해와 성화의 표시가 나타나길 기다렸다. 나는 조이스가 타자기 앞에 앉아 있듯이 사람들 앞에 앉아서 이야기가 탄생하는 모습을 지켜보았다.

질병 때문에 혹은 몸이 약해서 혹은 어떤 일로 홀로 방에 있어야 해서 이 세상에서 일어나는 대부분의 일로부터 배제되고 이 세상의 유행으로부터 멀어져 있을 때 집중력과 관찰력이 생긴다. 정신을 방해하는 자극이 없을 때 집중력은 증가한다. 우리에게 흔히 주어지는 여러 가능성과 선택들로부터 단절되면 나는 현재 일어나는 일 그대로에 집중할 수 있게 된다. 있는 그대로의 이 삶, 앞으로 일어날 일이 아니라 지금 일어나는 일에 말이다. 임종을 앞둔 사람 곁에 있으면서 '현재'를 연습한다. 인생 그 자체에 대해서 경이로움과 감사를 느낀다. 살아 있는 사람 곁에서도 우리가 그렇게 받아들이기만 하면 같은 연습을 할 수 있다.

시간이 지나면서 목사의 회중에 있는 대부분의 가정이 이러저러한 형태의 질병이나 갇힘이나 죽음을 경험하게 된다. 조이스와의 대화 이후에 나는 그러한 시기에 방문하는 것을 더 이상 목사의 의무로 보지 않고, 살아 계신 그리스도께서 그들의 삶에 형성하시는 이야기를 본격적으로 알아볼 기회로 보게 되었다. 나는 이사야의 예언을 들여다볼 때 그리고 바울의 복잡한 논쟁을 살펴볼 때와 같은 근면함과 호기심을 가지고 그 약속 장소로 간다.

마가복음에 나오는 이 구절이 이러한 일을 위한 텍스트이다. “그는 살아나셨소. … 그는 그들보다 먼저 갈릴리로 가실 것이니, 그가 그들에게 말씀하신 대로, 그들은 거기에서 그를 볼 것이라고 하시오.”(막 16:6-7). 방문할 때마다 회의에 참석할 때마다 약속시간을 지킬 때마다 내가 올 줄 알고 기다리는 분이 계셨다. 부활하신 그리스도께서 나보다 앞서 그곳에 가셨던 것이다. 부활하신 그리스도께서 그 방에 이미 계셨다. 무엇을 하시는 것일까? 무어라고 말씀하시는 것일까? 무슨 일이 일어나는 것일까?

나는 그 텍스트가 내 소명에 대해서 암시하는 내용을 붙들기 위해 심방을 가거나 회의에 참석할 때마다 그 말씀을 인용했다. “그는 살아나셨소. 그는 그들보다 먼저 이모튼 가 1020번지로 가실 것이니, 그가 그들에게 말씀하신 대로, 그들은 거기에서 그를 볼 것이오.” 그리고 또 있다가는 “그는 살아나셨소. 그는 그들보다 먼저 성요셉 병원으로 가실 것이니, 그가 그들에게 말씀하신 대로, 그들은 거기에서 그를 볼 것이오”라고 바꿔서 인용했다. 그 방에 들어서면 내가 목회자로서 무슨 말을 하고 무엇을 할지에 대해서 생각하기보다는 부활하신 그리스도께서 무엇을 하시고 무슨 말씀을 하셔서 이 인생을 복음의 이야기로 만드시는지 보려고 정신을 바짝 차리고 관찰한다. 신학적으로 이것을 선행先行이라고 한다. 은혜의 우선성이다. 우리는 언제나 이미 일어나고 있는 일에 참여한다. 때로 우리는 단어나 느낌을 명확하게 하기도 하고, 간과했던 관계를 규명하기도 하고, 기억의 본질적 부분을 회복하게 도와주기도 하지만, 언제나 우리는 부활하신 그리스도께서 이미 시작하신 일, 이미 존재하게 하신 일을 다룰 뿐이다.

작가들은 이야기를 쓸 때 그 이야기를 만들어낸다기보다 그 이야기가 자신을 찾아온다는 말을 종종 한다. 자신이 전혀 알지 못했던 것을 쓰거나, 적어도 아는지 몰랐던 것을 쓴다. 이미지와 플롯이 그들의 인식 안으로 들어오는데, 다른 곳에서 와서 그곳에 도착한다. 이러한 신비로운 오고 감에 대해 열린 자세를 계발하고, 그러한 것들에 귀 기울일 때 그들은 진짜 작가가 된다. 이것이 바로 모든 창조적인 일의 기초이다.

그것은 또한 영성의 기초, 즉 목사들이 증언하고, 인식시키고, 이미지와 단어를 제공하는 복음적인 삶의 기초이기도 하다. 제임스 조이스는 더블린에 사는 얼마나 많은 레오폴드 블룸에게 그들의 율리시스 이야기를 돌려주었을까? 내 회중 가운데 얼마나 많은 사람에게 나는 그들의 예수님 이야기를 인식하게 할 수 있을까?

그렇게 하려면 지리를, 이 장소, 이 경도와 위도, 이 연간 강우량, 그리고 지금 여기에 서 있는 사람들을 최고로 진지하게 다루어야 한다.

니느웨의 하룻길

목회는 니느웨처럼 지역을 기반으로 한다. 목회의 어려움은 복음은 보편적인 반면 우리의 일은 시간과 공간의 제약이 크다는 데 있다. 우리는 온 세상으로 나가서 모든 피조물에게 복음을 선포하라는 명령을 받았다. 우리는 천국과 지옥이라는 큰 틀에서 일한다. 그런데 우리가 일을 하는 곳은 캔자스 주 저쪽 끝에 있는, 도서관 예산은 부족하고, 라디오 방송국에서는 컨트리 음악만 틀고, 고등학교 축구부원들이 그 지역 유명 인사이고, 각자 음식을 싸 와서 같이 식사하는 것이 회중 생활의 큰 재미인, 거주민이 3,000명 정도 되는 마을이다.

학교에서 묵시록의 긴박함에 대해 배웠고 그 상상력에는 성인들과 천사들이 오가는데 그런 마을에서 살면서 사람들과 대화하다 보면 이내 조급해지고, 지루해지고, 다시스로 가는 배를 버린 것이 충동적 실수는 아니었나 하는 생각이 들기 쉽다.

우리는 저쪽 풀이 더 푸르러 보이는 증상에 빠지기 시작한다. 우리는 '거창한 사상'을 설교한다. 이곳에 꼼짝없이 있게 된 것에 대한 분노와 실망이 대화 사이사이로 새어나가기 시작하면서 우리의 목소리는 거칠어진다.

그때야말로 지역의 의미, 교회 용어로 말하자면 교구의 의미를 재발견할 때이다. 모든 교회는 지역적이다. 모든 목회는 지리적 장소에서 이루어진다. "잘 하려면 미세한 세부사항들의 차원에서 해야 한다"[2]고 윌리엄 블레이크William Blake는 말했다. 제대로 일을 하기 시작했을 때 요나는 '니느웨로 가서 하룻길을 걸었다.' 요나는 끄트머리에 서서 그들을 향해 설교하지 않았다. 요나는 그들의 생활이 이루어지는 곳으로 들어가서 그들이 하는 말을 듣고, 조리하는 음식 냄새를 맡고, 일상에서 쓰는 표현들을 주워듣고, 거리를 두거나 우월한 자세를 취하지 않고 그들과 어울려 지냈다.

복음은 확실히 지리적이다. 복음서는 지명들(시내, 헤브론, 막벨라, 실로, 나사렛, 이스르엘, 사마리아, 베들레헴, 예루살렘, 벳세다)로 빼곡하다. 모든 신학은 지리에 뿌리를 두고 있다.

성지로 여행을 가는 순례자들은 다윗이 야영했고 예수님이 사셨던 마을이, 자신들의 고향보다 더 낫지도 더 아름답지도 더 재미나지도 않다는 사실을 알게 된다.

우리가 사는 곳이 지루해지고, 흔히 말하듯 '도전이 좀 더 필요하다'거나 '기회가 더 많았으면 좋겠다'고 하는 이유는 예언자적 열정이나 제사장적 헌신 때문이 아니다. 그것은 영적인 죄의 산물이다. 그 죄는 영지주의라는 바이러스에서 발생한다.

영지주의는 장소와 물질을 경멸하는 복음의 왜곡으로서 고대에 있었던 것이지만, 오늘날에도 꾸준히 등장한다. 영지주의는 바른 생각을 가져야 구원받을 수 있다고 주장하며, 그 생각이 화려할수록 좋다고 한다. 영지주의는 장소와 시간의 제한을 답답해하며, 일상생활의 쓰레기와 무질서에 당황한다. 영지주의는 예수님의 말씀으로 장식된 섬세한 감정을 중심으로 복음을 구성한다. 영지주의는 또한 머리가 나쁜 사람과 뒤처지는 동료들을 답답하게 여겨 언제나 사람들을 선택적으로 받아들이며, '영적으로 깊은' 그리고 서로가 잘 맞고 전문가 무리의 말을 인용하는 사람들로 구성된 엘리트 그룹에서 호소력을 얻는다.

반면에 복음은 지역적 지식이며, 지역적으로 적용되고, 상당한 열성을 가지고 육신으로 물질로 장소로 뛰어든다. 그리고 그 현장에 있게 된 사람이 누구든 그를 하나님의 백성으로 받아들인다. 목사가 지속적으로 해야 할 일 중 하나는 이러한 조건들이 존중받게 하는 것이다. 지금 그대로의 이 장소, 일상복을 입고 있는 이 사람들, "지역적 지식과 지역적 헌신으로부터 나오는 지역적인 것들에 대한 구체적인 사랑"[3] 이 존중받게 해야 한다.

웬델 베리

웬델 베리Wendell Berry는 내가 목회 신학의 상당 부분을 배운 작가이다. 베리는 켄터키 주의 농부이다. 농장에서 밭을 갈고, 작물을 심고, 말을 돌보는 것 외에도 소설과 시와 에세이를 쓴다. 그는 장소의 중요성에 대해 자주 이야기한다. 수용하고 사랑하고, 이해하고 존중하는 장소. 베리가 '농장'이라는 단어를 쓸 때마다 나는 거기에 '교구'라는 말을 대신 집어넣는데 매번 의미가 잘 통한다.

베리의 지도하에 내가 배운 것 중 하나는 자신의 장소에 대해 분개하는 것은 어리석다는 것이다. 장소가 없으면 일을 할 수 없다. 교구 일은 농장 일만큼이나 물리적이다. '이' 상황과 '이' 시간에 있는 '이' 사람들과 관계하는 일이다.

이 장소에 있는 이 사람들에게 다른 삶의 방식을 부과하는 것이 내 임무가 아니라, 이미 거기에 있는 것을 가지고 일하는 것이 내 임무이다. 어떤 농장이건 그곳의 실제 조건을 못마땅해하고 지역적 특성을 없앨 커다란 장비를 도입해서 현지의 유별난 특성에 방해받지 않고 일하려는 현대적인 농부가 있게 마련이라고 베리는 말한다. 그들은 땅을 돌봐야 하는 자원으로 보지 않고 전리품으로 본다. 이것은 다시스의 정신인 성공주의이다. "세상을 일반화하고, 풍성하고 아름다운 다양성을 원자재로 축소해버리는"[4] 떠돌이 전문가 정신이다.

목사들은 주로 회중에 대해서 그런 태도를 보인다. 인정하고 싶지 않지만 나도 자주 그랬다. 그러한 태도를 가질 때면 회중이 전도 프로그램이나 선교 여행 혹은 기독교 교육 센터를 만드는 데 필요한 원자재로 보인다. 그리고 어느새 나는 밀고 당기고, 회유하고 유혹하고, 설득하고 팔고 있다. 우리가 이런 태도로 일할 때 회중이 거부하고 분개하고 도전하면 그나마 다행일 텐데, 회중은 기업과 홍보회사와 교육자와 의사와 정치가들로부터 그런 취급을 받는 것에 너무 익숙해서 우리가 그렇게 해도 잘못되었다는 생각을 하지 못한다. (그리고 사실은 우리가 그렇게 하지 않거나 그렇게 하다가 그만두면 왜 더 이상 목사처럼 행동하지 않는지 의아해한다.)

그것은 종교 조직을 개발하는 매우 효과적인 방법이다. 사람들은 좋은 일을 하고, 의미 있는 프로그램에 동참하고, 멋진 대의에 기여하도록 자극을 받는다. 그 결과로 돌아오는 성과와 칭찬은 대단하다. 그러나 그 과정에서 나는 갈수록 대의와 일반적인 것과 추상적인 것을 다루게 되고, 숫자로 성공을 판단하고 특정 사람들에게는 갈수록 관심을 적게 쏟고, 일요일 아침마다 부분적으로 눈에 들어오는 얽히고설킨 역사들의 복잡한 상호작용에 대한 기억은 빠르게 흐려진다.

마귀의 일은 추상적이다. 물질적인 것을 사랑하는 것이 아니라 물질적인 것의 양을 사랑한다. 그래서 "다윗은 이렇게 인구를 조사하고 난 다음에 스스로 양심의 가책을 받았다"(삼하 24:10). 물질적인 것을 사랑하는 사람이 문제가 아니라 단기적인 이득을 위해서 장기적인 피해를 옹호하는 추상주의자나, 생태학적 건강 혹은 인간 건강에 대한 공업적 피해의 '용인 정도'를 계산하는 사람이나, 전장에서 시신을 세는 사람이 문제이다. 물질적인 것을 진정으로 사랑하는 사람은 그렇게 생각하지 않는다. 대신에 잃어버린 양에 대한 비유의 역설, 즉 각 사람이 전체보다 더 중요하다는 역설을 설명한다.[5]

대개 종교적인 일은 목회가 아니다. 그런 일은 영성을 방해하고 복음을 망쳐놓는다. 우리의 일은 종교 기관을 성공시키는 것이 아니라 예수 그리스도의 복음을 잘 양육하여 성숙시키는 것이다. 거룩함은 강제로 부과할 수 없다. 거룩함은 안에서부터 자라야 한다. 그리스도께서 회중 안에서 나타나실 모습은 차치하고, 다른 사람 안에서 나타나실 모습조차 나는 알 수 없다. 나는 조건들에 유념해야 하고 각각의 교구민들을 그 어느 때보다도 구체적으로 소중하게 대해야 한다. "진정한 사랑은 언제나 일반적인 것이 아니라 구체적인 것에 관심이 있고, 아무것에나 혹은 아무 사람에게나 관심 있는 것이 아니라 어떤 것 혹은 어떤 사람에 관심이 있다."[6)]

구체적인 것을 가지고 일할 때 나는 거기에 무엇이 없다고 경멸하거나 다른 곳을 탐하는 유혹에 빠지지 않고, 거기에 실제로 있는 것을 극진하게 대한다. 베리는 농장이 소규모의 생태계라고 주장한다. 일정한 리듬과 비율에 따라서 모든 것이 다른 모든 것과 더불어 일한다. 농부의 임무는 강제로 그 장소에 침입해서 자신의 리듬에 따라, 그리고 자기 자아의 크기에 따라 움직여야 한다고 주장하는 것이 아니라, 리듬과 비율을 이해하고 건강하게 잘 키우는 것이다. 농부가 추구하는 것이 이윤뿐이라면, 그는 거기에 실제로 있는 것을 공경하지 않고 그것으로부터 자신이 얻을 수 있는 것에 욕심만 부릴 것이다.

내 교구에 대한 은유로서 이보다 더 정확한 것은 없을 것이다. 베리의 농업 용어를 목회 용어로 대체하다 보면 베리가 내 회중을 의식하라고, 그들을 존경하라고 촉구하는 것 같다. 이들은 하나님께서 공들여 작업하신 영혼이고, 성령께서 영원히 거하기 위해서 지으신 장소이다. 내가 그 자리에 나타나기 오래전부터 성령께서 일하셨다. 나는 이미 벌어지고 있는 일에 적응해야 한다. 아직은 이곳에서 어떤 일이 벌어지고 있는지 나는 모른다. 그 형태를 연구해야 하고, 날씨를 이해해야 하고, 이런 기후에서는 어떤 작물들이 자라는지 알아야 하고, 과거와 현재 사이의, 교구 안에 있는 사람들과 밖에 있는 사람들 사이의 복잡한 얽힘을 외경심을 갖고서 대해야 한다.

웬델 베리는 내게 표토에 대해서 많은 것을 가르쳐주었다. 전에는 한 번도 표토에 주의를 기울인 적이 없다. 내가 먼지로 취급하는 내 발 아래의 흙이 사실은 보물이라는 것을 알고 나니 신기했다. 거기에서 수많은 유기체들이 끊임없이 상호작용하고, 죽음과 부활의 순환이 끝없이 이어진다. 이 세상의 거의 모든 식량의 근원이 거기에 있다. 표토를 존중하고 거기에 양분을 공급하고 보호하는 사람은 거의 없다. 탐욕스럽게 노천 채굴을 하는 사람은 많다. 또 어떤 사람은 그저 무심하고 무지해서 표토가 바람과 물에 부식되게 내버려둔다. 서재에서 이 글을 쓰는 지금 길 건너편에서는 땅 고르는 커다란 기계가 학교를 짓기 위해서 3만 평방미터가 넘는 농지를 다지느라 시끄럽게 오가는 소리가 들린다. 표토가 방해가 되기에 그것을 긁어내고 더 단단하고 평평한 진흙층을 드러낸다. 표토는 벽돌과 시멘트와 아스팔트로 대체될 것이다. 이런 일이 미국 전역에서 일어나고 있다. 표토가 놀라운 속도로 사라지고 있다.

베리는 "표토에 대해서 이야기하려면, 종교 언어를 피하기가 힘들다"고 말한다.[7] 목회에서 회중은 표토이다. 모든 성령의 일은 예배하러 모이고 축복받고 흩어지는 이 사람들, 이 물질적 실체 안에서 일어난다. 그들은 너무나 평범하고 눈에 띄지 않아서 당연시하기 쉽고, 거기에서 상호작용하는 에너지를 보려는 노력을 포기하기 쉽다. 그리고 내 신학의 도로를 깔고 선교의 건물을 짓고 커리큘럼 주차장을 만드는 데 몰두한 나머지 이 소중한 표토인 회중을 죽어 있는 비활성 물질로 대하고, 내 비전에 맞게 재조정할 대상으로 보고, 즉각적으로 유용하지 않은 것들은 내 프로젝트를 방해하지 않게 전부 불도저로 밀어서 치워버리려 한다.

그러나 에너지와 영양분이 바글거리고, 죽음과 생명이 뒤섞인 그곳이 바로 목회 현장이다. 내가 그것을 제조할 수는 없지만 보호할 수는 있다. 영양분을 공급할 수는 있다. 오염시키거나 침해하는 것은 삼갈 수 있다. 그러나 무엇보다도 농부가 표토를 대하듯 나는 회중을 존경하고 존중해야 하고, 잘난 체하지 않는 그 평범함 속에 담긴 거대한 신비 앞에서 외경심을 느껴야 한다.

회중은 표토다

왜 목사들은 밭을 가는 농부의 끈기 있는 헌신 대신에 쇼핑몰을 짓는 개발자들의 조급함과 폭력으로 회중을 대할 때가 많을까? 쇼핑몰은 50년이면 황폐해져 아무도 찾지 않을 것이고, 밭은 솜씨 좋은 농부가 그 신비들을 존중하기만 하면 1,000년이 넘도록 건강하게 소출을 낼 것이다.

목사들은 회중을 착취하는 것이 아니라 돌보는 임무를, 성급하게 종교 쇼핑몰을 개발하는 것이 아니라 주님이 심으신 교구를 부드럽게 일구는 임무를 교회로부터 배정받았다.

공동체라는 확고한 맥락이 없다면, 공동체에 대한 목사의 애정과 충성이 없다면, 우리의 선포는 못마땅해서 외치는 고함으로 전락할 것이고, 우리의 연설은 우리의 영적 영광인 소중한 '나/너 대화'로부터 멀어져 이해를 분노 가득한 언쟁으로 바꾸는 '나/그것 고함지르기'로 격하될 것이다.

회중은 적이 아니다. 목회는 회중과 대립하지 않는다. 장의자에 앉은 이 사람들은 정복해야 하는 이방인이 아니다. 패배시킨 후 목사의 자아가 만족할 수 있게 재활시켜야 하는 사람들이 아니다. 토머스 머튼Thomas Merton은 이렇게 썼다. "사람이 '마땅히 되어야 할 그런 존재'가 아니라고 그를 미워하는 것은 위험하고도 쉬운 일이다. 우리가 먼저 그의 존재 자체를 존경하지 않으면 결코 그가 마땅히 되어야 할 그 사람이 될 때까지 그를 견디지 못할 것이다. 우리의 성급함은 그를 아예 죽여버릴 것이다."[8)]

게다가 회중은 목사의 계몽을 기다리는 어리석은 멍청이가 아니다. 잘난 체하는 태도는 적대적인 태도보다 더 나쁘다.

회중은 표토이다. 죽음을 흡수하고 부활에 참여할 수 있는 대단한 능력을 가진 에너지와 유기물로 부글거리는 표토이다. 그것을 대하는 유일하게 성경적인 자세는 외경심밖에 없다. 우리 앞에 무엇이 있는지, 정말로 무엇이 있는지 제대로 볼 때 목사들은 회중의 쉐키나 앞에서 신을 벗는다.

모든 교구가 다르다. 각 영혼이 다른 것보다 더 다르다. 교구는 영혼들의 복합체이기 때문이다. 저쪽에서 효과가 있는 것을 이쪽에서 쓸 수는 없다. 이 장소, 이 사람은 고유하다. 이 교구의 고유성을 무시하거나 고유성을 인정하려 하지 않으면, 계절이 몇 번 바뀌는 동안 내 방식을 거기에 부과하고 몇몇 영혼을 거두고는 다른 교구로 옮겨서 거기에서 운을 실험해보려 할 것이다. 그리고 그 공격적인 어리석음 때문에 처음부터 그곳에 있던 아름다움과 거룩함과 신성한 삶을 놓칠 것이다. 내 탐욕스러운 종교적 야망 때문에 그것이 보이지도 들리지도 않을 테니 말이다.

19세기에 서부를 여행한 동부 사람 제임스 프리먼 클라크 James Freeman Clarke는 《자기 문화 *Self-Culture*》에 이렇게 썼다. "내가 서부에 살 때 골상학자가 마을에 와서 그곳에 있는 모든 목회자의 두상을 점검하더니 우리 모두에게 공경심이라는 기관이 결핍되어 있음을 발견했다. 게다가 우리는 모두 그 사실을 인정했다. 즉, 우리 중 누구도 자연스런 경건함이나 예배에 대한 사랑을 은사로 받지 않았음을 인정했다. 그러자 그가 말했다. '여러분은 모두 소명을 잘못 이해했습니다. 여러분들은 사역자가 되면 안 됩니다.'"[9] 지금도 사정은 별로 달라지지 않았다. 우리는 하나님에 대한 야심은 가득하지만 하나님을 공경하지는 않으며, 하나님에 대해 불경하기 때문에 회중에 대해 불경하다.

이러한 사실은 삶이 더 지역적일수록 더 강력하고 다채롭고 풍성하다는 통찰로 이끈다. 거기에 한계가 있기 때문이다. 베리는 다양한 측면에서 이 통찰을 발전시켰다. 지역적인 것에는 경계가 있다. 니느웨를 가로지르는 데는 사흘이 걸린다. 이러한 한계는 깨야 하는 제약이 아니라 존중해야 하는 경계이다. 그 어떤 농부도 자신의 울타리를 무너뜨리거나 뚫고 나가야 하는 규제로 보지 않는다. 그렇게 하는 것이 진보라고 생각하지 않는다. 울타리는 경계이고 장소를 규정해준다. 어떤 것이 내 것인지를 알면 내 것이 아닌 것도 알고 그래서 이웃으로 살 수 있다.

이 사실은 목회에 상당한 함의를 지닌다. 우선, 우리가 우선적으로 책임을 지는 사람들 사이에서 실제로 할 수 있는 일이 우리의 임무가 된다. 지금까지 수십 년 동안 진보의 신화 때문에 그리고 수공예에 대한 무지 때문에 '목사'라는 말은 온갖 쓸모없는 것들을 집어넣는 자루였다. 우리는 위원회에서 위원회로, 수양회에서 수양회로, 조직에서 조직으로, 온 동네를 휩쓸고 다니면서 좋은 일은 다 하고 자기 밭을 제외한 모든 사람의 밭에 씨를 뿌린다. 우리가 그렇게 하는 이유는 우리 교구에서 해야 하는 변변치 않은 임무보다 그것이 더 중요해 보이기 때문인 경우가 많다. 그 일이 더 긴급해 보이고 주변의 관심도 더 많이 받는다. 그러나 우리가 교구에만, 우리 회중에만 머물도록 자신을 훈련시키면 그것보다 훨씬 좋은 것을 발견할 것이다. 테야르 드 샤르댕Teilhard de Chardin은 목사가 아니라 과학자였다. 그러나 그는 목회 경험을 정확하게 증언했다. 그는 이렇게 썼다. "나는 효모나 미생물처럼 모호한 상태에서 일하는 데 깊은 만족이 있을 수 있다는 사실을 알게 되었다. 어떤 면에서는 그럴 때 더 친밀하게 이 세상의 일부가 되는 것 같다."[10] 목사는 '행동'이 있는 곳에 있고 싶어서 몸이 근질거려도 거기에 넘어가서는 안 된다.

영적 성장과 종교적 암

한계에 대한 이해는 또한 종교적 암을 영적 성장으로 오인하는 것을 막아준다. 자본주의와 소비주의 경제 속에서 우리는 생각 없이 숫자의 관점에서 진보를 평가한다. 이러한 사고방식에 익숙해지면서 우리는 숫자로 측정할 수 있는 실재에만 관심을 가지게 된다. 그러한 맥락에서 '성장'이라는 말을 쓰는 것에 익숙해진다.

우리는 성장이 산술적 은유가 아니라 생물학적 은유라는 것을 잊어버린다. 생물학에서 성장은 시기, 수동성, 기다림, 비율, 성숙과 연관이 있다. 모든 것에는 적절한 크기가 있다. 비율에도 신경을 써야 한다. 성장이라는 과정은 매우 복합적이고 신비롭다. 모든 회중은 자신에게 알맞은 비율과 균형, 크기가 있다. 장소와 조건이 다른 회중은 비율과 크기도 다르다. 그 크기를 바깥에 있는 사람은 결코 정할 수 없지만, 지혜로운 목사라면 그 한계를 생각하고 존중할 것이다. 에르빈 샤르가프Erwin Chargaff는 미국에는 모든 풍선을 터질 때까지 부는 경향이 늘 있었다고 지적한다.[11)]

> 이 세상의 모든 것에는 적절한 크기가 있다. … 넘어서는 안 되는 단위가 있다. 그리스 사람들은 이 사실을 잘 알았는데, 유명한 그리스어 '메덴 아간*meden agan*'은 도를 넘지 말라는 뜻이다. 이와 같은 단위에 대한 감각, 말을 조심하고 자신의 경계를 아는 것에 대한 감각을 우리는 완전히 잃어버렸다. 사람은 자신의 약함을 의식할 때에만 강하다. 그렇지 않으면 프로메테우스처럼 하늘의 독수리에게 간을 빼앗기고 말 것이다. 지금은 하늘의 독수리도 없고, 프로메테우스도 없다. 대신에 우리는 암에 걸린다. 암은 선진 문명의 주요 질병이다.[12)]

청소년들이 주로 성장의 수적인 측면에 집착한다는 사실을 지적하는 게 좋을 것 같다. 나는 열다섯 살 때 친구 몇 명과 함께 통신 판매로 보디빌딩 코스에 등록했다. 매주 우리는 줄자를 꺼내서 커가는 이두박근과 굵어지는 허벅지와 넓어지는 가슴 치수를 기록했다. 나중에 알고 보니 여학생들은 가슴둘레를 재면서 비슷한 과정을 거치고 있었다.

성숙의 표시 중 하나는 이런 숫자에 대한 관심이 사라지는 것이다. 그렇다면 왜 아직도 미국 교회는 청소년처럼 종교적 이두박근과 가슴의 둘레를 그토록 자주 재는 것일까?

노먼 두비Norman Dubie의 시는 교회가 이처럼 숫자에 집착하는 것이 잘못임을 보여준다. "분수에서는 밑에 있는 수가 클수록 작다."[13)]

피터 포사이스Peter Forsyth는 이렇게 썼다. "당신에게는 포도원의 한쪽 귀퉁이밖에 없어서 모든 사람의 관심을 끌 수가 없다. 야망보다는 겸손이 더 나은 도구이다. 심지어 그 야망이 선한 일을 많이 하겠다는 야망일지라도 말이다."[14)]

그렇다면 말을 조심하는 것, 즉 한계에 대한 건강한 존중은 목사에게 반드시 필요한 기술이다. 하나님의 무한한 은혜에 대한 열정은 인간의 한계를 예민하게 감지하는 것이 반드시 필요하다. 우리는 언제 어디에서 멈추어야 할지를 알아야 한다. 하나님이 강렬하게 활동하실 때는 우리가 이해하지 못하는 것에 간섭하지 않기 위해서 신중해야 하고 말조심해야 한다. 웬델 베리는 대머리 고객에게 할인을 해주지 않는 이발사를 알고 있었다. 그 이발사는 자신의 예술가적 기술은 자르는 데에 있는 것이 아니라 언제 멈추어야 하는지를 아는 데에 있기 때문에 할인해줄 수 없다고 설명했다.[15)]

2. 종말론

나는 여기에서 분리해서 말할 때가 많고 서로 대립되는 것으로 볼 수 있는 것 두 가지를 이야기하려고 한다. 하나는 목사가 거룩한 땅인 회중 앞에 경의에 찬 외경심을 가지고 서야 한다는 것이다. 또 하나는 목사가 회중의 종교를 잘 분별하여 반대해야 한다는 것이다. 외경심을 가지고 받아들인다는 것이 곧 비판적 분별을 배제하는 것은 아니기 때문이다. 부지런히 명석한 눈으로 지켜보지 않으면 회중은 다시 금송아지 숭배에 빠져버린다. 잘 개간한 밭도 돌보지 않으면 잡초와 야생 가시덤불에 덮여버리는 것처럼 말이다. 종교는 복음의 적이다. 그렇기 때문에 목회는 힘든 일이고 결코 끝나지 않는 일이다. 종교는 사라지지 않는다. 우리는 바로 그러한 환경에서 일한다. 그것을 없애려고 해봤자 소용이 없다. 본회퍼가 공상했던 '종교 없는 기독교'를 이루려고 노력해봤자 소용이 없다.

종말론은 우리가 굳은 흙을 부드럽게 하고 잡초를 뽑기 위해서 사용하는 도구이다. 목사에게 종말론은 농부의 쟁기와 써레, 괭이와 삽과 같다. (그러나 개발자의 불도저나 땅 고르는 기계는 아니다.) 우리는 이 표토를 부드럽고 촉촉하게 유지해야 한다. 비와 바람을 맞히고, 심고, 고르고, 가꾸고, 돌보고, 추수 때 일을 마친다. 완성*teleiōson*이다.

목회는 종말론적이다. 요나는 니느웨에 들어갔고 현장을 받아들였고 구체적인 것에 자신을 담갔다. 그러나 설교하기 위해 입을 열었을 때 요나는 그 풍경에 대한 감상을 이야기하지 않고 흥미롭게도 종말론적인 내용을 외쳤다. "사십 일만 지나면 니느웨가 무너진다!"(욘 3:4)

이러한 메시지는 우리가 흔히 목회와 연결시키는 메시지가 아니다. 이러한 메시지는 회중에 대해 마음을 쓰고 회중이 잘되게 하려고 그들의 삶으로 상당히 깊이 들어가는 사람이 전할 말이 아니라, 길거리 설교자나 치고 빠지는 전도자들의 분야로 보기 쉽다. 그러나 그것은 우스꽝스럽게 그려놓은 그림일 뿐이다. 진실하고 진정한 목회는 그 핵심까지 종말론적이다. "사십 일만 지나면 니느웨가 무너진다"는 말은 기본적이고 본질적인 목회 선언이다.

종말론은 마지막과 관련된 문제들을 다루는 영역이다. 미래는 인간이 가장 관심을 가지는 시간이다. 우리의 삶에 중요한 것은 우리가 무엇으로부터 만들어졌느냐보다 우리가 무엇을 '위해서' 만들어졌느냐이다.

우리 언어에서 '끝end'은 이중의 의미를 가진다. 끝, 즉 종결이라는 뜻이 있고 목표, 즉 목적이라는 뜻이 있다. 이 두 의미는 깔끔하게 서로 분리될 수 없지만, 성경과 목회에 지배적인 것은 후자의 의미이다.

사람들이 성경적 신앙의 삶과 분리되어 복음의 지도에서 종말론적 방향을 잃어버릴 때 일어나는 일을 보면 흥미롭다. 그들의 관심은 언약에서 일정표로 옮겨간다. 성경적 종말론의 복합적 풍요로움이 경마에 내기를 거는 마권업자의 번드르르한 은어로 교환된다. 점술가의 호기심 내지는 보험 계리인의 계산적 관점에서 미래를 본다. 추측성 기사들은 홈통을 타고 내리는 빗물처럼 요란하게 우리 귀에 소문과 수다를 쏟아붓고, 저 멀리서 천둥처럼 들려오는 복음의 예언을 거의 잠식해버린다. "사십 일만 지나면…."

사십 일만 지나면

"사십 일만 지나면 니느웨가 무너진다." 니느웨는 종교적인 도시이다. 모든 도시가 그렇다. 니느웨에는 거대한 신전들이 있었고, 하나님에게라도 다가갈 듯 하늘을 찌르는 바벨탑 같은 건물들이 있었다. 제사장 관료들은 질서와 보안이 지켜지도록 사람들의 삶을 구조화했다. 의례를 따르고 규칙을 지킴으로써 니느웨 사람들은 위험을 제거하거나 감소시켰다. 모든 신비에 대해 답이 제공되었다. 하나님은 인류를 위해 봉사했다.

사람들은 위험으로부터 자신을 보호하고, 이윤 중심으로 삶을 조직하고, 미술과 음악과 문학을 통해 하늘의 복을 기대하기 위해 도시로 모인다. 야생(사막과 산과 바다)의 불확실성은 길들고 통제된다. 하나님의 불확실성은 상품으로, 즉 우상으로 전환된다. 도시는 날씨로 인한 긴급사태나 배회하는 야수에 대한 공포나 노상강도의 사악함 앞에 취약하지 않다. 물론 도시라고 해서 안전하기만 한 것은 아니다. 내쫓긴 악이 말썽을 일으키기 딱 좋은 질서 잡힌 도시를 보고 "가서 자기보다 더 악한 딴 귀신 일곱을 데리고"(눅 11:26) 오면 그 도시는 야생보다 더 나쁜 상태가 되어버린다. 하지만 적어도 도시에서는 신비와 함께 살지 않아도 된다. 모든 거리가 구획되어 있고 모든 건물에 번지수가 있다. 도시에서는 믿음으로 살지 않아도 된다. 게다가 니느웨처럼 크고 유명한 도시라면, 그곳의 영광과 화려한 신들의 광채가 시민들에게까지 미친다.

요나는 종교적인 니느웨로 들어가서 그곳에서 목사가 되었다. 그들의 종교를 개선하거나 종교적 필요를 돌보기 위해서가 아니라, 그들의 종교를 '전복'하고 그 종교의 유효성을 의심케 한 뒤 살아 계신 하나님과 대면하도록 믿음으로 돕기 위해서다. "사십 일만 지나면 니느웨가 무너진다."

요나는 그들을 악하다고 비난하지 않았다. 그들의 죄와 사악함을 고발하지 않았다. 요나는 그들의 미래를 문제시했다. 요나는 그들의 현재 지향적인 종교와 안전에 집착하는 현재에 종말론을 소개했다.

'40'은 그 핵심에 희망을 담고 있는 전형적인 성경 용어이다. 40일은 개인의 삶의 실재성을 시험하는, 진실성과 진정성을 검토하는 기간이다. "이것은 진짜 삶인가, 아니면 교묘한 솜씨를 지닌 문화가 내게 건네준 값싼 모조품인가? 내가 하는 말과 일은 내 것인가, 아니면 내가 누구이고 무엇을 위해 존재하는지에 대해 나보다도 모르는 사람들로부터 빌린 것인가? 하나님이 내 삶을 솜씨 좋게 형성하시고 지혜롭게 인도하시는가, 아니면 통제되지 않은 변덕과 유아적 죄가 나를 그저 그런 사람으로 축소시키게 내버려두었는가? 나머지 인생을 이렇게 살고 싶은가?"

노아의 방주에서의 40일은 정화의 시간이었다. 수세기에 걸친 도덕적 오염을 씻어내고 여러 세대 동안 축적된 무분별한 만족을 쓸어버리는 시간이었다.

광야에서 보낸 40년은 하나님의 약속을 살아내기 위한 훈련이었다. 위험하지만 전도유망한 축복의 땅에서 믿음으로 살기 위한 훈련이었다.

엘리야가 '도망 다니던' 40일은 이세벨의 궁정에서 뿜어져 나오던 위험한 환상에서 벗어나게 하고 계시의 장소로 그를 데려갔다.

예수님이 유혹을 받으신 40일은 동기와 의도를 살피고, 하나님과 믿음으로부터 우리를 멀어지게 유혹하는 종교적 우상숭배의 방식과 대조되는, 구원을 이루시는 하나님의 방식들을 분명하게 하는 시간이었다.

예수님이 부활의 몸으로 나타나신 40일은 앞으로 하나님나라에서 삶의 특징이 될 새로운 실재를 확인해주었다.

각각의 경우 40이라는 숫자는 종말론적으로 작용한다. 마지막 날, 40일째 되는 날은 그 앞에 오는 서른아홉 날의 내용을 결정짓는다. 서른아홉 날의 하루하루는 40일째 되는 날의 실재에 적합해야 한다는 종말론적 압력을 받는다. 종말론적 피드백의 압력을 받으면서 그날들은 새로운 시작을 잉태한 자궁이 된다. 그날들은 믿음으로 예배하는 삶의 훈련 장소가 된다. 그날들은 십자가에 대한 순종을 감지하는 분별력을 분명하게 갖추도록 해준다.

40이 제대로 작동하면 인생은 새롭게 시작된다. 그 40을 무시하면 인생은 파괴된다. 방주는 난파되고 모두가 익사한다. 이스라엘 백성은 이집트로 돌아가서 여생을 짚도 없이 벽돌을 만들며 산다. 예수님은 마귀의 의제를 취하고 세상은 십자가를 치워버려서 기뻐하는 적그리스도의 통치를 받는다. 예수님은 승천하여 사라지고 이 세상은 원래대로 돌아간다.

니느웨에서 40은 제대로 작용했다. 사람들은 멸망의 예언으로서가 아니라 희망의 선포로서 요나의 메시지를 들었다. 종교적인 니느웨는 망할 운명이었지만 다른 삶의 방식, 하나님에 대한 믿음의 길이 가능했다. 변화가 가능했다. 그들은 이전에 살던 방식대로 살지 않아도 되었다. 그들은 하나님을 위해서, 하나님 앞에서, 하나님께 응답하며 살 수 있었다.

종말론이 없는 목회는 소비자적 만족과 종교적 만족에 성수를 뿌리며 자신을 고용한 사람들을 위해 사제직을 수행할 뿐이다. 종말론이 없으면 끈은 느슨해지고, 우리를 저 높은 곳으로, 거룩함으로, 예수 그리스도 안에서 주어진 고귀한 부름심의 상으로 당겨주는 것이 아무것도 없다.

그러나 그 종말론은 반드시 진정한 성경적 종말론이어야 한다. 오늘날 미국에서 가장 흔한 형태의 종말론은 진보의 신화이다. 이는 천박하고 비성경적인 종말론이다. 마지막 때의 실재가 현재로 돌아와서 영광스럽게 그것을 형성하는 대신에, 현재의 재료가 미래에 투사되고, 미래에는 마법 같은 성장 호르몬이 있다는 가정하에 그 재료들이 확장된다. 그 결과 미래에 대한 개념은 단순히 현재를 더 크게 쓴 것에 불과해진다. 새로운 것, 창조적인 것, 놀랄 만한 것은 아무것도 없고, 단지 더 '많이' 있을 뿐이다. 그것은 폭식이 부채질하는 미래이다. 그것은 종말론이 아니라 적敵종말론이다. 현재로부터 독립된 미래의 의미나 실재를 부인한다. 놀랍게도 많은 목사들이 이런 욕심과 탐욕의 변주들을 설교하고 회중의 삶을 그 원칙에 따라 전개시킨다.

성경에 나오는 주요 종말론 문학인 계시록은 일곱 개의 로마 · 그리스 도시에서 목회를 한 목사가 썼다.

요한의 계시

성경의 특정 책에 눈이 뜨이는 특정 시기가 있다. 아우구스티누스는 무너지고 타락한 로마 제국의 잔해 속에서 하나님의 도시가 형성되는 방법들을 찾다가 창세기를 자신의 텍스트로 사용했다. 12세기의 활발한 에로티시즘 속에서 베르나르는 성숙한 사랑을 기도하고 살아내는 수단으로서 아가서를 붙잡았다. 루터는 창고 세일 같은 바로크 종교의 어수선함 속에서 복음의 단순 명쾌함을 찾다가 로마서를 떠올렸고 그것을 종교개혁의 책으로 삼았다.

20세기의 마지막 10년에 들어선 지금, 나는 성경의 마지막 책인 계시록을 우리 시대의 결정적 성경으로 꼽는다. 니느웨에서 목회 소명을 지키기 위해 성경의 종말론을 보충 학습해야 하는 목사들에게 계시록은 필수이다. 계시록이 전에도 빛을 본 적이 있기는 하지만 현세대의 목회 소명은 다른 어떤 책보다도 그 책을 필요로 한다. 그 책이 건강한 방식으로 지배할지는 아직 두고 보아야겠지만, 지금 이 시기의 역사를 사는 교회의 삶을 위한 포괄적 텍스트가 될 수 있다는 사실만큼은 분명하다.

우리에게는 두 개의 전 지구적인 조건들이 있는데 계시록은 그것을 다루는 데 도움이 될 만한 자원이 충분하다. 그 두 개의 조건은 바로 시련과 평범화이다. 체스와프 미워시는 우리 세기를 설명하기 위해서 '잔인한'이라는 단어를 썼다. 정말로 잔인하다. 동유럽에서 추방당한 폴란드 시인 미워시는 잔인하다는 표현을 사용할 권리가 있다. 우리는 지구의 정치를 돌이킬 수 없게 바꾸어놓은 두 번의 세계대전을 겪었고 이제는 세 번째 전쟁 위협 아래 살고 있다. 만약 그 세 번째가 핵전쟁이라면 이 행성은 끝장나고 말 것이다. 공산주의의 출현과 몰락으로 민족들이 연달아 혼란에 빠졌고 무정부상태가 자유와 패권을 다투었다. 그리고 제3세계 국가들이 그 장으로 들어와서 자기 몫을 잡으려고 한다. 정치적, 도덕적, 생태학적 재난들이 우리가 따라잡을 수 없는 속도로 쌓이고 있다. 정의롭고 평화를 가져오고 구원을 이루시는 하나님에 대한 헌신이 위기에 처해 있다.

그와 병행하는 조건인 평범화는 기독교 증언의 진실성과 연관이 있다. 가장 높은 값을 부르는 사람에게 설교자를 경매로 넘겨주고 십자가를 마케팅하는 등 교회의 모든 면을 지칠 줄 모르고 상업화하는 종교 문화에서는 그 어떤 것도 진지하게 받아들이기가 어렵다. 광고와 오락이 기독교 예배와 설교와 가르침의 지배 담론이 되다 보면 진리에 대한 희생보다 문화에 대한 순응이 우선된다. 수많은 사람들에게서 성스러움보다는 어리석음이 훨씬 두드러진다.

계시록이 기록된 1세기의 마지막 10년도 바로 이와 같은 상황이었다. 시련은 로마로부터 왔다. 그리고 평범화는 발람파, 이세벨파, 니골라파처럼 문화에 대한 영지주의적 순응이 원인이었다. 시련과 평범화가 기독교 회중을 휩쓸자 소멸은 불가피해 보였다. 그때 계시록이 나타났고, 그러자 조류가 바뀌었다.

그러나 계시록이 우리에게 세기적인 영향을 미칠 정도로 유용하려면(나는 그게 가능하다고 본다) 요한이 자신의 회중에게 했던 것처럼 종말론적으로 사는 목사들이 우리 회중에게 필요하다. 우리 시대에 계시록이 적합하다는 데에는 의문의 여지가 없다. 그러나 계시록의 접근성은 문제가 된다. 성경에서 계시록만큼 해석이 버거운 책이 없고, 무지하고 천박하게 다루어서 손상된 책도 없다. 이미 감당하기 힘든 일들이 손에 가득한 목사들은 그 책을 피할 확률이 더 높다. 그러나 그래서는 안 된다. 그리고 내 생각에는 일단 그 책 전체에 내포되어 있는 목회 소명을 이해하고 나면 그러지 않을 것이다.[16)]

계시록이 특별히 탁월한 이유는 목사의 위치에서 기록되었기 때문이다. 목사는 공동체에 속한 사람들이 각자 처한 상황에서 분별력 있고 진실하게 신앙을 살아내도록 도울 책임이 있는 사람이다. 이 말은 사람들을 (종교적 대의에 따라 착취하는 것이 아니라) 매우 존엄하게 대하고, 이 시대를 (고통을 부인하거나 어려움을 피하는 것이 아니라) 매우 현실적으로 다루고, 복음을 (하루를 헤쳐나가기 위한 '해결책'으로 축소시키지 않고) 대단한 상상력을 가지고 제시해야 한다는 뜻이다. 목사들은 이러한 목회적 입장을 재생산해야 하는 위치에 있다. 기도하는 상상력을 요한에게 맡겨, 예배하고 믿는 회중 안에서 개혁이 일어나게 하고, 거기에 영향을 미치는 시련과 평범화라는 전 지구적인 상황을 늘 인식해야 한다. 그렇게 하면 우리는 이 책을 간파해야 할 텍스트가 아니라 일과 가정과 정치라는 급박한 상황 속에서 살아내야 하는 복음으로 대하게 될 것이다. 이 책은 '안에서' 읽고 믿어야 하는 책이다. 예배의 에너지 안에서, 유혹의 스트레스 안에서, 참 영성과 거짓 영성을 분별하는 일 안에서 읽고 믿어야 한다.

100년 동안 성경학자들은 줄곧 적합한 종말론이 없으면 정확하게 성경을 읽을 수 없다고 말했다. 기독교의 성경이 속속들이 종말론적이기 때문이다. 이 메시지가 도서관과 강의실은 제법 뚫고 들어갔는데, 아직 예배당과 일터에서는 소화가 되지 않고 있다. 우리 목사들은 회중이라는 현장에서 정확하게 그 메시지를 살아내기 위해서 적절한 소명적 종말론을 시급하게 습득해야 한다. 기독교적 '삶'이 속속들이 종말론적이기 때문이다. 특히 잔인한 시련을 당하고 형편없이 하찮아진 세계 상황이 1세기 말의 교회 현실과 비슷하다는 느낌이 강할수록 우리가 종말론적 목사가 되는 것이 매우 중요하다. 요나의 종말론적 순종을 제대로 형성된 목회 소명으로 발전시키는 데 계시록만큼 적합한 책이 없다.

같은 멍에를 메다

요나는 지리와 종말론이라는 두 양극에 멍에를 씌웠다. 둘 중에 하나라도 없으면 목회 소명은 변질된다. 두 개가 다 필요하다. 둘이 같이 멍에를 메고 있다.

종말론이 없는 지리는 종교적 풍경이 될 뿐이다. 화초 몇 개 가꾸고 잔디 깎고 잔디 틈에 자라는 잡초 뽑고 주어진 상황에서 되도록 편안하게 살게 해주는 정도이다. 거기에 있는 것들을 상당히 기뻐하지만, 오직 거기에 있는 것들만 기뻐한다. 관광이 순례를 대체한다. 등산을 가는 대신에 잔디밭에서 논다. 관광용 지도와 좋은 호텔과 식당 목록이 들어 있고 박물관 개관 시간이 적혀 있는 핸드북을 누구나 가지고 있다.

지리가 없는 종말론은 종교 과학 소설로 전락한다. 천국과 지옥에 대한 충격적인 시나리오를 상상하고, 복음의 본질인 사랑과 소망과 믿음은 무시하고 불안과 공포를 조장해서 이윤과 권력을 얻으려고 한다.

종말론적 세탁물 목록

몇 년 전에 지리와 종말론, 즉 일상적이고 평범한 장소에 대한 인식과 영원한 목적을 형성하는 것에 대한 인식이라는 두 개의 목회적 본질이 내게서 분리되었다. 나는 지치고 당혹스럽고 짜증이 났다.

일이 터진 것은 부활주일이었다. 그날 예배를 인도하고 집으로 돌아온 나는 아내에게 말했다. "여기를 좀 벗어납시다. 더 이상 감당할 수가 없어." 나는 기진맥진해 있었다. 지속적인 관심과 긴장을 요구하는 몇 가지 일들이 끝났고 허탈감이 찾아왔다. 사순절이 끝났고, 이제 막 원고를 완성해서 출판사에 보낼 준비가 되어 있었고, 입교자 교육도 끝이 나서 일곱 명의 청소년이 입교 문답을 했고, 대학에서 하던 강의도 이제 막 마치고 기말시험 채점도 완료했다. 나는 이 모든 일을 무척 좋아했다. 사순절 예배로 회중을 더 깊이 더 멀리 인도하는 것, 청소년들을 알아가고 그들과 신앙을 나누는 것, 책을 쓰는 것, 대학생들을 가르치는 것, 다 좋은 일이고 신 나는 일이었다. 그러나 부담이 큰 일이기도 해서 나는 진이 다 빠진 느낌이었다.

우리는 며칠간 떠나 있을 수 있는 방법에 대해 이야기했다. 그리고 아침 일찍 애서티그 섬으로 가기로 했다. 애서티그는 천연 해변으로 지정된 곳으로 대서양에 있는 메릴랜드 해변과 떨어져 있는 장벽 같은 섬이었다. 모래 언덕, 야생 조랑말, 갈매기 떼, 기다란 해변에 부서지는 파도, 그리고 몇 킬로미터를 가도 사람 하나 없는 곳이었다. 우리는 배낭으로 질 수 있는 텐트와 침낭을 꺼내고, 식료품을 상자에 조금 담고, 야외용 옷 몇 벌을 챙겼다.

애서티그는 차로 세 시간 정도 걸리는 거리에 있었다. 종교적 소란에서 벗어나 우리의 영적 안정을 회복해줄 적절한 완충 거리라고 생각했다. 그러나 도시를 벗어나는 일이 간단하지가 않았다. 아직 해야 할 일이 몇 가지 있었다. 우체국에 들러서 이제 막 끝낸 원고를 부치고, 대학에 들러서 학생들 성적을 교무과에 제출하고, 주일 예배를 위한 어린이 놀이방 스케줄을 바로잡기 위해서 두 통의 전화를 했다. 처리할 일은 남았는데 빨리 벗어나고 싶어서 안달이 났다. 나는 자질구레한 일들의 무질서와 누적되는 피로로부터 벗어나기 위해 목록에 적힌 일을 하나씩 줄을 그어가며 처리했다. 마지막에 적힌 항목은 '성 안토니 병원 머레이'였다. 머레이가 내일 수술을 하는데 심방을 가야 했다. 머레이는 즐거운 목회 대상이 아니었다. 아내에 대해서 불평하고, 자식들과 다투고, 지루하게 이야기를 늘어놓는 사람이었다. 나는 방문 시나리오를 예상했다. 치유와 소망과 위로의 사역을 하기 위해 머레이가 있는 병실로 들어간다. 그다음에는 그가 하는 대로 반응하면 된다. 그는 장황하게 불평할 것이고 나는 복음의 은혜로 응답할 것이다. 나는 그 방문을 기대하지 않았지만 피할 길이 없었다. '성 안토니 병원 머레이'가 내 목록에 적힌 마지막 항목이었다. 나는 방문을 완수했다. 예상대로 진행되었다. 그리고 목록을 손에 쥐고 엘리베이터에서 내리면서 할 일을 다 했는지 확인하기 위해서 훑어보았다. 목록의 마지막에 적혀 있던 머레이의 이름 위에도 줄이 그어져 있었다. 나는 주먹을 쥐며 그 목록을 구겨서 쓰레기통에 다소 흉포하게 던져넣고는 홀가분한 기분으로 차에 올랐다. 내 거대한 영성을 잡다하고 사소한 교구 일에 묶어놓는 소인국의 마지막 끈이 끊어졌다.

우리는 애서티그에 도착해서 텐트를 치고 마카로니와 치즈로 저녁을 만들어 먹고 바닷새에 감탄하며 해변을 걸었다. 그리고 그 빈 공간에 우리를 비워내며 파도의 길고도 편안한 리듬을 받아들였다.

그날 밤 우리는 텐트 덮개를 열고 잤다. 초봄이었고 공기는 살짝 추울 정도로 차가웠다. 달은 이제 막 찼다가 기울기 시작했고 하늘에는 구름 하나 없었다. 밤새도록 가벼운 바람이 텐트 안으로 불면서 피로를 씻어주고 불안의 먼지를 씻어주었다. 그리고 나는 꿈을 꾸었다. 정말로 멋진 꿈이었다. 잠에서 깨어 내가 꿈을 꾸었다는 사실을 깨닫자마자 나는 그것이 선물로 주어진 꿈이라는 것을 알았다. 하나님의 실제적 현존을 내 실제 경험 속에 위치시키는 그러한 꿈 말이다. 벧엘의 꿈이었다.

꿈에서 나는 볼티모어 서점에 들어갔는데, 입구에 《목록》이라는 제목이 붙은 책이 쌓여 있는 것을 보았다. 그 옆에는 이 책이 그 주 베스트셀러 1위를 차지했다는 〈뉴욕타임스〉 기사가 붙어 있었다. 저자는 제리 엘링슨이었다. 제리 엘링슨은 내가 아는 사람이었다. 안 지 35년이 되었다. 내 친한 친구와 결혼했고, 우리는 몇 년간 이웃에 살았다. 나는 흥분했다. 제리 엘링슨이 베스트셀러 저자라니! 나는 그녀가 책을 쓴다는 사실을 전혀 몰랐었다. 나는 공중전화로 달려가 몬태나 주에 있는 그녀의 집으로 전화했다.

"제리, 이제 막 당신이 쓴 책을 봤어요. 베스트셀러라니요! 당신이 작가인 줄 몰랐어요."

"그래요? 내 삶의 대부분을 거의 매일 그 책을 쓰고 있었는데요."

"와, 전혀 몰랐어요." 친구의 아내, 이웃, 주부, 세 아이의 엄마 등 평범한 용어로만 지칭하던 여자였다. 그녀가 부엌 바닥을 닦는 모습을 보았고, 일요일에 교회에서 고개를 숙이고 기도하는 것을 보았고, 응급 상황일 때는 내가 대신 장을 봐다주기도 했다. 그런 그녀가 〈뉴욕타임스〉 베스트셀러 1위 작가였던 것이다. "그래요, 축하해요. 얼른 읽어보고 싶네요"라고 나는 말했다.

나는 공중전화 박스를 나와서 다시 서점으로 가서 제리 엘링슨의 신작 베스트셀러 《목록》을 샀다. 그리고 책을 펼쳐서 읽기 시작했다. 책은 목록 모음집이었다. 그게 전부였다. 식료품 목록, 세탁 목록, 수리 목록, 크리스마스카드 목록, 지급 목록, 쇼핑 목록. 아무런 텍스트도 내러티브도 설명도 주석도 없었다. 그냥 목록뿐이었다.

잠에서 깬 즉시 나는 그 꿈의 의미를 알 수 있었다. 목록은 베스트셀러의 소재이다. 내 삶에서 영성의 본질(하나님의 현존 의식, 은혜를 음미하는 여유로운 시간)을 회복하려는 급한 마음에서 나는 그것의 원재료인 목록을 던져버린 것이다. 내 소명의 거룩함을 방해한다고 생각했던 항목들이 사실은 거룩함의 재료였던 것이다.

회중을 예배로 인도하는 일은 영광스러운 일이다. 배고프고 목마른 이 사람들이 매주 말씀과 성례전의 자비로운 신비 주변으로 모인다. 그러나 놀이방 스케줄에 대한 오해를 바로잡기 위해서 건망증이 있는 몇 명의 죄인들에게 전화를 하는 일은 내가 꺼려하는 하찮은 일이다.

대학생들을 가르치는 일은 고귀한 부름이다. 그러나 교무과에 성적을 제출하는 일은 짜증이 난다.

책을 쓰는 일은 창의적이고 만족스러운 일이다. 그러나 원고를 포장해서 우편으로 부치는 일은 내 직위의 존엄에 미치지 못하는 일이다.

하나님의 치유와 사랑을 위해 기도하는 것은 명예로운 제사장의 일이다. 그러나 호감이 가지 않는 남자의 칭얼거림과 불평을 듣는 것은 집사들에게 맡겨야겠다고 생각하는 일이다.

그런데 그 꿈은 채점을 하고, 우체국에서 줄을 서고, 불편한 감정을 참아내고, 건망증이 있는 엄마들에게 전화를 하는 각각의 항목들이 베스트셀러의 소재임을 보여주었다. 나는 그것들을 쓰레기로 취급했다. 그리고 그 잔해를 쓰레기통에 던져넣음으로써 가능한 한 빨리 내 눈앞에서 치워버렸다. 그 꿈은 내가 베스트셀러의 재료를, 목록을 버리고 있음을 보여주었다. 하고 싶지는 않지만 직업 때문에 혹은 입장 때문에 할 수밖에 없어서 적어놓는 나날의 목록을 말이다. 목록을 적지 않으면 잊어버리거나 미루거나 할 것이 분명하다. 좋아하지 않는 일은 내 인식에서 사라져버리기 때문에 나는 목록을 만든다. 목록은 내가 그 일을 처리하고 줄을 그을 때까지 내 시선을 잡아놓는다. 그다음에는 버려도 된다.

나는 아내에게 꿈 이야기를 했다. 그리고 꿈에 대해 생각해보았다. 그 섬에서 나는 목록 만드는 일로부터 며칠간 떨어져 있으면서 목록의 중요성을 체화할 수 있었다. 내 인생의 얼마나 많은 부분에서 큰 일, 중요한 일, 영적인 일을 자유롭게 돌보기 위해 내게 중요해 보이지 않는 사소한 일들에 가능한 한 적은 관심을 기울이는지 깨달았다.

다시 집으로 돌아왔을 때 내가 가장 먼저 한 일은 제리 엘링슨에게 전화해서 책을 써줘서 고맙다고 인사하는 것이었다. 당연히 그녀는 그런 책을 쓴 것을 기억하지 못했고 인세를 받은 일도 없었다. 그다음에 나는 공책을 사서 일기를 쓰기 시작했다. 한동안 내 일기에는 오직 목록만 적혀 있었다. 만나야 할 사람, 써야 할 편지, 방문해야 할 사람, 해야 할 심부름. 나는 그것을 종이쪽지에 적지 않고 일기에 적었다. 조금 더 존엄하게 여기고 어느 정도 영구성을 부여하기 위해서였다. 그리고 내 목록을 가지고 기도했다. 목록은 베스트셀러의 재료였다. 이것이 내가 하는 요나의 일이다. 니느웨에서 살면서 사랑을 가지고 여유롭게 일상적인 지리적 세부 사항들에 관심을 가지고, 동시에 종말론적인 긴박함 속에서 산다. 영원한 영혼들이 걸린 일이다. 그 소중한 생명들이 위기에 처해 있다.

나는 이 일기를 '내 종말론적 세탁물 목록'이라고 부른다. 이 이름, 심부름, 약속들이 베스트셀러 재료라는 것이 잘 믿기지 않는다. 그러나 니느웨에서는 그렇다.

5부

하나님과 다투다

†

주 하나님이 박 넝쿨을 마련하셨다. 주님께서는, 그것이 자라 올라 요나의 머리 위에 그늘이 지게 하여, 그를 편안하게 해주셨다. 박 넝쿨 때문에 요나는 기분이 무척 좋았다. 그러나 다음 날 동이 틀 무렵, 하나님이 벌레를 한 마리 마련하셨는데, 그것이 박 넝쿨을 쏠아버리니, 그 식물이 시들고 말았다. … 하나님이 요나에게 말씀하셨다. "박 넝쿨이 죽었다고 네가 이렇게 화를 내는 것이 옳으냐?" 요나가 대답하였다. "옳다뿐이겠습니까? 저는 화가 나서 죽겠습니다"(욘 4:6-7, 9).

그들은 지도가 있는 광야를 원하지만
새롭게 시작하게 해주는 오류는 어떨까?
혹은 빛으로 천천히 나아가는 잎사귀들은?
혹은 길이 닿지 못하는 많은 장소들은?

_윌리엄 스태퍼드, 〈창작 강의〉, 《빗속의 유리 얼굴 *A Glass Face in the Rain*》

동유럽의 슐레지엔과 보헤미아에서는 한때 고래를 수직으로 세운 모양으로 설교단을 만드는 것이 유행했다.[1] 설교자가 자기 자리에 가서 서려면 아래쪽에 있는 입구로 들어가 배 부분에 설치된 사다리를 타고 올라가 열린 입 쪽에 서야 했고, 거기에서 설교를 했다. 나도 늘 그런 강단이 있었으면 했다.

그 설교단은 매우 정확한 구조물이다. 모든 참된 복음 소명은 물고기 배를 지난 후에 도착하는 부활 소명이기 때문이다. 모든 '하나님의 말씀' 소명은 그렇게 형성된다. 어떤 식으로건 그러한 내면을 통과해서 형성되지 않는 진정한 소명은 있을 수 없다. 그렇게 소명이 형성되지 않으면 우리는 직무설명서에 따라 일하거나 역할에 따른 기대에 부응하려고 종종걸음 칠 것이다. 그러나 이 삶은 '소명적'이다. 새로운 것, 전에는 전혀 알지 못했던 것을 존재케 하신 하나님의 말씀에 의해 시작된 창조 과정이다. 창조자는 무를 가져다가 유를 만들어낸다. 소명은 바다와 땅 사이에 있는 폭 좁은 모래사장에서 탄생한다. 그곳에서 이제 막 자신도 물고기 뱃속에서 나오신 예수님은 제자들과 함께 아침식사를 하시고 그들에게 목사가 되라고 명령하셨다. "내 양 떼를 먹이라"(요 21:17).

소명적으로 사는 삶은 단번에 이루어지지 않는다. 소명은 잃을 수도 있고 왜곡되거나 연기될 수도 있다. 물고기 뱃속을 지난다고 해서 정체성이 보장되지 않는다. 요나는 소명적으로 살기 시작하자마자 바로 탈락해서 처음부터 다시 시작해야 했다.

1. 성장이 막힌 상상력

요나는 마지막 장면에서 예측할 수 없는 식물 아래서 하나님과 논쟁한다.

하나님과 논쟁하는 일은 유서 깊고 성경적인 관습이다. 모세, 욥, 다윗, 베드로가 모두 그 관습의 대가였다. 사역을 하는 남자와 여자들에게 잦은 관습이기도 하다. 우리가 그 관습을 많이 행하는 이유는, 어떤 방식으로건 많은 시간을 하나님과 대면하게 되는데 하나님이 우리가 예상하는 대로 움직이시지 않기 때문이다.

요나가 논쟁하는 이유는 은혜에 놀랐기 때문이다. 그는 너무 놀란 나머지 은혜에 동의할 수가 없었다. 하나님이 무엇을 하셔야 하는지에 대한 자신의 생각과 실제로 하나님이 하시는 일이 근본적으로 달랐다. 요나는 뿌루퉁해진다. 요나는 화가 났다. 마지막 장에서 '화'라는 단어가 무려 여섯 번이나 나온다.

화는 가장 유용한 진단 도구이다. 우리 안에서 화가 터져 나올 때 그것은 무언가 잘못되었다는 신호이다. 무언가 제대로 작동하지 않는 것이다. 악이나 무능함이나 어리석음이 도사리고 있다. 화는 이웃의 잘못을 냄새 맡는 우리의 육감이다. 진단 차원에서 화는 거의 오류가 없다. 그래서 우리는 화를 믿는다. 확신을 수반하는 도덕적, 영적 강렬함이 화를 불러일으킨다. 화가 날 때 우리는 정말로 중요한 무언가를 건드렸다는 걸 안다. 하나님이 요나에게 "네가 이렇게 화를 내는 것이 옳으냐?" 하고 물으시자 요나는 "옳다뿐이겠습니까? 저는 화가 나서 죽겠습니다"라고 쏘아붙인다.

그러나 화는 잘못이 우리 안에 있는 것인지 밖에 있는 것인지 말해주지 못한다. 보통 우리는 잘못이 우리 밖에 있다고 먼저 생각한다. 배우자나 자녀나 하나님이 무언가 잘못해서 우리가 화가 났다고 생각한다. 요나가 그랬다. 그래서 하나님과 논쟁했다. 그러나 화를 조심스레 추적해보면 우리 안의 잘못으로 이어지는 때가 많다. 잘못된 정보, 부적절한 이해, 미성숙한 마음. 그것을 인정하고 직면하면 하나님과의 논쟁에서 벗어나 하나님 안에 있는 더 크고 소명적인 어떤 것으로 들어가게 된다.

요나의 화에는 순진한 면이 있다. 일종의 어린아이 같은 실망에서 확 터져 나온 화이다. 거기에서 드러난 것은 미성숙한 상상력, 덜 계발된 소명이다. 신학적 오류가 아니라 영적 빈곤이 화를 촉발한 것이다. 요나는 교리를 알았다. "하나님은 은혜로우시며 자비로우시며 좀처럼 노하지 않으시며 사랑이 한없는 분이셔서, 내리시려던 재앙마저 거두실 것임을 내가 알고 있었기 때문입니다"(욘 4:2). 하나님에 대하여 요나가 잘못 알고 있는 내용은 없었다. 그러나 그는 하나님이 일하시는 '방식'에 대해서는 경험이 없었다. 복음 사역의 소명에서 아직 초보인 요나는 그 지형을 알지 못했다.

요나는 복음의 창조성이 널찍하게 자리 잡고 들끓는 지형에서 있었다. 십중팔구 멸망할 것 같았던 니느웨가 구원받았다. 요나는 성장이 막힌 상상력 때문에 그것을 전혀 보지 못했다. 그는 이제 막 종교 직업에서 실패했다. 니느웨의 멸망을 예언했는데 그 일이 일어나지 않았다. 선지자로서의 능력을 의심받는 요나는 하나님을 탓한다. 자신의 영적 소명이 이제 막 급격히 확장되었다는 사실은 미처 인식하지 못한다.

레너드 스톰

다섯 살 때 나는 우리 집 뒷마당과 울타리가 쳐진 밭 사이에 있는 목초지를 지나가곤 했다. 가시철사로 둘러쳐진 울타리 앞에 서서 나는 농부가 거대한 트랙터로 밭을 가는 모습을 보았다. 그때 내 소원은 존 디어사에서 나온 그 트랙터를 타보는 것이었다. 어느 여름날 감히 울타리를 넘어가지는 못하고 울타리 앞에 서서 스톰(그 농부의 이름이었다)이 밭 가는 모습을 지켜볼 때였다. 나랑 90미터 정도 떨어진 지점에서 그가 나를 보았다. 스톰은 트랙터를 멈추고 자리에서 일어서더니 나를 향해 팔을 크게 흔들었다. 나는 그런 동작을 하는 사람을 처음 보았다. 심술궂고 화가 나 보였다. 멜빵바지와 밀짚모자 차림을 한 스톰은 크고 불길해 보였다. 나를 향해 고함치고 있었지만, 반대 방향으로 부는 바람 때문에 내게는 아무 소리도 들리지 않았다. 아마도 내가 있어서는 안 되는 곳에 있었기 때문이었을 것이다. 다섯 살짜리 소년들은 종종 그랬다. 그래서 나는 그 자리를 떠났다. 슬픈 마음으로. 내가 무슨 잘못을 저지르고 있다는 느낌은 없었다. 안전한 거리라고 생각하는 곳에서 보기만 했을 뿐이고, 언젠가는 트랙터를 한번 타볼 수 있길 바랐을 뿐이다. 나는 거절당하고 질책당한 것 같은 기분으로 집으로 갔다.

레너드와 올가 스톰은 몸집이 큰 노르웨이 사람들이었는데 좀 험악했다. 나는 그들을 무서워했다. 그들은 웃는 법이 없었다. 무언가 묵직하고 침울한 노르웨이의 분위기를 풍기는 사람들이었다. 그들은 우리 교회의 일원이었고 근이영양증으로 휠체어에 의지하는 아들과 함께 늘 맨 뒷줄에 앉았다. 그들은 부자였다. 적어도 노동자 계급으로 이뤄진 우리 회중의 기준으로 볼 때는 부자였다. 몬태나 주 동부의 평야 지대에서 우리가 사는 계곡 쪽으로 이사를 왔는데, 이사 오기 전에 그곳에서 밀밭과 유정油井으로 큰돈을 벌었다. 보일러를 교체해야 할 때처럼 교회에 급하게 돈이 필요할 때마다 목사는 강단에서 곧바로 기금 마련 작업에 착수했다. 우리에게 2,000달러가 필요한데, 20달러 헌금하실 분, 50달러 헌금하실 분, 10달러 헌금하실 분, 하면서 말이다. 사람들은 그때마다 알아서 손을 들었다. 목사는 종이 위에 적어가며 누계를 냈다. 기도가 더 이상 그 누구의 마음이나 지갑도 열지 못하고 여전히 목표액에서 많이 부족할 때면 스톰 형제가(우리 교회에서는 누구나 형제 아니면 자매였다) 늘 앉는 뒷줄 좌석에서 육중하게 일어나 "차액은 제가 채우겠습니다"라고 말했다. 차액은 늘 몇백 달러였고 나는 늘 감명을 받았다.

스톰의 밭 한쪽 귀퉁이에서 실망하고 난 다음 일요일이었다. 스톰 형제가 예배 후에 나를 부르더니 말했다. "리틀 피트"(그들은 늘 나를 '리틀 피트'라고 불렀는데 나는 그게 정말 싫었다). "리틀 피트, 왜 목요일에 밭에 들어와서 나랑 트랙터를 타지 않았니?" 나는 내가 그래도 되는지 몰랐다고, 나를 쫓아내는 줄 알았다고 말했다. 그가 말했다. "오라고 불렀어. 손도 흔들었는데. 왜 그냥 갔지?" 나는 그런 의미에서 손을 흔드는 것인 줄 몰랐다고 말했다. 그가 말했다. "누구를 너한테로 오게 하고 싶으면 너는 어떻게 하니?" 나는 그에게 검지를 펼쳐서 서너 번 나를 향해 구부리는 동작을 보여주었다.

그는 헛기침을 하며 말했다. "그건 쩨쩨한 거야, 리틀 피트. 우리 농장 사람들은 이렇게 크게 한다고." (30년 전 만화에 나오는 후플 시장은 늘 헛기침을 했다. 내 주변에서 헛기침을 하는 유일한 사람은 생긴 모습도 후플 시장과 비슷한 스톰 형제뿐이었다.)

나는 짓밟힌 느낌이었다. 내가 작게 느껴졌다. 겉으로도 충분히 작은데 속까지 작아진 느낌이었다. 실망감과 짓밟힌 느낌.

그러나 약간 화가 나기도 했다. 이 거대한 노르웨이 농부가 나와 내 세계를 쩨쩨하다고 하다니.

나는 다섯 살짜리 요나였다. 매우 불쾌했다.

거대한 운명

정확한 의도를 가지고 이 두 이야기를 나란히 놓은 것은 아니다. 나는 존 디어사의 트랙터를 신나게 탈 수 있는 기회를 놓친 상상력의 실패와 요나가 니느웨의 구원을 기뻐할 기회를 놓친 상상력의 실패가 갖는 공통점을 찾고 싶을 뿐이다.

나는 정말 이 세상에 대한 생각이 작았다. 농부의 커다랗고 관대한 행동을 비좁고 제한된 다섯 살짜리의 경험을 통해 해석했다. 그러다 보니 당연히 잘못 해석했다. 자기 앞에서 벌어지는 일에 실망하고 그 실망 속에서 화를 내며 니느웨의 한쪽 울타리에 매달려 있던 요나처럼 말이다.

요나가 실망해서 뿌루퉁해진 것은 상상력의 실패, 마음의 실패 때문이었다. 요나는 하나님이 무슨 일을 하시는 건지 전혀 이해하지 못했다. 그분의 사랑과 자비와 구원의 크기를 가늠하지 못했다. 요나는 자신의 소명을 자기가 수행하는 일, 즉 제자리에서 옳은 일을 하는 것으로 축소했다. 그리고 모든 것을 자신의 생각, 자신의 욕망을 통해서 해석했다. 순종하고 부름받은 대로 행했다는 건 분명 칭찬할 만하다. 그러나 요나는 하나님에 대한 경험이 없었고 은혜가 낯설었다. 그는 니느웨를 위해 준비한 프로그램이 있었다("니느웨는 망할 것이다!"). 그러나 하나님은 니느웨에서 이루실 운명이 있었다("이 큰 성읍 니느웨를 어찌 내가 아끼지 않겠느냐?"). 요나의 프로그램은 어린아이의 검지였고 하나님의 운명은 커다란 몸짓이었다. 요나는 어린아이 크기의 계획이 있었는데 그것이 제대로 진행되지 않았다. 하나님은 거대한 크기의 운명이 있었고 하나님이 그것을 시행하시자 모두 깜짝 놀랐다. 요나는 하나님이 무얼 하실지 정확하게 안다고 생각했다. 그리고 하나님이 그렇게 하시지 않자 기분이 상했다. 하나님에게는 요나의 상상을 훨씬 능가하는 목적이 있었다. 요나는 종교적인 일을 하러, 종교 프로그램을 시행하러 니느웨에 왔다고 생각했다. 그러나 하나님은 놀라운 은혜의 경험을 주기 위해서 요나를 니느웨에 데리고 오셨다. 이제 상황이 역전되어 요나가 니느웨 사람들에게 설교하는 것이 아니라 니느웨 사람들이 요나에게 설교하고 있었다. 요나의 생각을 훨씬 능가하는 소명으로 그를 초대하고 있었다.

내가 여기에서 말하려 하는 것은 우리의 직무설명서를 은혜에 대한 놀라움에 맞게 조정하는 것이 어렵다는 점이다. 창조적인 성령의 에너지로 넘쳐흐르는 곳에서 우리는 제도적, 도덕적, 지성적 질서를 유지하는 책임을 맡고 있다. 그래서 우리가 하는 일이 예상과 다른 결과를 낳으면 실망하고 짜증스러워하며 계속해서 하나님께 화를 낸다.

우리는 설교단이나 성서대 앞에 서서 사람들에게 그들의 도덕성을 정리하라거나, 경건함을 장식하라거나, 사실을 제대로 알라는 표시로 검지를 펼친다. 그런데 하나님은 풍차같이 커다란 예수님의 팔을 흔들며 우리 모두를 은혜와 자비와 구원으로 부르신다.

요나는 참으로 작고 안쓰러운 인물이다. 식물이 자라서 자신을 시원하게 해주면 만족하고 식물이 시들어서 뜨거운 태양 아래서 목이 타면 짜증낸다. 어쩌면 그렇게 보잘것없는 감정으로, 그런 쩨쩨한 집착으로, 그런 사소한 위로로, 그런 진부한 불편함으로 쭈그러들 수 있을까. 물고기 뱃속에 들어갔다 나왔고 다시스로 가는 자기만족적 관광객이 되지 않고 니느웨에서 신실한 사역자가 되는 자기희생적 헌신을 한 그가 말이다. 요나는 자신의 회중인 니느웨가 하나님을 향해 돌아서는 것을 보았다. 그런데 그는 지금 심통이 나 있다.

요나가 심통 난 이유는 기대한 대로 일이 진행되지 않았기 때문이다. 프로그램이 완수되지 못했다. 자신의 설교를 통해 사람들이 '하나님'을 듣고 믿었다는 사실은 중요하지 않았다. 요나는 무시당한 셈이었다. 그래서 요나는 자기연민에 빠져서 예측할 수 없는 식물 아래서 하나님과 논쟁했던 것이다. 요나는 하나님의 일로 부름받은 성경적 소명을, 자기 일에 부가적으로 하나님을 사용하는 종교 직업으로 너무나 쉽게 혼동해버렸다. (그리고 하나님이 마땅히 해야 할 일을 하시지 않자 하나님을 질책한다.)

나도 너무나 자주 그렇게 한다. 요나 이야기를 토씨 하나 틀리지 않고 그대로 살아낸다. 가이사랴 빌립보에서 우리 주님과 논쟁한 베드로도 그랬다.

요나처럼, 하나님이 문자주의자가 아니라서 하나님과 논쟁했다.

요나처럼, 니느웨 회중의 운명을 내가 좌지우지할 수 있는 것처럼 떠맡고 내 뜻이 이루어지지 않자 화를 냈다.

요나처럼, 평가 보고서를 쓰려고 사람들을 줄 세웠는데 그 모든 것이 노래와 춤이 있는 축하연으로 변해버리자 화를 냈다.

요나처럼, 내 소명을 작은 검지의 까닥거림으로 자주 축소시켰고, 하나님이 영원하신 팔을 크게 흔들며 환영하면 어리둥절해하고 화를 냈다.

엉망진창 속의 창조성

한번은 내가 수양회를 인도하던 신학생들이 나더러 목사여서 가장 좋은 것이 무어냐고 물었다. 나는 "엉망진창인 것"이라고 대답했다. 전에는 한 번도 하지 않은 말이었다. 그런 생각조차 해보지 않았던 것 같다. 그 대답을 하고 신학생들만큼이나 나도 놀랐다. 때로 그럴 때가 있다. 있는지도 몰랐던 대답이 우리 안에서 튀어나온다. 그런데 답을 듣는 순간 우리는 그 답이 정확하다는 것을 안다. 일주일 걸려서 생각한 답보다 더 진실하다.

사실 나는 엉망진창인 것을 좋아하지 않는다. 무척 싫어한다. 불확실성이 싫다. 얼마나 오래갈지 모르는 것을 싫어하고, 답을 못하는 질문을 싫어하고, 혼란스럽고 뚜렷한 답이 없는 인생의 어중간함을 싫어하고, 동기와 감정이 뒤얽힌 상태를 싫어한다. 내가 좋아하는 것은 창조성이다. 그런데 엉망진창 속으로 들어가지 않고는 결코 창조성에 참여할 수 없다는 것을 안다.

엉망진창은 창조성의 전제조건이다. 창세기 1장 2절의 '토후 브보후*tohu v'bohu*'. 혼돈.

창조성은 깔끔하지 않다. 질서가 잡혀 있지 않다. 창조적일 때 우리는 다음에 무슨 일이 일어날지 모른다. 창조적일 때 우리가 하는 상당히 많은 일은 잘못된 것이다. 창조적일 때 우리는 효율적이지 않다.

예술가는 캔버스 앞에 서서 바른 각도를 잡으려 하지만 제대로 맞추지 못하고, 바른 조도를 거의 포착하지만 여전히 제대로 담아내지 못하고, 방금 그린 인물은 스승의 것을 무의식적으로 모방한 것임을 깨닫고 지워버리고, 모방적인 것을 거부하며 다시 처음으로 돌아가고, 포기하지 않으려 하면서 시도에 시도를 거듭한다. 이러한 모든 것이 창조이다.

시인은 습작에 습작을 거듭하며 진부한 표현을 무자비하게 삭제하고, 진정한 리듬을 포착하려 하고, 구겨버린 종이로 쓰레기통을 채우다가 결국에는 진실을 진실하게 말하는 말을 조합해낸다.

연인들은 다투고, 상처를 주고받고, 오해하고 오해받으면서 공들여 결혼을 창조해간다. 사과하고 설명하고, 듣고 기다리고, 서둘러 달려갔다가 뒤로 물러서고, 욕망하고 희생하면서 사랑은 서서히 영과 육으로 구현된다.

모든 창조적인 일에는 위험, 실수, 부정 출발, 실패, 좌절, 난처함이 있다. 그러나 그러한 엉망진창으로부터(우리가 거기에 충분히 오래 머물고 충분히 깊이 들어가면) 서서히 사랑이나 아름다움이나 평화가 부상한다. 두세 사람이 예수님의 이름으로 모인 곳에 우리 주 성령께서 함께하신다. 성령은 창조의 영이시다. 모든 회중에는('모든'을 강조하고 싶다) 창조가 일어난다. 새로운 것이 존재하기 시작하고, 새로운 것은 회중의 몸과 정신 안에 자리 잡는다. 진정한 창조는 언제나 예상치 못한 것이고 감당치 못할 것이다. 유례가 없다. 창세기 1장 2절의 엉망진창에서 3-31절의 영광이 나왔다. 마리아의 혼외 임신이라는 엉망진창에서 동정녀 탄생의 영광이 나왔다. 그리고 미국 회중의 엉망진창에서 쉐키나가 나온다. 중요한 일을 해야 한다고 엉망진창인 것을 조급하게 치워버리지만 않는다면 말이다. 이 '더딘 출현'이 일어나는 조건을 관장하고 보호하는 것이 목회 소명의 본질이다.

목회는 근본적으로 창조적인 일이다. 사도신경에서 교회를 세우는 부분은 세 번째로 나온다. 시작은 "성령을 믿사오며"이다. 그렇다면 우리가 정말로 성령을 믿는다면, 종교 효율성의 전문가라는 부업을 몰래 가지려 하지 말아야 한다. 초시계를 손에 쥐고서는 교인들이 성령의 삶을 살도록 양육할 수가 없다. 영혼의 발전에는 시간관리 기법을 적용할 수 없다.

우리에게는 부족함이 없는 성령의 교리가 있다. 하나님은 이 세상을 만드시기만 한 것이 아니라, 우리의 구원을 위해 그리스도를 주시기만 한 것이 아니라, 현재 우리의 실제 삶에서 계속해서 만드시고 주신다. 성령을 믿는다고 할 때 기독교 교회 전체가 동의하는 것이 바로 이것이다. 그런데 우리의 신앙에 동의한다면 왜 목사들은 그렇게 창조적인 것을 서두르는가? 우리의 교리도 부족함이 없다. 우리에게 부족한 것은 그에 필적하는 아스케시스, 즉 진리의 실재성에 알맞은 자세와 행동에 대한 감각이다. 그리고 그것은 무엇보다도 엉망진창에 대한, 비효율성에 대한 거의 무한한 인내를 요구한다.

창조성의 가마솥에 있는 동안에도 우리는 회중을 질서정연하게 그리고 도덕적으로 유지해야 한다. 파리의 좌안이나 런던의 블룸스버리 그룹이나 뉴욕의 빌리지처럼 보헤미안적인 세계나 지저분한 살림살이가 우리에게는 허용되지 않는다. 허용되어서도 안 된다. 영적인 창조성은 고물 창고에서 못지않게 깨끗하고 정돈된 장소에서도 일어날 수 있다. 샤워도 면도도 하지 않은 채 회의 시간에 20분 늦게 어슬렁거리며 나타나는 목사는 기분상한 교인들에게 그 지저분함과 지각이 창조주 성령의 예상치 못한 방문 때문이라고 설득시키기가 쉽지 않을 것이다.

그러나 단정함과 행위가 지배적 가치가 되면 창조성은 폐지되는 것까지는 아니더라도 심각하게 억제될 것이다. 사람들의 영혼을 관리해야 할 에너지, 통제해야 할 대상으로 보게 되기 때문이다.

인류는 예측 가능한 선함을 보장하기 위해서 창조성의 진창을 피하려는 숱한 시도를 견뎌왔다. 시라쿠사에서 실패한 플라톤의 실험부터 레닌의 실패한 사회주의 러시아에 이르기까지 그런 일을 시도했던 역사는 지루하리만치 길다. 도덕적, 정치적 효율성을 이루려는 시도에는 언제나 자녀의 출산과 양육을 국가가 통제하려는 계획이 있다. '멋진 신세계'에 대한 환상이다. 이러한 관리자적 이상주의자들이 인간의 행위 중에서도 가장 엉망진창인 성과 자녀 양육을 살균된 효율성의 대상으로 삼는 것은 이해할 만하다. 그러나 그런 시도는 실패할 게 자명할뿐더러 시도 자체가 생명에 대한 공격이다.

목사들은 사람들이 엉망진창인 죄의 상황에서 벗어나 평화와 의로 질서가 잡힌 삶을 살도록 도와줄 책임을 맡고 있기 때문에 엉망진창인 것만 보면 열심히 양동이와 솔을 가지고 덤빈다. 충분히 이해할 만한 일이다. 그러나 엉망진창에도 종류가 있고, 어떤 것들은 창조성을 위해서 공격하기보다는 그 안으로 들어가야 한다.

나는 오랜 멘토인 도스토옙스키로부터 일찌감치 '엉망진창'의 종류를 구분하는 훈련을 받았다. 가난, 고통, 불의를 없애기 위해서 끊임없이 교육 프로그램과 개혁 정책을 만든 톨스토이와 달리 도스토옙스키는 고난 속으로, 믿음과 의심의 신비로운 도가니 속으로 들어가서 기적과 죽음으로부터의 부활을 찾았다. 도스토옙스키는 자유나 하나님을 희생시켜서 사람들을 선하고 편하게 만드는 미래와는 상관하지 않으려 했다.

그러나 미국 목사들이 소명을 따르는 분위기는 확실히 톨스토이에 가깝다. 우리 시대의 소위 영적인 지도자들은 순응하고 적응하고 맞추라고, 설명에 굴복하고 기능으로 축소되라고 사람들에게 상당한 압력을 주었다.

'프로그램'이 사역의 최고 도구였다. 내가 속한 교단도 '프로그램 에이전시'가 있어서 '프로그램 달력'을 만든다.

내가 처음 목사 임명을 받았을 때 상당히 존경하던 목사가 한 말에 크게 놀란 적이 있다. 그의 멋진 미소는 넘치는 에너지를 완성시켜주었고 그 효과가 상당했다. 한 교회를 5년간 섬긴 후에 그는 그보다 세 배가 큰 규모의 다른 교회로 옮겼다. 순진했던 나는 그에게 왜 그렇게 빨리 떠나느냐고 물었다.

그는 대답했다. "내가 하려고 한 일을 완수했네. 프로그램이 자리를 잡고 잘 돌아가고 있으니 내가 더 이상 할 일이 없네."

프로그램? 프로그램이 영성과 무슨 상관이란 말인가? 유클리드의 기하학과 같은 지성과 정신이라면 프로그램도 별문제가 없을 것이다. 프로그램은 주변적인 문제를 다루는 데 유용하다. 프로그램은 일정표, 목표, 그리고 수단이 있다. 그러나 그것은 창조적이지 않다. 지정된 숫자에 지정된 색깔을 칠하는 놀이와 같다. 비오는 날 집에서 하기 좋은 활동인지는 모르지만, 그것을 중심에 둔단 말인가? 프로그램을?

도스토옙스키도 프로그램 추종자였다. 젊었을 때 그는 동시대인들이 제시하는 프로그램에 참여했다. 친구들이었던 열성적인 혁명가들은 새로운 러시아에 대해서 매우 설득력 있는 비전을 가지고 있었다. 그러나 그들은 프로그램이 발전하면 할수록 더 잔인하고 비인격적인 사람이 되었다. 영적 창조성의 엉망진창이 제거되고 사회에 대한 꼼꼼한 청사진이 그 자리를 대신했다. 《악령》에서 도스토옙스키는 비인격화된 비전이 낳는 낭비와 황량함을 보여준다. 고상한 사상은 죽음의 폐허가 되고 가장 다정한 관계가 침해당한다. 도스토옙스키는 그 와중에도 샤토프라는 인물을 통해서 하나님을 증언한다. 그 소설은 50년 후의 러시아 정치를 정확히 예언했다.

내 주변에 있는 프로그램 지향적 종교를 보면서 이것이 바로 성취된 예언이 아닐까 생각했다. 거의 모든 미국인 목사들이 프로그램 지도자 행세를 하다가 프로그램의 인질이 된다. 나는 수상쩍은 개혁 혈통을 가진 프로그램 정신에 물들지 않으려고 예방약 삼아 계속해서 《악령》을 읽으면서 샤토프와 함께 창조성에 따라오는 엉망진창을 끈질기게 견디며 신비 속으로 들어가려고 한다.

브루스

2월 말 어느 목요일 아침에 네 살짜리 아이들 13명이 강단의 계단에 깔린 카펫에 앉았다. 나도 지난 계절에 만들어진 새둥지를 손에 들고 그들과 함께 앉았다. 그리고 그것과 똑같은 둥지를 만들려고 돌아오는 새들에 대해서, 곧 우리에게 들이닥칠 봄에 대해서 이야기했다. 아이들은 내 이야기에 완전히 빠져들었다.

이렇게 아이들을 만나서 이야기를 들려주고, 같이 노래 부르고, 하나님이 그들을 사랑하신다고 말하고, 함께 기도하는 것이 나는 정말 좋았다. 그래서 자주 그렇게 했다. 그 아이들은 우리 교회가 운영하는 유아원에 다니는 아이들이었는데, 선생님과 함께 몇 주에 한 번씩 나를 만나러 교회에 왔다. 정말로 생기 있고, 무엇이든 경이로워하고, 유연한 상상력을 지닌 나긋나긋한 아이들이었다.

겨울이 가고 봄이 오고 있었다. 아직 완전히 봄이 온 것은 아니지만 징조들이 있었다. 내가 그날 아이들과 이야기한 것이 바로 그 징조였다. 우선 새둥지부터 시작했다. 잡초도 많이 나고 잿빛을 띨 정도로 더러웠지만 새둥지를 자세히 살펴보면서 우리는 보이지 않는 것을 보았다. 남미에서 겨울을 나다가 북쪽으로 오고 있는 울새들, 둥지에 있는 점이 박힌 파스텔 색 알들을 보았다. 우리는 플로리다와 노스캐롤라이나와 버지니아 주의 하늘 위를 나는 새를 세어보았다. 교회 벽 너머에서 따뜻한 기운이 올라오는 땅을 보았다. 그리고 땅 밑에서 지렁이가 꿈틀거리는 것을 보았다. 땅을 뚫고 올라오는 크로커스와 튤립과 무스카리의 싹도 보았다. 나무와 덤불의 꽃봉오리가 점점 부풀어 터지려 하고 있었다. 우리는 그 아름다운 색깔들을 기억하고 기대하며 세어보았다.

나는 메릴랜드의 봄에 익숙해지지 못하고 늘 새삼스레 놀랐다. 나무가 일 년 내내 같은 색이고 봄이면 진흙밖에 생각나지 않는 북부 몬태나에서 자란 나는 메릴랜드에서 자라는 층층나무와 개나리, 박태기나무와 채진목에서 요란한 색채를 뿜으며 피어나는 꽃들을 보면 매번 깜짝 놀랐다. 그러나 올해에는 일주일 정도 후면 우리에게 쏟아질 그 모든 영광스런 선물에 대비해 자신을 그리고 아이들을 준비시켰다. 우리는 비어 있는 새둥지에서 색깔을 보고, 노래를 듣고, 꽃냄새를 맡았다.

이런 일을 하다 보면 내가 제대로 하고 있구나 하고 깨닫는 순간이 있다. 그때가 바로 그런 순간들 중 하나였다. 아이들은 완전히 집중하는 표정이었다. 우리는 시간왜곡을 지나서 육감적인 메릴랜드의 봄을 온전히 만끽하고 있었다. 아이들은 더 이상 새둥지를 보는 것이 아니었다. 아이들은 철새들이 날아오고 새끼들이 알을 깨고 나오고 나무가 화환을 쓰고 꽃이 이슬에 젖는 것을 보았다. 그러다가 갑자기 이 고귀한 거룩함의 순간이 절정에 달했을 때 브루스가 말했다. "그런데 목사님은 왜 머리에 머리카락이 하나도 없어요?"

순간 마법이 풀려버렸다. 봄이 사라졌다. 현실이 새의 빈 둥지와 목사의 대머리로 무너져내렸다. 왜 브루스는 나머지 아이들이 보는 그 충일함과 생명력을 보지 못했을까? 우리가 몰두하던바 '보이지 않는 것을 보는 것'으로 전환하는 일을 왜 이루지 못했을까? 나머지 아이들이 다면적인 '진리'를 보는 동안 브루스가 본 것은 재미없는 '사실'인 벗어진 내 머리였다. 이제 겨우 네 살인데 브루스의 상상력은 벌써부터 불구가 되어 있었다.

그렇게 일찍 그런 일이 일어나는 경우는 드물다. 본질적으로 상상력이 풍부한 유년기에는 그것을 파괴하는 문화적 독에 대한 면역체계가 내장되어 있다. 그러나 때로 그 면역체계는 이야기와 노래를 통해 더 강화되지 못하고 텔레비전이라는 독가스에 굴복하고 만다.

요나는 왜 니느웨에서 은혜와 구원을 보지 못했을까? 그가 본 것은 자신의 예언 때문에 망할 운명에 처한 죄인들로 가득한 도시가 전부였다. 왜 그는 자비와 은혜와 구원을 보지 못했을까?

우리는 하나님의 형상으로 만들어졌기 때문에 상상력이 있다. 상상력은 보이는 것과 보이지 않는 것, 하늘과 땅, 현재와 과거, 현재와 미래를 연결시킬 수 있는 능력이다. 보이지 않는 것에 가장 큰 것을 투자하는 그리스도인들에게 상상력은 필수이다. 상상력이라는 수단을 통해서만 우리는 실재를 온전히, 그 맥락 안에서 볼 수 있기 때문이다. "상상력은 실재에 작용하고 우리는 그 실재에 따라 산다."[2]

나무를 볼 때 내가 보는 것은 대부분 사실 전혀 보이지 않는 것들이다. 나는 땅 밑에서 덩굴 모양을 만들며 흙 속으로 뻗어 들어가 양토로부터 영양분을 빨아들이는 뿌리를 본다. 그리고 빛이 원형질로 가득한 나뭇잎에 에너지를 쏟아붓는 것을 본다. 몇 달 후면 거기에 열릴 열매를 본다. 그리고 계속 뚫어지게 쳐다보면 겨울의 눈과 바람에 벌거벗을 나뭇가지가 보인다. 정말로 그 모든 것이 보인다. 지어내는 말이 아니다. 그러나 사진으로 찍어내지는 못한다. 상상력을 통해서 보기 때문이다. 내 상상력의 성장이 저해되거나 활발하지 않으면, 내가 사용할 수 있는 것 혹은 내 길을 방해하는 것만 눈에 들어올 것이다.

노벨상을 수상한 시인 체스와프 미워시는 상상력의 지지를 받아 더 깊어진 그리스도를 향한 열정을 가지고 말했다. 미국인들의 정신이 설명이라는 합리주의에 의해 얼마나 위험하게 희석되었는지 모른다고. 그는 상상력이 결핍된 교육과정이 이 세상에 대해 순진한 그림을 그리게 만들었다고 확신한다. 그 순진한 관점에서 볼 때 이 우주는 시간과 공간이 전부이다. 그것 외에는 아무것도 없다. 가치도 없고 하나님도 없다. 기능적으로 말해서 사람은 이 우주의 작은 얼룩인 바이러스나 박테리아와 다를 것이 없다. 우리가 영광을 채우는 것은 바로 상상력을 통해서이다.

미워시는 상상력을, 특히 우리 앞에 닥치는 것이 무엇이건 그 앞에서 경외할 수 있는 능력인 종교적 상상력을 우리가 실제로 사는 세상에 영향을 미치는 힘이라고 본다. 그는 이렇게 말했다. "상상력은 이 세상을 감옥이나 전쟁터만이 아니라 고향으로 만들 수도 있다. 이 세상을 어떻게 볼지, 고향으로 볼지 아니면 감옥이나 전쟁터로 볼지를 결정하는 것은 보이지 않는 것이다. 객관적인 세상에 사는 사람은 아무도 없다. 사람은 상상력을 통해서 걸러진 세상에서 살 뿐이다."[3)]

잘 거론되지 않는 우리 시대의 주요 악은 상상력에 대한 조직적인 비하이다. 상상력은 인간에게 가장 영광스러운 것 중 하나이다. 건강하고 활기 넘치는 상상력은 우리를 예배와 경이로, 하나님의 신비로 몰아넣는다. 상상력이 신경질적으로 변하고 늘어지면 수많은 사람들을 기생 동물로, 흉내쟁이로, 텔레비전 앞에 넋을 놓은 멍청이로 만들어버린다. 오늘날 미국의 상상력은 우울할 정도로 늘어진다. 상상력의 열매라고 제시되는 것 대부분이 텔레비전 드라마나 포르노그래피에 나오는 천박한 상상력이다.

무너진 세상 속에서 그리고 그 세상을 향해 기독교 사역이 해야 하는 근본적인 일 중 하나는 상상력을 회복하고 훈련하는 것이다. 믿음의 세대들은 늘 상상력이 풍성했다. 이유는 간단하다. 복음의 물질성(보고 듣고 만져진 예수님)은 복음의 영성(믿음, 소망, 사랑)만큼이나 인상적이기 때문이다. 상상력은 물질적인 것과 영적인 것, 보이는 것과 보이지 않는 것, 땅과 하늘을 연결시키는 정신적 도구이다.

우리에게는 한 쌍의 정신 작용이 있는데, 바로 상상력과 설명이다. 이 둘은 서로 협력해서 일하도록 고안되었다. 복음이 건강하고 힘있게 표현되면 그 두 가지는 우아하게 협력해서 일한다. 설명은 우리가 다루고 사용할 수 있도록 사물을 고정시킨다. 순종하고 가르치고, 도와주고 인도하는 일이 여기에 해당된다. 상상력은 우리가 성숙하게 자라도록 사물을 열어준다. 예배하고 경배하고, 감탄하고 존경하고, 따르고 신뢰하는 일이 여기에 해당된다. 설명은 제한하고 규정하고 고정시킨다. 상상력은 확장하고 풀어준다. 설명은 우리가 땅에 발을 붙이고 있게 해준다. 상상력은 우리가 머리를 들어 하늘을 보게 해준다. 설명은 우리를 붙잡아 맨다. 상상력은 우리를 신비로 내던진다. 설명은 인생을 사용할 수 있는 것으로 축소시킨다. 상상력은 인생을 흠모할 수 있는 것으로 확장시킨다.

그러나 기술의 시대이자 정보에 집착하는 이 시대는 상상력을 팀에서 빼버렸다. 우리가 보지 못하는 것에서 모든 것이 유래하고 의존하며, 보지 못하는 것에서 볼 수 있는 것이 나타나는 복음의 삶에서 상상력과 설명은 반드시 서로를 필요로 한다.

공격적이어야 할 때가 온 것인가? 기독교 공동체가 목사들을 상상력의 대가로 인식하고 존경하고 위임할 때인가? 복음을 증언하는 데 시인과 가수와 이야기꾼을 파트너로 서게 해야 할 때인가? 그렇게 하지 않으면 브루스는 나중에 자라서 어떻게 복음을 들을 것인가? 어떻게 이사야의 시와 예수님의 비유를 듣고 요한의 환상과 요나의 곤경을 볼 것인가? 그가 마흔 살이 되어서 예배하는 그리스도인과 보살피는 천사들의 회중으로 들어갔을 때 기껏 보는 게 설교자의 대머리뿐이라면 슬프지 않겠는가?

2. 회복된 소명

목사들이 하는 일, 적어도 하도록 부름받은 일은 사실 매우 간단하다. 그리스도인 회중이 자기 존재의 기본적 실재와 계속 접해서 사태를 파악할 수 있도록 '하나님'이라는 단어를 정확하게 말하는 것이다. 그리고 삶의 실제 상황에서 교인들 곁에 서서 하나님의 이름을 인격적으로 불러, 그렇게 느껴지지 않고 그렇게 하고 싶지 않아도 하나님은 우리 편이시고 우리 곁에 계심을 교인들이 알아보고 그분께 반응하게 하는 것이다.

왜 이 일에 계속 초점을 맞추는 것이 그토록 어려울까? 왜 우리는 그토록 쉽게 다른 데 정신이 팔릴까?

그 일 이외에 많은 일을 하도록 요청받기 때문이다. 그런데 그 많은 일들 대부분이 유용하고 중요해 보인다. 종교의 세계는 쇼핑몰에서 채워지지 않은 모든 욕구를 채워주기 위해 거대한 시장을 만들어낸다. 목사들은 이 종교의 시장에서 눈에 띄는 존재이며 소비자들을 만족시킬 상품을 제시할 거라는 기대를 한 몸에 받는다. 그 필요들이 정당해 보이기 때문에 우리는 도덕적 충고와 종교적 위로를 판매하는 판에 박힌 일에 쉽게 빠져든다.

그리고 머지않아 번창하는 사업의 프로그램 지도자가 된 자신을 발견한다. 신을 파는 상품을 매력 있게 진열할 방법들을 고안하는 데 시간을 쓴다. 소비자들을 만족시키는 기술이 늘어난다. 무슨 일이 벌어진 것인지 미처 깨닫기 전에 영혼의 부드럽고도 섬세한 미묘함은 말할 것도 없고, 하나님의 신비와 사랑과 위엄이 종교 시장의 소음과 광분에 묻혀버린다.

그렇게 되면 누가 공동체가 제대로 알아볼 수 있게 '하나님'이라는 이름을 말할 것인가? 소비자의 필요를 채워주는, 포장되고 가격이 매겨진 신이 아니라, 높으신 주님이시며 구원자이신 하나님을 말이다. 혼란과 축복, 어둠과 빛, 상처와 치유의 자리에 서 있는 남자와 여자들, 어른과 아이들 곁에서, 영광과 구원이 무대 뒤와 땅 밑에서 이루어지는 것을 분별할 수 있을 때까지 함께 있어줄 사람이 누가 있을까? 모두 가게를 운영하는 일에만 매달린다면, 목사는 누가 하는가?

나는 목사가 되고 싶다. 나는 주일마다 사람들이 크고 아름다운 어떤 것 안으로 들어가도록, 축소되거나 좁혀지거나 격하되지 않은 하나님과 그분의 구원 안으로 들어가도록 그들을 예배로 인도하고 싶다. 그리고 주중에는 확실한 도덕적 책략을 홍보하거나 교회의 방식에 순응하도록 윽박지르는 것이 아니라 그들의 인생에서 하나님이 계속해서 뜻을 두고 일하시는 것을 확인하고 명확히 할 필요가 있을 때 그들과 함께 있어서 그들이 독창적으로 찬양하며 살 수 있게 하고 싶다.

패러다임 전환

이 소명 정체성을 가지기로 결정했을 때 나는 거대한 패러다임 전환을 거쳐야 함을 깨달았다. 문화와 교단이 내게 준 목회 패러다임은 '프로그램 지도자'였다. 미국에서는 거의 도전받지 않는 이 패러다임은 목사가 하는 모든 일과 생각을 강력하고도 미묘하게 종교 프로그램으로 만들어놓는다. 목사가 주도하고 하나님은 뒤로 물러난다.

패러다임은 실재를 이해하고 해석하는 모델이나 패턴이다. 패러다임이 어떤 식으로든 잘못되었거나 부족하면 실재를 잘못 혹은 부족하게 이해하게 된다. 패러다임에 반영되는 실재의 조각들이 참이고 정확하게 이해되는 것과는 무관하다. 패러다임이 조각을 잘못 배열하면 결과도 잘못된다. 어떤 패러다임은 한동안 적절하게 작동하다가 상황이 바뀌거나 새로운 지식이 습득되면 다른 패러다임으로 대체되어야 한다. 이것이 바로 기본 패러다임의 전환이다.[4]

프톨레마이오스에서 코페르니쿠스로의 전환도 기본 패러다임의 전환이었다. 2세기 이집트 천문학자였던 프톨레마이오스는 지구가 중심에 고정되어 있고 해와 모든 별들이 그 주변을 도는 우주를 제시했다. 그런데 16세기 폴란드 천문학자였던 코페르니쿠스가 지구가 태양을 돈다는 것을 알아냈다. 우리가 지구와 우주를 상상해온 방식과 정반대였다.

패러다임 전환과 함께 모든 것이 바뀌었다. 항해를 통해 사실은 지구가 평평하지 않고 둥글다는 것을 입증한 항해사도, 달 위를 걸은 우주 탐험가도 패러다임의 전환이 없었다면 그런 모험에 나서지 못했을 것이다. 자신이 누구인지에 대한 인식과 우주가 기능하는 방식에 대한 인식, 우리가 차지하는 방대한 시간과 공간에 대한 인식, 우리 존재의 복잡한 생태에 대한 이해, 이 모든 것과 그 이상의 것들이 패러다임 전환으로 근본적인 영향을 받았다.

그러나 패러다임 전환은 모든 것을 바꾸는 동시에 아무것도 바꾸지 않기도 한다. 모든 것이 전과 다름없이 돌아간다. 우리는 여전히 아침에 일어나서 "해가 떴다"고 말한다. 그리고 땅거미가 질 때면, "해가 졌다"고 말한다. 태양은 아무것도 하지 않았고 우리도 그것을 다 알지만, 이전에 쓰던 언어로도 아무 문제가 없다. 일상생활은 프톨레마이오스의 패러다임에서나 코페르니쿠스의 패러다임에서나 별 차이 없이 돌아간다. 곡식을 심고 거두고, 사랑이 시작되거나 끝나고, 집을 짓고 옷을 입고, 싸우고 화해하고, 노래하고 조각한다. 1세기의 아랍 베두인족이 날마다 걸어 들어간 세상은 20세기의 미국인 교수가 걸어 들어간 세상과 같다. 소금의 냄새도 같고, 장미의 냄새도 같고, 눈송이 결정의 꼭짓점 수도 같고, 중력의 법칙도 같고, 바람의 어루만짐도 같다. 이렇게 모든 것의 모양이 같고, 냄새도 같고, 행동방식도 같다면, 달라진 것은 무엇인가? 우리 정신 속에 있는 것만이 달라졌다. 사물을 바라보는 방식만이 달라졌다.

진짜로 그것만 달라졌는가? 상상력의 내면적 전환, 실재에 대한 급진적 재개념화는 곧바로 실재에 대한 우리의 인식을 이해를 초월하여 확장시키고, 우리가 꿈꿀 수 있는 그 어떤 것보다 훨씬 큰 세계로 우리를 데려다주고, 패러다임이 전환되기 전에는 불가능했던 여행과 건축과 치유와 배움과 경험을 가능하게 해준다. 패러다임 전환은 더 많은 실재를 창조한 것이 아니다. 이미 거기에 있던 훨씬 더 많은 실재에 우리가 부합할 수 있게 해주었다.

내가 추구하는 패러다임 전환은 프로그램 지도자인 목사에서 영적 지도자인 목사로의 전환이다. 소명의 차원에서 그것은 프톨레마이오스에서 코페르니쿠스로의 우주론적 전환만큼 급진적이지만 차이가 있다. 이것은 새로운 것을 만들어내는 것이 아니라 원래의 것을 회복하는 것이다. 회복이 어려운 이유는 영적 지도자라는 목사의 원래 패러다임을 그런 이해 패턴에 확실히 비우호적인 문화 속에서 구현해야 하기 때문이다.

프로그램 지도자로서 목사는 다원주의라는 사회경제적 사고방식(시장 지향, 경쟁, 적자생존)의 지배를 받고 있다. 이것은 목회가 하나님 지향적 순종에서 경력 지향적 성공으로 전환된 것이다. 우리가 숙달되고, 지위와 권력을 얻고, 날마다 거울을 보며 자기 이미지를 확인하는 일. 바로 다시스 경력이다.

영적 지도자로서 목사는 예수님의 성경적 사고방식(예배 지향, 종의 삶, 희생)의 영향을 받는다. 이 일은 목회를 자아에 대한 중독에서 은혜의 자유로 전환시킨다. 우리가 포기하고, 실패하고 용서하고, 하나님이 일하시는 것을 지켜보는 일. 니느웨 소명이다.

이 패러다임 전환으로 모든 것이 달라진다. 우리가 서 있는 자리는 더 이상 통제력를 행사하는 위치가 아니라 예배의 자리, 우리가 하나님께로 주의를 돌리는 흠모와 신비의 신성한 장소이다. 이 패러다임 전환 이후에는 목사의 자리가 더 이상 담대한 프로그램이 시작되고 행동이 착수되는 중심으로 인식되지 않고, 분명한 케리그마와 거대한 신비의 중심을 바라보는 주변으로 인식된다. 이 주변에서 일어나는 목회 활동은 겸손하다. 그 특징은 T. S. 엘리엇이 '단서와 추측'이라고 부른 것과 흡사하다.[5] 프로그램 지도에서 목사는 프톨레마이오스가 제시한 우주처럼 중심에 있다. 영적 지도에서 목사는 코페르니쿠스가 제시한 우주처럼 중심을 바라보며 돈다. 그리고 모든 것이 달라진다. 예를 들어 크기를 보자. 우리는 불안하게 종교 배치도를 그리다가 곧바로 별들을 가로지르는 은혜 속에 거하게 된다. 이 패러다임 전환은 인간의 필요에 봉사하는 프로그램을 관리하는 능력을 추구하는 대신에 하나님의 '너비와 길이와 높이와 깊이'에 적합한 소명을 개발할 수 있게 해준다.

그러나 모든 것이 달라지는 한편 아무것도 달라지지 않기도 한다. 영적 지도자의 패러다임을 따르는 목사는 프로그램 지도자 목사와 존재하는 조건이 같다. 강단과 장의자, 결혼식과 장례식, 교회 게시판과 소식지, 복 받은 사람과 비통한 사람, 회심자와 타락자, 전화기와 녹음기, 위원회와 교단. 피상적인 관찰자는 이 전환을 이룬 목사에게서 아무런 차이를 보지 못할 수도 있다. 보지 못한다는 것은 그러한 일이 예수님의 가르침대로 '은밀하게'(마 6:4, 6, 18) 행해져야 하고 행해질 수 있다는 사실을 확인해준다. 앞의 패러다임 전환과 마찬가지로 이전의 언어("해가 떴다… 해가 졌다")가 여전히 쓰이지만 더 이상 문자적으로 받아들여지지는 않는다. 외모가 우리의 존재를 규정하지 않는다. 활동이 우리가 할 일을 지시하지 않는다. 우리가 어떻게 보이고 무엇을 하는지가 전과 다르지 않을 수 있으나 그럼에도 모든 것이 달라졌다.

패러다임 전환은 일정에 변화를 주거나 사역 워크숍에 참여하거나 새로운 영적 훈련을 하는 것으로 이뤄지지 않는다. 비록 그중 어느 것이라도 유용할 수 있지만 말이다. 전환해야 하는 것은 우리 삶의 거대한 내면인 상상력이다. 상상력이 소명의 각도와 범위를 정한다. 평평한 지구만큼 밋밋한 프로그램 관리와 힘찬 대조를 이루는 에스겔과 요한의 성경적 상상력에 오랫동안 기도하며 잠겨 있는 데서 출발하는 것이 좋다.

나는 '영적 지도자'라는 용어는 사용하지 않았으면 좋겠다. 그냥 '목사'가 좋다. 그러나 '의사'가 건강과 치료를 담당하는 사람이라는 사실이 의문의 여지없이 자명한 것처럼 '목사'가 하나님과 영성을 다루는 사람이라는 사실이 소명의 차원에서 이해될 때까지는 특별한 명칭이 필요하다고 생각한다. 적어도 북미 목사들 사이에서는 '목사'가 전적으로는 아니더라도 우선적으로는 프로그램 지도자의 패러다임에 들어가 있기 때문이다.

메시아, 관리자, 영적 지도자

나는 영적 지도자 역할을 잘하지 못한다. 잘하는 목사들이 많지 않다. 우리의 일이 그 역할을 방해하기 때문이다. 프로그램을 지도하는 메시아와 관리자 역할은 잘한다. 내가 날마다 하는 일은 그 면을 강화하고 보상한다. 그런데 그 일을 잘할수록 내가 목회를 하는 사람들에게 영적 지도자 역할을 하는 것이 더 어렵다.

영적 지도자가 되는 것이 내 일의 핵심이고, 어떠한 대가를 치르더라도 반드시 해야 하고, 잘하지 못하거나 제대로 마무리하지 않으면 목사로서 내 소명이 실패했음을 계속 확인하게 될 것이라고 확신하지 않았더라면 그렇게 신경 쓰지 않았을 것이다.

목사들은 메시아와 관리자의 일을 하도록 기대를 받고 그 일을 할 때 칭찬을 받는다. 영적 지도는 너무나 오랫동안 아예 실천되지 않았거나 제대로 실천되지 않아서, 오래전부터 있었던

이 중요한 목회 활동이 포기되었다는 사실을 지적하는 사람조차 없다.

사정은 이렇다. 메시아와 관리자 목사가 되게 만드는 자극이 내게 쏟아진다. 따라서 그 일을 잘할 수밖에 없다. 내 앞에 있는 사람이나 상황에 따라서 나는 자동적으로 메시아처럼 행동하거나 관리자처럼 행동한다. 누구를 만날 때나 어떤 상황에 들어설 때면 두 가지 중 하나를 빠르게 감지한다. 필요냐 기회냐, 치료해야 하는 질병이냐 사용해야 하는 에너지냐.

도움이 필요하다고 감지하면 메시아 모드로 들어간다. 나는 상처를 빠르게 알아챈다. 목사들은 특별히 그 일을 잘한다. 살면서 인간은 많은 상처를 입는다. 불구가 된 손, 뺨에 난 흉터, 관절염으로 인한 절룩거림처럼 어떤 상처들은 눈에 보이지만 대부분의 경우는 보이지 않는다. 어린 시절의 상처, 결혼 생활로 인한 상처, 문화적·인종적·성적 상처들이 있다. 우리는 단서를 찾으려고 지켜본다. 그리고 징조를 알아챈다. 이러한 내면의 상처를 감지하는 법을 터득하고 감지하고 나면 위로하고 돕고 치료하고픈 의욕이 솟는다.

대부분의 목사들은 기질적으로도 그렇지만 훈련 때문에도 이 일을 잘한다. 목회로 들어서는 남자와 여자들은 대체로 난처한 상황에 있는 사람들을 도우려는 자연스런 욕망과 능력을 가지고 있다. 그리고 그 일을 잘해낼 수 있는 훈련도 받는다. 듣고 상담하고 전문가에게 위탁하는 기술들을 배운다. 감정적인 상처나 심리적 불구상태가 감지되는 사람을 만나면 우리는 언제든 일에 착수하여 도우려고 한다. 이것이 바로 메시아적인 일, 즉 우리를 온전하게 만들기 위해서 오신 메시아의 일이다.

좋은 일이고 명예로운 일이다. 그리고 보상도 풍부하다. 사람들은 도움받는 것을 좋아하고 종종 우리의 도움에 감사한다. 물론 아주 다루기 힘든 경우도 있다. 고장 난 상태를 오히려 선호하는 신경증 환자들, 사역의 동맥을 막는 기생충 같은 사람들, 배은망덕한 이들이 있다. 그러나 충분히 많은 사람들이 제대로 도움을 받고 그에 따라 적절하게 감사를 표해서 목사들에게 사역의 심장이 건강하게 기능하고 있다는 것을 확인해준다. "목사님, 목사님이 없었더라면 해내지 못했을 거예요"라는 말은 계속해서 사역의 피가 돌게 만든다.

그러나 그 일을 하는 내내 일어나는 미묘한 무언가가 있다. 내가 다른 사람을 도울 때는 내가 더 강하고 그들은 상대적으로 약하다. 그들의 무능에 비해서 나는 능숙하다. 그들이 감사하고 칭송하고 존경하는 동안 나는 자애롭게 대하고 이해하고 자비를 베푼다. 메시아적인 일, 예수님이 나를 부르시고 교회가 내게 맡긴 메시아의 일을 하면서 나 자신이 약간 메시아 같은 느낌이 들기 시작한다. 좋은 느낌이다. 그리고 중독성도 있다. 그래서 그러한 느낌이 강화될 수 있는 기회와 사람들을 찾는다. 그러다가 어느 시점엔가 선을 넘게 된다. 메시아적인 내 일이 무대의 중심으로 오고 메시아는 주변으로 밀려난다.

그러나 내가 어떤 식으로든 메시아 역할을 하는 대상이 겪는 특정한 고통이 그 사람에게 필요한 것이라면 어떻게 되는가? 우리 주 성령께서 거룩함을 위해서 사용하시는 십자가 혹은 포기 혹은 희생의 요소라면 어떻게 되는가? 그렇다면 돕고자 하는 열의 때문에 나는 진행 중인 성화를 방해한 것이 된다.

건강한 상태의 사람이 있다는 것을 감지하면 나는 관리자 모드로 들어간다. 잘 정돈되어 있고 하나님나라의 잠재적 일꾼으로 보이는 사람을 빠르게 알아챈다. 목사들은 이 일을 잘한다. 사람들 안에는, 특히 그리스도인들 안에는 아직 손대지 않은 에너지와 선의가 너무도 많다. 좋은 부모 밑에서 자라는 복을 받았고, 좋은 교육을 받았고, 만족스런 결혼생활을 하는 사람들이 있다. 그들의 자녀는 치아도 고르고 우등생 명단에 올라가 있다. 그들 주변에는 사람들이 모이고, 월급도 넉넉하며 거기에서 십일조를 낸다. 이런 사람들은 지도자들이다. 그런 사람 하나를 만나면 바로 생각이 돌아간다. 청년 지도자, 청지기회 회장, 집사, 교회 학교 부장. 그리고 머릿속에 메모를 한다. 나중을 위해 정보를 정리해둔다. 이 사람들은 내가 목사로서 그리스도의 교회의 지도자로 징집할 수 있다. 교회는 재능 있고 은사 있는 지도자들을 필요로 하는 선교 기관이다. 그런데 지금 바로 앞에 그런 사람이 하나 있다. 어떻게 이 사람을 하나님의 영광과 회중의 성장을 위해 사용할 수 있을까? 이것이 바로 관리자의 일, 포도원으로 일꾼들을 불러서 자신보다 더 위대한 일을 할 거라고 우리에게 약속하신 주인의 일이다. 모집하고 조직하고 배치하고 동기를 부여한다. 나는 종교 기관을 성공적으로 가동시킬 책임을 맡은 사람이다. 이 일을 잘하려면 최상의 도움을 받아야 하고 전략적으로 힘을 배치해야 한다.

좋은 일이고 명예로운 일이다. 그리고 보상도 풍부하다. 사람은 누구나 장점이 있고 장점은 나누어야 한다. 목사는 그 에너지가 하나님나라를 키우기 위해 여러 통로로 향하도록 지휘할 수 있는 중요한 위치에 있다. 이 사람들에게서는 선의가 넘쳐나기에 그것을 활용하고 지휘해야 한다. 교회는 이러한 영적 에너지를 모으고 집중시키는 주요 현장이다.

그러나 그렇게 하는 중에 목사인 내 안에서 흔히 일어나는 일이 있다. 나는 이 모든 에너지가 주는 흥분, 조직이 활기차게 돌아가는 분위기, 목표를 향한 열정을 좋아한다. 내 정체성의 많은 부분이 내 회중이 다른 사람들에게 어떻게 보이느냐와 연관되어 있다. 번창하는가 아니면 시들한가? 활기가 넘치는가 아니면 지지부진한가? 나와 함께 일할 사람을 끌어들이면서 내 이미지가 좋아진다. 그런데 그렇게 하다가 어느 순간 선을 넘게 된다. 시작은 하나님나라의 일을 위해서 사람들의 은사를 관리하는 것이었지만, 이제 그것은 목사로서 내 자아를 키우기 위해서 사람들의 삶을 조작하는 것이 되어버렸다.

지금 이 사람이 이런 식으로 일을 해서는 안 된다면 어떻게 되는가? 은혜의 리듬상 지금은 새 일에 대비해 밭을 휴경하며 깊은 변화가 일어나게 해야 하는 때라면 어떻게 되는가? 그렇다면 관리하고자 하는 의욕 때문에 나는 진행 중인 성화를 방해한 것이 된다.

그렇다면 이제 어려운 점은 이것이다. 내가 별다른 노력 없이 쉽게 메시아 모드와 관리자 모드로 들어갔다 나오기를 잘하지 않으면 미국 문화에서는(어쩌면 어느 문화에서나) 목사를 할 수가 없다. 메시아의 일을 잘하는 것과 관리자의 일을 잘하는 것은 목회의 씨줄과 날줄이다. 나는 그 일을 잘한다. 사람들은 내가 그 일을 하기를 기대한다. 이것은 복음의 일이다. 목사이면서 그 일을 하지 않을 수가 없다. 그러나 주목받는 이 두 가지 모드는 각자 혹은 같이, 드러나지 않고 조용한 영적 지도를 에워싸서 옆으로 밀쳐버린다. 영적 지도는 실천을 계속해서 방해하는 환경에서 실천된다. 그래서 실천되지 않는 경우가 많다. 환경이 호의적이지 않기 때문이다.

그러나 핑계 댈 수는 없다. 영적 지도자가 되는 것이 메시아와 관리자가 되는 것보다 훨씬 더 본질적이고 중요하다. 비록 우리가 일하는 환경을 벗어날 수는 없지만 말이다. 영적 지도는 하나님께 집중하고, 하나님께 집중하도록 주의를 환기시키고, 사람이든 상황이든 환경이든 그 안에 계신 하나님께 주의를 기울이는 행위이다. 그 전제조건은 뒤로 물러서서 아무것도 하지 않는 것이다. 그러면 조용히 흠모하는 눈이 열린다. 열정적인 믿음의 경이가 풀려나온다. 보이는 것의 안쪽과 뒷면과 주변에 있는 보이지 않는 것들이 눈에 띈다. 말과 말 사이에 있는 침묵에 귀를 기울이게 된다.

때로 나는 중요한 일을 하고 있지 않다고 생각할 때 하고 있는 바로 그 일이 영적 지도라고 생각한다. 내가 대가를 받는 그 일을 하지 않는 것. 사람들이 내게서 기대하는 일을 하지 않는 것. 아무 일도 벌이지 않는 것. 하나님이 사랑하시고, 그리스도가 구원하시고, 성령이 구애하시는 사람들이 내 주변에 이토록 많은데 그들은 그것을 알아채지 못한다. 그들은 하나님을 믿고 그리스도를 따르고 성령을 받는다. 그들은 세례를 받았다. 그들은 하나님의 백성과 함께 예배한다. 성찬을 받는다. 그러나 그들은 하나님이나 그리스도나 성령을 그다지 인식하지 못한다. 그들이 인식하는 것 대부분은 앞서 가고, 명령을 따르고, 주어진 일을 처리하는 것이다. 그러나 그것으로는 충분하지 않다. 목사는 그것으로는 충분하지 않다고 주장하기 위해서, 흐릿해지고 잊힌 것을 인식시키기 위해서, 성령을 분별하기 위해서, 하나님이라는 이름이 그들의 생각에서 빠져나갈 때 '하나님'이라고 말하기 위해서 공동체 안에 배정된 사람이다. "나는 정말이지 이름을 잘 기억하지 못해요"라고 그들은 말한다. "좋습니다. 이해합니다. '이분'이 야웨*Yahweh*이고, 크리스토스(*Christos*, 그리스도)께서 '여기' 계십니다. 퀴리오스(*Kurios*, 주님)를 만나십시오"라고 영적 지도자인 목사는 말한다.

루벤 란스

루벤 란스는 눈썹 털이 억세고 붉은 턱수염이 마구 자란 남자였다. 심술궂어 보였고 짧게 던지는 빈정대는 말 때문에 심술궂은 인상이 더 굳어졌다. 우리 마을에서 란스는 만물박사로 통했는데 목수, 배관공, 전기공, 석공 등 손으로 하는 모든 일의 전문가였다. 무엇이든 고칠 수 있었다. 란스는 전문성이 너무도 확실해서 친절할 필요가 없었다. 내가 그를 알았을 때는 아직 결혼을 하지 않은 상태였다. 내가 아는 사람은 누구나 그를 겁냈다. 적어도 나는 확실히 그랬다.

그래서 친구가 나더러 그를 찾아가서 함께 대화하고 기도하라고 제안했을 때 깜짝 놀랐다. 그가 그리스도인임을 천명하는 것은 알았다. 적어도 주일마다 우리 자그마한 종파의 교회에 예배를 드리러 나타났기 때문이다. 그러나 기도와 대화로 그에게 접근할 수 있으리라는 생각은 결코 하지 못했다. 그는 한 번도 웃는 적이 없었다. 교회에서 소리 내어 기도한 적도 없었다. (우리 종파에서는 소리 내어 기도하는 것이 진정한 영성의 전제조건이었다.) 나는 그가 종교적인 것은 대부분 멸시한다고 생각했다. 그리고 루벤은 어리석은 짓을 용납하지 않았다. 스무 살 때 여름 방학을 맞아 집에 와 있는데 내 안에서 점점 더 많은 자리를 차지하는 뭐라 말할 수 없는 불만 때문에 나는 다소 바보 같은 느낌이 일고 있었다. 대학에서 익힌 가식적인 형이상학으로 치장한 청소년기의 어리석음일 뿐이라고 치부할(나 스스로 그렇게 생각하고 있었으므로) 그의 경멸을 나는 피하고 싶었다. 루벤이 빈정대는 말로 그 가식을 찢고 들어올 것 같아 내심 두려웠다. 그러나 내 친구는 루벤이 내게 꼭 맞는 사람이라고 확신하는 것 같았다. 그래서 나는 루벤을 찾아갔다. 그리고 내가 이해할 수 없는 이런 느낌과 에너지가 있는데, 그것이 하나님과 상관있는 것 같다고 설명하면서 함께 대화하고 가능하면 같이 기도할 수 있겠느냐고 물었다. 루벤은 퉁명스럽게 그러자고 했다. "네가 원한다면 그렇게 하자. 화요일하고 목요일 저녁 식사 후에 교회 지하실에서 만나자." 루벤은 그렇게 나의 첫 영적 지도자가 되었다.

나의 첫 영적 지도자는 자신이 영적 지도자인 줄 몰랐다. 그는 영적 지도자라는 말조차 들어본 적이 없었고, 그건 나도 마찬가지였다. 그러나 그 용어를 둘 다 모른다고 해서 그 작업이 이루어지지 않은 것은 아니다. 우리는 이름을 모르는 그 일을 같이했다. 우리는 그해 여름 동안 화요일과 목요일 저녁에 만났고 교회 지하실에 있는 기도실에서 대화하고 기도했다. 우리는 서로 잘 지냈다. 루벤은 나의 첫 영적 지도자였을 뿐만 아니라 최고의 영적 지도자 중 하나였다. 그 만남은 내 인생에서 의미 있는 관계를 형성했고 그 효과는 영구적이었다. 우리 두 사람 사이에서 일어난 일을 적절하게 설명할 용어를 내가 습득한 것은 그로부터 20년이 지난 뒤였다.

그 만남은 내가 대학에서 2학년을 마친 여름에 있었다. 나는 출구를 찾다가 실패한, 집중할 수 없는 에너지와 묻혀 있는 감정들을 가득 안고 집에 돌아왔다. 나는 그 감정이나 에너지가 다 하나님과 관계있다고 생각했지만 확신할 수는 없었다. 내게 익숙한 하나님과 신앙의 범주에 맞아들지 않았기 때문이다. 루벤 란스는 보기 드문 집중력을 가지고 내 말을 들었다.

루벤은 그해 여름에 내가 대화를 시도한 첫 번째 사람이 아니라 세 번째 사람이었다. 먼저는 목사님을 찾아가 지도를 구했다. 내 말을 5분 정도 들은 후에 목사님은 그것이 성적인 문제라고 진단하고는 그 주제에 대해서 장황하게 설명하기 시작했다. 며칠 후에 목사님은 그 대화를 계속하기 위해서 나를 다시 불렀다. 나는 목사님을 찾아갔지만 그 만남 후에 성 문제는 내 문제가 아니라 목사님 문제라고 결론을 내렸다. 나는 상대를 잘못 찾아간 것을 알고는 거짓말이긴 하지만 예의바르게 목사님의 관심에 감사를 드렸다. 물론 성은 내게 상당한 관심사였고 문제가 없는 것도 아니었지만, 목사님이 접근하는 방식은 내가 속에서 정리해보려고 애쓰는 문제를 건드리지도 못했다.

그다음에 찾아간 사람은 우리 회중에서 성인으로 정평이 난 사람이었다. 그는 스물두 살에 클리블랜드에서 노상강도에게 총을 맞아 척추를 다쳤다. 그래서 그 후 40년을 휠체어에 의지해 살았다. 일요일 아침이면 그는 오른쪽 통로로 예배당 거의 맨 앞쪽까지 가서 무릎에 성경을 펼쳐놓았다. 그에게는 고요한

평온함이 감돌았다. 자라는 내내 나는 사람들이 그가 지혜롭고 거룩하다고 하는 말을 들었다. 목사님이 지혜롭지도 거룩하지도 않다는 것이 판명되자 하나님이 대체 인물로 그를 보내주셨다는 생각이 들었다. 그래서 그를 찾아가서 모호하지만 강력한 감정에 대해서 이야기하면서 그것이 하나님과 관계있는 것 같은데 정확하게 어떻게 그런지 알 수가 없으니 내 느낌에 대해서 대화를 할 수 있겠느냐고 물었다. 그는 나를 만나는 것을 기뻐했고 대화의 매개로 에베소서를 텍스트로 쓰자고 제안했다. 하지만 대화는 없었다. 그는 자신의 지혜를 들을 청중을 얻는 데에만 관심이 있었고, 서너 번의 만남 동안 에베소서를 가지고 끝도 없이 내게 강의를 했다. 나는 성경이 그렇게 지루할 수 있다는 것을 처음 알았다.

두 번의 만남이 실패한 뒤에 친구가 나의 좌절을 안쓰러워하며 루벤 란스를 찾아가라고 제안했다.

그해 여름에 했던 기도와 대화 내용은 거의 기억하지 못한다. 그러나 내가 기억하는 것은 나를 대단히 존중하는 사람과 함께 있었다는 사실이다. 더 구체적으로 말하자면 루벤은 하나님에 대한 나의 관심과 기도에 대한 굶주림을 대단히 존중해주었다. 알고 보니 엘리야의 사나움이 수줍은 상냥함을 감싸고 있었다. 그것은 또한 감상주의에 대한 공격이기도 했다. (루벤은 감상주의, 특히 경건한 감상주의를 역겨워했다.) 그리하여 불분명하게나마 추측하고 있던 대로 나 자신이 하나님의 신비의 일면임을 서서히 인식하게 되었다. 이미 준비된 프로그램에 끼워넣을 수 없는 신비 말이다.

나로서는 새로운 경험이었다. 그리고 지금도 매번 새롭다. 그것은 루벤이 기도하면서 잘 들어주었기에 성취된 일이었다. 그는 내게 해줄 말이 아무것도 없었다. 물론 적절한 순간이 오면 자기 자신에 대해서 자유롭게 이야기하기는 했지만, 결코 자신이 주도하지 않았다. 내가 찾아갔던 '성인'은 평생을 쌓은 경건한 지혜를 내게 쑤셔 넣으려고 했다. 그는 나를 무지의 심연으로 보았고 자신이 그것을 채우도록 신으로부터 임명을 받았다고 생각했다. 나는 그에게 사역의 기회였다. 반면에 루벤은 경탄하는 자세를 취했다. 그와 함께 있으면서 나도 경탄하기 시작했다. 그의 주의력은 나에 대한 것이기보다는 하나님에 대한 것이었기 때문이다. 서서히 그의 태도가 내게도 전염되기 시작했다. 나는 서서히 나 자신에 대한 관심을 잃기 시작했고 내 안에 계신 하나님께 관심을 가지게 되었다.

우리의 만남에서 눈에 띄게 생략된 것은 가십이었다. 루벤은 가십에 관심이 없었다. 그는 내 인생의 벽장에 무엇이 숨겨 있을지에 대해서 전혀 호기심이 없었다. 우리가 이야기한 것들은 대부분 연장, 일, 풍경, 학교 등 일상적인 것들이었다. 그가 내 취약성을 어떤 식으로든 착취한다는 느낌이 전혀 들지 않았다. 목사님은 알고 보니 염탐꾼이었다. 그러나 루벤은 결코 염탐꾼이 아니었다. 그는 나를 그냥 내버려두었다. 내 영혼을 가지고 장난치지 않았다. 나를 존엄하게 대했다. 스무 살의 대학교 2학년생은 존엄하게 대우받는 것에 익숙하지 않다. 루벤과 함께 있을 때 나는 넉넉함을 느꼈다. 움직일 수 있고 자유로울 수 있는 영적 넉넉함이었다. 그는 질문으로 나를 꼼짝 못하게 하지 않았다. '관심'으로 나를 질식시키지도 않았다.

'영적 지도'라는 말을 한 번도 들어본 적이 없는 루벤 란스는 내게 영적 지도의 두 가지 본질적인 전제조건을 정해주었다. '알지 못할 것'과 '돌보지 말 것'.

먼저, 알지 못할 것. 영적 지도는 한 사람이 다른 사람에게 성경이나 교리를 가르치는 기회가 아니다. 가르치는 것은 신앙 공동체의 핵심 사역이다. 성경을 알고 이스라엘과 그리스도 안에 계시된 하나님을 아는 것은 매우 중요하다. 그러나 부지런히 교리를 교수하는 게 필요한 게 아니라 신비 앞에 여유롭게 멈추는 게 필요한 순간이 있다. 하나님이 상대방 안에서 하시는 일을 자세하게 아는 사람은 아무도 없다. 우리가 알지 못하는 것이 우리가 아는 것보다 훨씬 더 많다. 인생에는 누군가가 그 거대한 알지 못함을 우리에게 대변해줄 필요가 있을 때가 있다. 그럴 때 영적 지도가 일어난다.

다음으로, 돌보지 말 것. 영적 지도는 한 사람이 다른 사람에게 연민을 느끼며 도울 기회가 아니다. 연민은 신앙 공동체의 핵심 사역이다. 다치거나 거절당하거나 감정적, 신체적 불구가 될 때 우리는 다른 사람의 사랑과 치유의 손길이 필요하다. 예수님의 이름으로 돕는 것은 매우 중요하다. 그러나 돌봄이 필요한 게 아니라 거리 두기가 필요한 순간이 있다. 상대방 안에서 성령께서 하시는 일은 우리가 하는 일보다 훨씬 더 크다. 인생에는 우리가 '소리 없는 음악'을 인식할 수 있도록 누군가 자리를 비켜주어야 할 때가 있다. 그럴 때 영적 지도가 일어난다.

이 일은 어렵다. 알고 돌보는 것에 대한 수요가 무척이나 크기 때문이다. 기독교 신앙의 실천에서 예수 그리스도를 주님이시요 구세주로 공언하는 남자와 여자들이 예수님에 대한 지식 있는 증언을 하지 않으려 하거나 하지 못하는 것은 터무니없이 잘못된 일이며, 예수님의 이름으로 구원받은 남자와 여자들이 다른 사람들의 필요를 돌보려 하지 않는 것은 화가 날 정도로 위선적인 일이다. 알고 돌보는 것은 복음의 삶에서 강력한 에너지이다. '아는 것'은 우리 문화의 지배 기관 중 하나인 학교 제도로 세속화되었다. '돌보는 것'은 모두에게 중요한 의료 시설로 세속화되었다. 따라서 희석되고 세속화되었을망정 그에 따라오는 알고 가르치는 습관과 돌보고 돕는 습관은 우리 안에 단단히 박혀 있다. 아는 것과 돌보는 것은 우리 경험의 많은 부분을 구성한다.

그럼에도 불구하고 그 일이 어렵건 그렇지 않건, 알지 못하는 것이 아는 것보다 우선되고 돌보지 않는 것이 돌보는 것보다 우선되는 때가 있다는 것이 기독교 공동체의 오랜 확신이다. 이런 순간들을 설명하는 공통 용어가 바로 '영적 지도'이다.

루벤 란스는 내 경험에서 알지 못하는 것과 돌보지 않는 것을 우선시한 최초의 사람이었다. 그때 이후로 나는 늘 그런 사람을 찾았다. 그리고 간혹 발견했다.

'영적 지도'라는 용어가 완전히 만족스러운 것은 아니다. 포도도 견과도 아닌 그레이프 너츠Grape Nuts라는 시리얼 이름처럼 '영적 지도'는 엄밀히 말하자면 논리적이지 않다.

많은(대부분일지도 모르겠다) 사람에게 '영적'이라는 말은 물질적이지 않은 것, 평범하지 않은 것을 의미한다. 그러나 영적 지도는 종교적인 것과 세속적인 것을 구분하지 않는다. 교회에서만큼이나 슈퍼마켓에서도 하나님을 알아챌 준비가 되어 있다. 어린아이의 말이 이사야의 예언만큼이나 직접적인 무게를 지닐 수 있다. 영적 지도는 기도와 성경과 예배를 다루지만, 식료품과 테니스와 카뷰레터를 다루기도 한다.

'영적'이라는 단어를 성경적으로 쓰는 방법은 우리가 참여하는 포괄적이고도 통합적인 하나님의 일과 연관해서이다. 분리되고 부분적인 것을 의미하는 용어로 쓰면 오해가 생긴다.

'지도'는 길을 제시하는 책임을 맡았다는 함의가 분명한 단어이다. 그러나 영적 지도는 그러기보다는 조용하고 부드러우며 단정적이지 않고 말이 없다. 영적 지도의 특징 중 하나는 '길을 비켜주는 것', 상대에게 중요하지 않고 영향을 미치지 않는 사람이 되는 것이다. 여기에 역설이 있다. 목표는 자신의 존재를 강요하지 않으면서 정말로 거기에 있어주는 것이다.

성경에서 일반적으로 지도하는 방법은 간접적이다. 은유적인 시, 빗대어 말하는 비유, 숨겨진 기도. 지도의 임무는 경건한 거위 떼와 함께 발맞춰 걷게 만드는 것이 아니라 성령께서 '새로운 것'을 창조하시는 영혼의 깊은 곳을 계발하는 것이다.

'영적 지도'라는 말이 그것을 처음 접하는 사람에게 거의 항상 오해를 불러일으키지만, 그래도 나는 그 단어를 유지하는 것이 좋다고 생각한다. 오래고도 다가가기 쉬운 역사가 그 단어에 있기 때문이다. 그래도 가능한 적게 사용하기는 한다. 나 자신을 지칭하기 위해서는 결코 사용하지 않는다. 나는 회중에게는 '목사'이고 친구들에게는 '친구'이다. 영적 지도자를 일컫는 켈트어는 '아남카라*anam chara*', 즉 영혼의 친구이다. 무척 마음에 드는 말이다.

중요하게 기억해야 할 것은 동방과 서방, 고대와 현대의 모든 교회에 이 관습에 대한 오래고도 풍성하고 깊은 선례가 있다는 사실이다. 목사들을 포함해서 이 용어가 생소한 사람들은 나처럼 그 관습이 오래되었음을, 그리고 대부분의 사람들이 이미 그것을 상당 부분 실천하고 있음을 알게 될 것이다. 그것을 지칭할 단어가 없었기 때문에 알아채지 못했던 것뿐이다. 그러나 이제는 알아챌 때이다. 중심이 성숙하기를 원하는 깊은 갈망이 있다는 증거들이 쌓이고 있기 때문이다. 그리고 영적 지도는 그 중심으로부터 그리고 그 중심으로 지혜를 전달해주는 고전적인 방법이다.

영적 지도는 모든 사람을 위한 것이 아니고 모든 때를 위한 것도 아니다. 영적 지도는 지적인 면에서나 미덕의 면에서 어느 정도의 성숙을 전제한다. 우리 주님의 신성을 모르거나 성경의 권위를 모르는 사람하고는 영적 지도를 하지 않는다. 불륜관계에 빠져 있는 사람과는 영적 지도를 하지 않는다. 전자의 경우는 교리가 필요하고 후자의 경우는 훈육이 필요하다.

그럼에도 목사가 예수님의 이름으로 섬기는 사람들에게 적절한 복음의 응답을 하기 위해서는 영적 지도라는 중심에서부터 움직여야 한다고 생각한다. 사람들에게 우리가 아는 모든 것을 강박적으로 알려주면서 우리는 교수가 되고 그들은 학생으로 만드는 것이 아니라, 사람들의 문제 해결을 돕기 위해서 무엇이 잘못되었는지 부지런히 계산하는 것이 아니라, 듣고 예배하고 사랑하고 주의를 기울이며 그들 안에 있는 하나님을 찾아야 한다.

때로는 선생이 필요하다. 성경을 설명해주고, 어떤 상황이나 관계에서 기독교 신앙을 분명하게 해줄 사람이 필요하다. 그러나 대부분의 경우는 그렇지 않다. 내가 이미 아는 대로 되어야 할 필요가 있을 뿐이다.

때로는 돕는 사람이 필요하다. 진퇴양난의 상황에서 빠져나오도록 도와주고 내가 헌신한 것들을 지키게 해주는 사람이 필요하다. 하지만 대부분의 경우는 그렇지 않다. 이미 내 안과 내 주위에 계신 하나님이라는 실재 안으로 들어갈 필요가 있을 뿐이다.

이러한 초기의 경험들은 너무도 여러 번 반복되었다. 나를 성적인 문제로 축소시키는 목사님, 나를 성경 프로젝트로 밀어 넣는 '성인' 말이다.

왜 내게는 선생과 돕는 사람은 그토록 많은데 내가 되어가고 들어가는 과정에서 그저 함께 동료가 되어줄 겸손하고 지혜로운 친구는 그토록 적은 것일까? 자리를 정돈하고 방해물을 치우고 참 현존을 확인하고 작고 세미한 음성을 듣는 것. 자신이 영적 지도자인 줄 몰랐던 내 친구이자 영적 지도자인 루벤처럼 나를 중요하게 여겨주고 내게 여지를 주어서 자유와 은혜를 느끼며 크고 자비로운 무엇을 찾게 해주는 것. 그것이 영적 지도이다.

루벤 란스의 헝클어진 눈썹과 무성한 수염을 보지 못한 지 벌써 35년이 되었지만, 언제부턴가 그것은 내게 영적 지도의 근본적 특징을 상징하는 것이 되었다. 그 특징은 처음에는 험악해 보이지만 알고 보면 자애롭고, 영적인 전형성과 진부함을 거절하고, 겉으로 말끔해 보이는 경건주의를 경멸하고, 무엇보다도 오순절과 밧모 섬의 불타는 화려함 속으로 모험하듯 조심스럽게 한 발 한 발 내딛을 때 보여주는 가식 없는 (때로는 수줍고 언제나 평범한) 동료애이다.

카렌

목회에서 영적 지도는 이야기에 대한 인식을 키워준다. 이야기는 그 사람 속에 파묻혀 있는 많은 것들이 서로 어떻게 연결되어 있는지 보여준다. 상대방과 서두르지 않고 시간을 보낼 때 우리는 그 사람의 이야기 속에서 현존하시고 말씀하시는 부활하신 그리스도를 알아볼 여유를 가지게 된다. 또한 영적 지도는 말 자체에 대한 주의력을 계발한다. 말은 복음을 선포하고 이야기를 들려주는 수단이다. 그러나 모든 말이 이야기를 들려주거나 복음을 선포하는 것은 아니다. 모든 말은 태초에 하나님과 함께 계셨던 그 말씀, 하나님이셨던 그 말씀, 모든 것을 만드신 그 말씀에 근원을 두고 있다(요 1:1-3). 그러나 모든 말이 그 근원과 계속해서 연결되어 있는 것은 아니며, 모든 말이 그 근원을 존중하고 그 근원적 말씀, 창조자 말씀과의 관계를 양성하는 것도 아니다.

다소 거칠게 정리해보자면, 대부분의 말은 두 가지 부류 중 하나이다. 교제를 위한 말과 의사소통을 위한 말. 교제를 위한 말은 이야기를 들려주고, 사랑하고, 친밀감을 키우고, 신뢰를 쌓는 데에 사용된다. 의사소통을 위한 말은 물건을 사고, 야채를 팔고, 교통 지도를 하고, 대수를 가르칠 때 사용된다. 두 가지 종류의 말 모두 필요하지만, 목사가 전문으로 하는 것은 교제를 위한 말이다.

지금 요나는 니느웨 변두리에서 화를 내며 하나님과 논쟁하고 있는데, 그는 오직 의사소통에만 능숙한 것 같다. 요나는 니느웨 사람들에게 할 일을 알려주었고, 이제는 하나님께 할 일을 알려주고 있다. 그러나 언어는 단순히 옳고 그름을 따지기 위한 것이 아니다. 배워야 하고 들려줘야 하는 이야기도 있다. 교제를 진전시키는 말의 사용법이 있다. 요나가 뿌루퉁함에서 벗어나 니느웨에서 목사로 커가려면 교제의 언어를 배워야 한다.

영적 지도에서는 그 차이가 곧바로 드러난다. 의사소통의 대가에게 다가가면 결혼식에 참석한 창녀처럼 오지 못할 데 온 것 같은 느낌이 든다. 우리는 친밀함을 팔려고 온 것이 아니라 친밀함을 누리려고 왔는데 말이다. 친밀함을 누리고자 할 때 우리가 사용하는 말은 거룩한 교제의 말이다.

딸 카렌이 어렸을 때 나는 양로원 방문길에 종종 데리고 갔다. 딸은 성경보다도 더 나았다. 양로원에 있는 노인들은 딸이 방 안에 들어서면 곧바로 얼굴이 밝아졌다. 그리고 딸이 웃으면 즐거워하면서 딸에게 이것저것 물어보았다. 그리고 딸의 피부를 만져보고 머리를 쓰다듬었다. 한번은 양로원에서 헤르 부인과 함께 있었는데, 헤르 부인은 치매가 상당히 진전된 노인이었다. 말이 많았던 헤르 부인은 카렌만 붙잡고 이야기했다. 분명 카렌을 보니 생각이 나서였겠지만, 자기 어린 시절 일화를 들려주고는 곧바로 똑같은 말로 이야기를 반복했다. 똑같은 이야기를 하고 또 했다. 그렇게 20분 정도 이야기가 이어지면 나는 카렌이 영문을 몰라 불편해하고 혼란스러워할까 봐 불안했다. 그래서 이야기를 끊고 부인의 머리에 손을 얹고 기도한 뒤에 자리를 떴다. 집으로 오는 차 안에서 나는 카렌의 인내심과 주의력을 칭찬했다. 딸이 못 견뎌하거나 지루해하는 기색 하나 없이 반복되는 이야기를 들었기 때문이다. "카렌, 헤르 부인의 정신은 우리와는 좀 달라"라고 내가 말하자 카렌이 말했다. "알아요, 아빠. 우리한테 '무엇'을 말해주려고 하셨던 게 아니에요. 그냥 자기가 '누구'인지를 말하려고 하신 거죠."

아홉 살인 딸이 그 차이를 알았다. 헤르 부인이 의사소통을 위해서가 아니라 교제를 위해서 말을 사용했다는 것을 딸은 알았던 것이다. 이것은 우리 문화가 전반적으로 거의 주의를 기울이지 않지만 목사들은 반드시 주의를 기울여야 하는 차이이다. 우리의 최우선 임무, 목사의 최우선 임무는 의사소통이 아니라 교제이다.

이 세상에는 말을 마치 단추처럼 찍어내는 거대한 의사소통 산업이 있다. 전화와 전신으로, 라디오와 텔레비전으로, 위성과 케이블로, 신문과 잡지로 말이 전송된다. 그러나 그런 말은 인격적이지 않다. 거대한 의사소통 산업에는 거대한 거짓말이 내포되어 있다. 우리가 의사소통을 개선하면 인생도 개선될 거라는 거짓말 말이다. 그런 일은 일어나지 않았고 앞으로도 일어나지 않을 것이다. 어떤 사람이 '하려는 말'이 무엇인지 알아내었을 때 우리는 그를 더 좋아하기보다는 덜 좋아하는 경우가 많다. 더 나은 의사소통이 국제 관계를 개선시킨 것도 아니다. 역사의 그 어떤 시기보다도 우리는 서로의 민족과 종교에 대해서 더 많이 알지만 서로를 덜 좋아한다. 배우자가 더 분명하게 의사소통하는 법을 배우면 화해보다는 이혼으로 가는 경우가 많다는 것을 상담가들은 안다. 단순히 의사소통으로만 사용되는 말은 품질이 떨어진 말이다. 말이 선물로 주어진 것은 교제를 위해서이다. 교제란 내 자아의 일부가 상대방 자아의 일부로 들어가는 것이다. 그렇게 하기 위해서는 숨은 것을 드러내는 위험이 요구되고 개입하는 용기가 필요하다. 교제의 핵심에는 희생이 있다. 중심에서 일하는 우리는 어떤 것을 주기 위해서가 아니라 자신의 일부를 포기하기 위해서 말을 사용한다.

교제는 의미를 규정하기 위해서 사용하는 말보다 신비를 더 깊어지게 하고 모호함을 수용하고, 알기 때문에 안전한 곳을 지나서 알지 못하기 때문에 위험한 곳으로 들어가기 위해서 사용하는 말에 더 관심이 있다. 그리스도인의 성찬은 '이것은 내 살, 이것은 내 피'라고 하는 가장 간단한 말을 사용해서 우리를 깊은 사랑 한가운데에 던져 넣고 구속되지 않은 것으로, 사랑으로, 믿음으로 모험을 나서게 한다. 이 말은 설명하지 않는다. 드러내고 가리키고 다가간다.

아픈 사람, 외로운 사람, 혹은 죽어가는 사람이 있는 방으로 들어설 때마다 중요한 말은 오직 교제의 말밖에 없다는 사실이 몇 분이 지나지 않아 자명해진다. 그리고 그만큼 자주 그런 상황에서 말을 그렇게 사용하는 데에 능숙한 사람은 우리밖에 없다는 사실도 깨닫는다. 병들고 외롭고 죽어가는 사람이 감내해야 하는 시련 중에서 제법 큰 시련이 끝도 없이 들어야 하는 진부한 말과 의례적인 말이다. 의사들이 방으로 들어와서 진단 결과를 전달한다. 가족들이 들어와서 자신들의 불안을 (너무 자주) 전달한다. 친구들이 들어와서 그날의 가십을 전달한다. 물론 모두가 그렇게 하는 것은 아니고 언제나 그렇게 하는 것도 아니다. 그러나 아프고 외롭고 죽어가는 남자와 여자들이 있는 곳에서는 교제가 별로 이루어지지 않는 것이 슬픈 현실이다. 그러한 극한 상황에서 우리가 인식할 수밖에 없는 것들이 길거리와 거실에서, 사무실과 일터에서, 교회 주차장과 위원회에서 갖는 가벼운 만남에서도 여전히 유효하다. 그렇기 때문에 적어도 목사만이라도 교제의 말에 전문가가 되는 것이 시급하다.

진정한 영적 지도는 예배 행위로부터 흘러나온다. 우리가 상관해야 하는 대상은 언제나 하나님이다. 듣는 자와 믿는 자로서, 노래하는 자와 기도하는 자로서, 받는 자와 따르는 자로서 의도적으로 그리고 질서 있게 하나님 앞에 나오는 행위인 예배는 일상생활에서도 지속된다. 그러나 그러한 지속성은 방해받기가 쉽다.

예배를 규정해주는 오르간, 장의자, 십자가, 설교단, 세례반, 회중이 없으면 하나님은 그저 배경인 양, 그것도 아주 멀리 있는 배경인 양 말하고 행동하기 쉽다. 요나가 물고기 뱃속에서 기도할 때 너무도 뚜렷했던 성전과 지성소에 대한 인식이 사역의 현장인 니느웨 주변에서는 자기 자신과 자기 회중에만 정신이 팔려 완전히 사라진 것처럼 보인다. 지구가 언제나 평평해 '보이는' 것과 같은 이유에서 인간의 필요는 언제나 하나님의 현존보다 더 분명하다. 질병, 외로움, 지루함, 바쁨과 같은 데서 인간의 필요는 언제나 매우 가시적으로 나타나지만, 하나님의 말씀과 현존에 대한 모든 표시와 상징들은 몇 킬로미터 떨어져 있는 교회 예배당에 있다. 그래서 그렇게 많은 목사들이 강단에서 내려오면 기독교의 제사장보다는 심리 치료사처럼 행동한다. 인간의 필요에 대한 우리의 인식이 하나님의 현존에 대한 주의력을 밀어내고 우선권을 얻기 때문이다.

마무리

요나 이야기에는 제대로 된 결말이 없다. 해결되지 않은 장면으로 끝이 난다. 요나가 예측할 수 없는 식물 아래서 하나님과 논쟁하고 하나님은 질문 형태로 열띤 질책을 하신다. "니느웨를 내가 어찌 아끼지 않겠느냐?"

요나와 하나님 사이의 긴장이 고조되어 있다. 요나는 하나님께 화가 나서 하나님을 나무라고, 하나님은 요나에게 화가 나서 요나에게 따지신다.

이 질문은 대답을 요구한다. 요나는 무어라고 대답할 것인가? 우리는 모른다. 요나의 답은 이 이야기에서 빠져 있다. 그러나 그것은 실수가 아니다. 요나의 답변을 남기지 않은 것은 독자가 개인적인 답변을 할 수 있는 여지를 남기기 위한 화자의 기술이다.

마가복음에도 그와 비슷한 결말, 혹은 비非결말이 있다. 예수님이 주님이자 그리스도로 날카롭게 선포되고 제자들은 완고하게 생각을 바꾸지 않고 믿지 않으며 서투르게 따라가는, 세심하게 고안되고 극적으로 만족스러운 복음의 이야기가 '에포보운토 가르*ephobounto gar*', 즉 "그들이 두려웠기 때문이다"라는 말로 갑자기 끝난다.

도대체 무슨 결말이 그렇단 말인가? 이제 막 부활이 있었다. 증인과 참여자로 모집된 잘 준비된 소수의 남녀와 함께 이 세상의 구원이 시작되었다. 그런데 "그들이 두려웠기 때문이다"라니. 이것은 자신감을 불러일으키는 결말이 아니다.

이 마지막 문장의 의미와 어조만 부적절해 보이는 것이 아니라 문법적으로도 이 문장은 틀렸다. 마가가 '에포보운토 가르'라고 쓴 표준 그리스어에서 '왜냐하면'을 뜻하는 '가르'의 위치가 잘못되었다. 1세기의 그리스어 작가라면 결코 '가르'로 문장을 마치지 않을 것이다. '가르'는 다음으로 넘어가는 과도기를 표현하는 단어이다. 문장 안에서 일종의 망설임 역할을 하는데,

다음에 이어질 진술을 위해 독자를 준비시킨다. 다음에 오는 것이 무엇이든 그것을 기대하는 에너지가 마련되고 깊어질 수 있는 자리를 마련하기 위해서 속도를 늦추는, 일종의 목청을 가다듬는 단어이다.

분명 16장 8절은 마가복음의 결말이 아니다. 그리고 머지않아 독자들은 자기 나름의 결말을 제공하기 시작했다. 제자들이 믿고 순종하며 부활하신 주님을 기리는 모습을 보여주는 만족스런 결말들이었다. 주요 그리스어 사본에는 그런 결말이 두 가지 있는데 하나는 길고 하나는 짧다. 어떤 번역본들은 후대에 덧붙여진 이런 결말을 포함시키기도 한다.

선의의 그리스도인들이 제대로 된 결말을 붙여서 그 이야기를 마무리하고 싶어 하는 것은 분명 이해할 만하다. 게다가 그들이 꾸며낸 이야기도 아니다. 그들은 있는 사실 그대로를 적었다. 예수님의 부활은 추종자들에게 새로운 생명을 불러일으켰고, 제자들은 세상 곳곳을 다니며 살아 계신 그리스도를 찬양하고 설교하고 기도했다. 마가가 일부러 '가르'를 마지막 단어로 선택하지는 않았을 것이라고 생각했고, 그 생각은 일정 부분 타당했다. 마가가 마지막 페이지를 쓰려 하는데 갑자기 경찰이 들이닥쳐서 체포해가는 바람에 완성시키지 못했는지도 모른다. 그가 기록한 두루마리의 마지막 몇 센티미터가 뜻하지 않게 잘려나갔는지도 모른다. 원인이 무엇이든, 강제로 중단되었건 우연히 그렇게 되었건, 누구나 진짜라고 알고 있을 의미, 그리고 분명 마가가 의도했을 의미는 쉽게 제공할 수 있었고, 그래서 그들은 그렇게 했다.

하지만 열의 있고 선의에 찬 사람들이 종종 그렇듯 그들은 방해만 되었다. 그들이 끼어들 곳이 아닌 데에 끼어들어서 마가가 기술적으로 명쾌하게 제공한 마지막 순간을 흐릿하게 만들어버렸다.

마가는 '가르'를 마지막 단어로 택했다. '가르'는 우리가 걸어가는 도중에 놔버림으로써 균형을 잃게 만든다. 다른 한쪽 발이 어딘가에는 내려와야 한다. 어디로 내려와야 하는가? 신앙으로 아니면 불신앙으로? 실재를 완전히 재배치시키는 새 생명의 침입이, 상상했던 것보다 더 많은 생명으로 우리 앞에 맞닥뜨려 우리가 영위하는 최소한의 생명을 의문시하게 만드는 새 생명의 침입이 우리로 하여금 불안과 두려움에 차 숨을 곳을 찾아 허둥거리게 만들 것인가, 아니면 경외에 찬 두려움으로 모험을 무릅쓰고 예배로 들어가게 할 것인가? 마가의 '가르'는 기술적인 침묵이다. 마가는 독자나 청자가 개인적 결론을 자유롭게 '쓰도록' 스스로를 억제한다. 그가 쓴 모든 것이 이 '가르'로 향한다. 부활하신 주님께 예(혹은 아니오)라고 대답하게 하는 오랜 준비이며 매력적인 초대이다. 마가는 우리의 결말을 대신 써주겠다고 나서지 않는다. 논쟁하지도 몰아붙이지도 않는다. 마가는 이제 막 '복음'이라는 완전히 새로운 장르의 문학을 탄생시켰지만, 우리가 그의 천재성에 감탄하도록 완성품을 만들어내는 대신에 마지막 순간에 옆으로 물러서서 이 '가르'와 함께 우리에게 펜을 쥐여 주며 말한다. "자, 당신이 쓰시오. 당신의 인생으로 부활의 결론을 쓰시오."

어쩌면 그는 요나 이야기에서 그런 기술을 배웠는지도 모른다. 요나 이야기도 그와 비슷하게 결말이 없고, 그와 비슷하게 결말을 요구한다. 마가 이야기가 극적인 탄력을 얻은 이 시점은 결말이 요구되는 시점이다. 그리고 하나님의 질문은 요나의 답변을 요구한다. 그러나 둘 다 독자와 청자 외에는 그 누구도 마지막 단어를 제시할 수 없을 정도로 문제가 너무 깊고 개인적이다.

요나는 하나님의 예측할 수 없음을, 그리고 사람과 식물을 대하시는 흥미로운 방식을 회피하며 여생을 살았을까? 아니면 목사가 되었을까? 우리는 모른다. 하나님과 논쟁한 뒤 요나가 무엇을 할지 우리는 모른다. 화를 내며 다시 욥바로 돌아가 다시스로 가는 다른 배를 타고 다시 한 번 하나님의 현존으로부터 도망칠까? 아니면 니느웨에서 끝까지 버티면서 하나님의 크심 안에서 살고, 하나님의 놀랍고도 이해를 초월하는 자비를 감싸안을까? 예측할 수 없는 식물 아래서 사소하게 논쟁했던 것을 평생 부끄러워하며, 풍차같이 크게 뻗은 은혜와 축복의 팔을 향해 달려가고 숨 가쁘게 강단으로 올라가면서 자기 소명의 거대한 신비를 살아낼까?

그러나 이 지점에서 이야기를 들려주는 사람은 기술적으로 우리 주의를 돌려놓는다. 요나의 마지막 말에 대한 호기심은 우리 자신의 마지막 말에 대한 궁금증으로 바뀐다. 무엇인가를 추측하는 의미에서의 궁금증이 아니라, 우리의 결말은 어떨까 궁금해하는 것이 아니라, 흠모하는 의미에서의 궁금증이다. 이제 요나 이야기로 우리의 상상력이 바뀌어 소명을 거룩함의 불길로 정화시키고 단련하는 하나님의 은혜의 거대한 세계를 보게 되었기 때문이다.

내가 다섯 살 때 경험한 레너드 스톰과의 이야기도 그렇게 결말이 달라졌다. 밭 가장자리에서 실망하고 교회에서 그로부터 질책을 들은 며칠 뒤 나는 다시 그 울타리로 돌아가서 또 한 번의 기회가 있기를 바라며 지켜보았다. 스톰은 나를 보았고 트랙터를 멈추더니 지난번처럼 다시 그 거대한 초대의 몸짓을 했다. 나는 순식간에 가시철사를 지나 고랑이 진 밭을 뛰어가서 커다란 초록색 트랙터에 올라탔다. 그는 나를 자기 앞에 태우고 운전대를 쥐게 해주었다. 길게 뻗은 그 밭에서 기계로 쟁기질을 하면서 나의 왜소함은 그의 거대함 안으로 흡수되었다.

주

서문

1. 목사인 탓에 나는 영적 리더십의 소명 중 목사라는 명칭을 가장 자주 사용한다. 독자들은 목사 대신에 선교사, 교사, 행정직원, 집사, 전도자 등 교회 안에 있는 다양한 리더십 명칭으로 바꿔 적용해도 된다.
2. "우리는 우리가 보는 대로, 본 것이 우리의 의도에 지속적으로 남아 있는 대로 된다"고 하우어워스는 말한다. "그러나 우리는 그저 보는 것으로 보게 되는 것이 아니라 우리의 핵심 신념을 구성하는 은유와 상징을 통해서 우리의 시각을 훈련시킴으로써 본다. 따라서 우리가 어떻게 보게 되느냐는 것은 우리가 어떻게 존재하느냐와 함수관계에 있다. 우리가 보는 것은 우리가 가진 기본적인 이미지가 어떻게 자기로 구현되느냐, 즉 자기 성품 안에 구현되느냐에 따라 결정되기 때문이다. … 도덕적 삶은 선택이 우선이 아니다. 무엇을 결정하는 것이 가장 중요한 것이 아니다. 도덕적 삶은 우리가 대면하는 상황을 보고 구성하기 위해서 사용하는 개념들로 만들어지는 것이다." Hauerwas, *Vision and Virtue* (Notre Dame, Ind.: University of Notre Dame Press, 1981), p. 2.
3. 요나서를 비유라고 부른다고 해서 요나서의 역사성을 옹호하는 것도 부인하는 것도 아니다. 어떤 그리스도인들은 요나서의 역사성을 주장했고 어떤 그리스도인들은 요나의 역사성을 의심했다. 결론이 어떻든 지금 여

기에서 요나서를 다루는 목적과는 별로 상관이 없다. 요나 이야기 자체가 비유적 사용을 청하기 때문이다. 다시 말해서, 요나 이야기는 문화와 상황을 넘어서 우리의 공통된 삶에 통찰을 줄 뿐 아니라 시대를 막론하고 설교자와 시인, 극작가와 목사, 소설가와 학자들이 요나 이야기를 비유로 사용했기 때문이다.

4. Dickinson, *The Complete Poems of Emily Dickinson* (Boston: Little, Brown, 1960), p. 506.

1부 뱃삯을 주고 다시스로

1. 조지 애덤 스미스는 미드라시를 "교리적이건 교훈적이건 성경본문의 확장으로서 텍스트의 주제를 가지고 종종 동양인들이 좋아하는 비유나 가상의 이야기 형식을 취한 것"이라고 설명한다. George Adam Smith, *The Book of the Twelve Prophets*, rev. ed. (New York: Harper, 1928), p. 494. 스미스는 또한 요나서도 열왕기하 14장 25절의 미드라시에 그 기원이 있다는 부데 교수의 주장을 지적한다. 열왕기하 14장 25절은 요나서를 제외하고 요나에 대해서 언급하는 유일한 본문이다.
2. 한스 발터 볼프는 히브리어 '바이히*vayhi*'를 "그러던 어느 날 ~일이 있었다"로 번역하는데, 이는 하나님의 말씀으로 시작된 사건이 이야기 전체를 형성할 때 공식처럼 쓰는 표현이다. Wolff, *Obadiah and Jonah*, trans. Margaret Kohl (Minneapolis: Augsburg, 1986), pp. 95, 97.
3. Cyrus Gordon, s.v. "Tarshish," *Interpreters Dictionary of the Bible* (Nashville: Abingdon, 1962), pp. 518-519.
4. Gordon, "Tarshish," pp. 518-519.
5. "The Rule of St. Benedict," *Western Asceticism*, ed. Owen Chadwick (Philadelphia: Westminster Press, 1958), pp. 291-337.

6. Rowan Williams, *Christian Spirituality* (Atlanta: John Knox Press, 1980), pp. 94-95.

2부 폭풍을 피하다

1. *G. K. Chesterton Review* 15 (February-May 1989), p. 195.
2. 중년에 어머니는 좀 더 적절한 해석학(어머니는 결코 이런 용어를 쓰지 않으실 것이다!)을 배우셔서 다시 설교와 가르치는 일을 하셨다. 어머니는 안수를 받으셨고 몬태나에 있는 빅포크라는 마을에서 새로운 회중을 만나 여러 해 동안 목사로 섬기셨다. 전에 성경을 가지고 어머니를 침묵시켰던 그 경건한 깡패들은 영적 조언을 들으러 자주 어머니를 찾아왔다.
3. 그중에서 내게 가장 영향을 미친 것은《선택*The Chosen*》,《아셰 레브의 선물*The Gift of Asher Lev*》, 그리고《약속*The Promise*》이다.
4. Dostoevsky, *The Idiot* (Baltimore: Penguin Books, 1955), p. 575.
5. Dostoevsky, *Diary of a Writer*. 다음 책에서 인용했다. Joseph Frank, *Dostoevsky: The Years of Ordeal, 1850-59* (Princeton: Princeton University Press, 1986), p. 73.
6. Dostoevsky, *The Idiot*, p. 595.
7. Barrett, *Irrational Man* (Garden City, N. Y.: Doubleday-Anchor Books, 1962), p. 139.
8. Nicholas Berdyaev, *Dostoevsky* (New York: Living Age Books, 1957), p. 53.
9. Dostoevsky, *Letters from the Underworld* (New York: E. P. Dutton, 1957), p. 36.
10. Nicholas Berdyaev, *Dostoevsky*, p. 53.
11. Nicholas Berdyaev, *Dostoevsky*, p. 54.

12. Becker, *The Denial of Death* (New York: Free Press, 1973), p. 241.
13. 다음을 참고하라. Becker, *The Denial of Death*, p.244.
14. Dostoevsky, *The Idiot*, p. 500.
15. Barth, *The Epistle to the Romans* (London: Oxford University Press, 1960), p. 122.
16. Buechner, *Spiritual Quests*, ed. William Zinsser (Boston: Houghton Mifflin 1988), p. 122.
17. Dostoevsky, *The Brothers Karamazov* (New York: Heritage Press, 1949), p. 279.
18. Dostoevsky, *The Brothers Karamazov*, p. 245.
19. Hans Walter Wolff, *Obadiah and Jonah*, trans. Margaret Kohl (Minneapolis: Ausburg, 1986), p. 192.
20. 다음을 참고하라. Wolff, *Obadiah and Jonah*, p. 123.

3부 물고기 뱃속에서

1. 여기에서 나는 '금욕주의asceticism'라는 말이 일반적으로 내포하는 수척함이나 박탈과 거리를 두기 위해서 '아스케시스'를 그리스어 그대로 사용한다.
2. 다음 책을 참고하라. Carol Bly, *Letters from the Country* (New York: Harper & Row, 1981), p. 126.
3. 누가는 사도행전 24장 16절에서 아스케시스의 동사형 '아스케오*askeo*'를 딱 한 번 사용했으나 우리가 쓰는 의미로 사용한 것은 아니다.
4. 그 후로 알게 된 사실인데, 그 시절에 적어도 두 개의 신학교에서 예배학과 전례학 교수들이 성만찬 때 환각제를 사용하는 실험을 했다고 한다.
5. 이제 와서 생각하니 그 보고서들은 지금도 누군가의 사무실에 철해져 있

을 텐데, 종교 지도자들에 대한 가십거리를 파내는 데 열을 올리는 언론의 분위기로 봐서 나도 신문의 특집기사에 등장할 여지가 있지 싶다.

6. "The Office for Holy Saturday," *The Liturgy of the Hours* (New York: Catholic Books Publishing Co., 1976), p. 496.
7. Butterfield, *Writings on Christianity and History* (New York: Oxford University Press, 1979), p. 268.
8. 나는 클라우스 베스터만이 사용한 용어를 쓰고 있다. 이에 대한 간략한 설명은 다음 자료를 참고하라. George Landes, "The Kerygma of the Book of Jonah," *Interpretation* 21 (January 1967), p. 7.
9. 《응답하는 기도*Answering God*》에서 나는 시편이 실제로 어떻게 우리의 삶 전체를 기도로 끌어들이면서 기도의 학교 역할을 하는지 자세히 설명했다. 그리고 시편이 성숙한 영성의 아스케시스에서 없어서는 안 되는 기본 요소라고 주장했다.
10. 마틴 손튼은 다음 책에서 이에 대해 자세히 논증한다. Martin Thornton, *Pastoral Theology: A Reorientation* (London: SPCK, 1964).
11. Friedrich von Hugel, *Letters to a Niece* (London: J. M. Dent & Sons, 1958), p. xxix.
12. Denise Levertov, *The Poet in the World* (New York: New Directions Books, 1973), p. 8.

4부 니느웨로 가는 길

1. Hopkins, "As Kingfishers Catch Fire," *Poems and Prose of Gerard Manley Hopkins*, ed. W. H. Gardner (Baltimore: Penguin Books, 1953), p. 5.

2. Blake, *The Essential Blake*, ed. Stanley Kunitz (New York: Ecco Press, 1987), p. 91.
3. Wendell Berry, *Home Economics* (San Francisco: North Point Press, 1987), p. 144.
4. Berry, *Home Economics*, p. 51.
5. Wendell Berry, *The Gift of Good Land* (San Francisco: North Point Press, 1981), p. 279.
6. Nicholas Berdyaev, *Dream and Reality* (New York: Macmillan, 1951), p. 70.
7. Berry, *Home Economics*, p. 62.
8. Merton, *Conjectures of a Guilty Bystander* (Garden City, N.Y.: Doubleday-Image, 1968), p. 145.
9. 다음 책에서 인용했다. Van Wyck Brooks, *The Flowering of New England* (New York: Modern Library, 1936), p. 268.
10. 다음 책에서 인용했다. Henri de Lubac, *The Religion of Teilhard de Chardin* (New York: Desclee, 1967), p. 227.
11. Chargaff, *Heraclitean Fire* (New York: Rockefeller University Press, 1978), p. 161.
12. Chargaff, *Heraclitean Fire*, p. 155.
13. Dubie, "Illumination," in *Selected and New Poems* (New York: W. W. Norton, 1983), p. 117.
14. Forsyth, *The Cure of Souls*, ed. Harry Escott (Grand Rapids: William B. Eerdmans, 1971), p. 133.
15. Berry, *Home Economics*, p. 15.
16. 바로 이런 식으로 계시록을 읽는 데에 아주 탁월한 주석은 다음 책이다. M. Eugene Boring, *Revelation* (Louiseville: John Knox Press, 1989). 다음 책에서 나는 계시록이 35년간 내 소명에서 목회 종말론을 형성한

방식을 고찰했다. *Reversed Thunder* (San Francisco: Harper & Row, 1986).

5부 하나님과 다투다

1. 다음을 참고하라. Hans Walter Wolff, *Obadiah and Jonah*, trans. Margaret Kohl (Minneapolis: Augsburg, 1986), p. 141.
2. David Ignatow, *Open between Us* (Ann Arbor: University of Michigan Press, 1980), p. 28.
3. Milosz, *New York Review of Books*와의 인터뷰, 27 February 1986.
4. 다음 책을 참고하라. Thomas Kuhn, *The Structure of Scientific Revolutions*, 2nd ed. (Chicago: University of Chicago Press, 1970).
5. Eliot, "The Dry Salvages," *The Complete Poems and Plays* (New York: Harcourt Brace, 1952), p. 136.

Under
the Unpredictable
Plant

Trāsla. Gre. lxx. cū interp. latina.

In principio fecit deus celum et terrā.
ἐν ἀρχῇ ἐποίησεν ὁ θεὸς τὸν οὐρανὸν καὶ τὴν γῆν. ἡ
at terra erat inuisibilis et incōposita. et tenebre su
δὲ γῆ ἦν ἀόρατος καὶ ἀκατασκεύαστος. καὶ σκότος ἐ-
per abyssum: et spiritus dei ferebatur su
πάνω τῆς ἀβύσσου. καὶ πνεῦμα θεοῦ ἐπεφέρετο ἐ-
per aquam. et dixit deus fiat lux. et fa
πάνω τοῦ ὕδατος. καὶ εἶπεν ὁ θεὸς γενηθήτω φῶς. καὶ ἐ-
cta ē lux. et vidit deus lucē: q̄ bona. et di
γένετο φῶς. καὶ εἶδεν ὁ θεὸς τὸ φῶς, ὅτι καλόν. καὶ διε-
uisit deus inter lucē: et inter
χώρισεν ὁ θεὸς ἀναμέσον τοῦ φωτὸς, καὶ ἀναμέσον τοῦ
tenebras. et vocauit deus lucē diem: et tene
σκότους. καὶ ἐκάλεσεν ὁ θεὸς τὸ φῶς ἡμέραν, καὶ τὸ σκό
bras vocauit noctē. et factū ē vespe: et factū ē
τος ἐκάλεσε νύκτα. καὶ ἐγένετο ἑσπέρα, καὶ ἐγένετο
mane: dies vnus. et dixit deus fiat firmamētū in
πρωΐ, ἡμέρα μία. καὶ εἶπεν ὁ θεὸς γενηθήτω στερέωμα ἐν
medio aque. et sit diuidens inter aquā
μέσῳ τοῦ ὕδατος. καὶ ἔστω διαχωρίζον ἀναμέσον ὕδα
et aquā. et fecit deus firmamētū. et di-
τος καὶ ὕδατος. καὶ ἐποίησεν ὁ θεὸς τὸ στερέωμα. καὶ διε
uisit deus inter aquam: q̄ erat sub
χώρισεν ὁ θεὸς ἀναμέσον τοῦ ὕδατος, ὃ ἦν ὑποκάτω τοῦ
firmamēto: et inter aquā: que super
στερεώματος, καὶ ἀναμέσον τοῦ ὕδατος, τοῦ ἐπάνω
firmamētū. et vocauit deus firmamētū ce-
τοῦ στερεώματος. καὶ ἐκάλεσεν ὁ θεὸς τὸ στερέωμα οὐρα
lum. et vidit deus q̄ bonū. et factū ē vespere: et
νόν. καὶ εἶδεν ὁ θεὸς ὅτι καλόν. καὶ ἐγένετο ἑσπέρα, καὶ
factū ē mane: dies secūdus. et dixit deus cōgre-
ἐγένετο πρωΐ, ἡμέρα δευτέρα. καὶ εἶπεν ὁ θεὸς συναχ-
getur aqua que sub celo in congrega-
θήτω τὸ ὕδωρ τὸ ὑποκάτω τοῦ οὐρανοῦ εἰς συναγω-
tiōe vnā: et appareat arida. et factū ē ita. et cō-
γὴν μίαν, καὶ ὀφθήτω ἡ ξηρά. καὶ ἐγένετο οὕτως. καὶ συ
gregata ē aqua que sub celo in cōgre
νήχθη τὸ ὕδωρ τὸ ὑποκάτω τοῦ οὐρανοῦ εἰς τὰς συνα
gatiōes suas: et apparuit arida. et vocauit deus ari
γωγὰς αὐτοῦ, καὶ ὤφθη ἡ ξηρά. καὶ ἐκάλεσεν ὁ θεὸς τὴν ξη
dā: terrā. et cōgregatiōes aquarū vocauit ma
ρὰν, γῆν. καὶ τὰ συστήματα τῶν ὑδάτων ἐκάλεσε θα
ria. et vidit deus: q̄ bonū. et dixit deus ger
λάσσας. καὶ εἶδεν ὁ θεὸς, ὅτι καλόν. καὶ εἶπεν ὁ θεὸς βλα
minet terra herbā feni seminātē semē fm
στησάτω ἡ γῆ βοτάνην χόρτου σπεῖρον σπέρμα κατὰ
genus et scd3 similitudinē: et lignū pomiferū faciēs
γένος καὶ καθ᾽ ὁμοιότητα, καὶ ξύλον κάρπιμον ποιοῦν
fructū. cuius semē ipsius in ipso scd3 genus sup
καρπὸν. οὗ τὸ σπέρμα αὐτοῦ ἐν αὐτῷ κατὰ γένος ἐπὶ
terrā. et factū ē ita. et protulit terra her-
τῆς γῆς. καὶ ἐγένετο οὕτως. καὶ ἐξήνεγκεν ἡ γῆ βοτά-
bā feni seminātē semē fm genus et scd3 simi
νην χόρτου σπεῖρον σπέρμα κατὰ γένος καὶ καθ᾽ ὁμοιό
litudinē: et lignū pomiferū faciens fructū. cuius se
τητα, καὶ ξύλον κάρπιμον ποιοῦν καρπὸν. οὗ τὸ σπέρ
mē eius in ipso: scd3 genus sup terrā. et vidit
μα αὐτοῦ ἐν αὐτῷ κατὰ γένος ἐπὶ τῆς γῆς. καὶ εἶδεν

Trāsla. B. Hiero.

In principio creauit deus celum & terrā. Terra autem erat inanis & vacua: & tenebre erant sup faciē abyssi: & spiritus dei ferebatur super aquas. Dixitq3 deus. Fiat lux. Et facta ē lux. Et vidit deus lucem q̄ esset bona: & diuisit lucem a tenebris: appellauitq3 lucem diē: & tenebras noctem. Factumq3 est vespe & mane dies vnus. Dixit quoq3 deus. Fiat firmamentū in medio aquarum: & diuidat aquas ab aquis. Et fecit deus firmamentum. diuisitq3 aquas q̄ erant sub firmamēto ab his que erant super firmamentū. Et factū est ita. Vocauitq3 deus firmamentum celum: & factum est vespe & mane dies secundus. Dixit vero deus. Congregentur aque q̄ sub celo sunt in locum vnum: & appareat arida. Et factum ē ita. Et vocauit deus aridā terram: cōgregationesq3 aquarū appellauit maria. Et vidit deus q̄ esset bonum: & ait. Germinet terra herbā virētem & faciētē semē: & lignum pomiferū faciens fructū iuxta genus suū cuius semē i semetipso sit sup terrā. Et factū est ita. Et ptulit terra herbā virētē & faciētē semē iuxta genus suū: lignū q3 faciēs fructū: & hñs vnū quodq3 sementem fm spēm suā. Et vidit

Tex. Heb.

א אֱלֹהִים אֵת
אָרֶץ׃ וְהָאָרֶץ
וְחֹשֶׁךְ עַל פְּנֵי
הִים מְרַחֶפֶת עַל
ר אֱלֹהִים יְהִי
יַרְא אֱלֹהִים אֶת
בְדֵּל אֱלֹהִים בֵּין
ר׃ וַיִּקְרָא אֱלֹהִים
שֶׁךְ קָרָא לָיְלָה
קֶר יוֹם אֶחָד׃
יְהִי רָקִיעַ בְּתוֹךְ
יל בֵּין מַיִם
הִים אֶת הָרָקִיעַ
אֲשֶׁר מִתַּחַת
יִם אֲשֶׁר מֵעַל
וַיִּקְרָא אֱלֹהִים
יְהִי עֶרֶב וַיְהִי
יֹּאמֶר אֱלֹהִים
ת הַשָּׁמַיִם אֶל
אֶה הַיַּבָּשָׁה וַיְהִי
ם לַיַּבָּשָׁה אֶרֶץ
רָא יַמִּים וַיַּרְא
יֹּאמֶר אֱלֹהִים
שֶׁא עֵשֶׂב מַזְרִיעַ
טֹר פְּרִי לְמִינוֹ
עַל הָאָרֶץ וַיְהִי
ץ דֶּשֶׁא עֵשֶׂב
נֵהוּ וְעֵץ עֹשֶׂה
בּוֹ לְמִינֵהוּ וַיַּרְא

Transla. Chal.

בְּקַדְמִין בְּרָא יְיָ יָת שְׁמַיָּא וְיָת אַרְעָא׃ וְאַרְעָא הֲוָת צַדְיָא וְרֵקָנְיָא וַחֲשׁוֹכָא עַל א
תְהוֹמָא וְרוּחָא דַיְיָ מְנַשְּׁבָא עַל אַפֵּי מַיָּא׃ וַאֲמַר יְיָ יְהֵא נְהוֹרָא וַהֲוָה נְהוֹרָא׃ וַחֲזָא

Interp. ch.

In principio creauit
Terra aūt erat dese
faciem abyssi: et spū
aquas. Et dixit deus. Sit l

...as vocauit noctē. et factū ē vespe: et factū ē
...ἐκάλεσε νύκτα. καὶ ἐγένετο ἑσπέρα, καὶ ἐγένετο
...ane: dies vnus. et dixit deus fiat firmamētū in
...ωΐ, ἡμέρα μία. καὶ εἶπεν ὁ θς γενηθήτω στερέωμα ἐν
...edio aque. & sit diuidens inter aquā
...σῳ τοῦ ὕδατος. καὶ ἔστω διαχωρίζον ἀναμέσον ὕδα-
... & aquā. & fecit deus firmamētū. & di-
...ος. καὶ ὕδατος. καὶ ἐποίησεν ὁ θς τὸ στερέωμα. καὶ διε-
...sit deus inter aquam: q̄ erat sub
...ώρισεν ὁ θεὸς ἀναμέσον τοῦ ὕδατος, ὃ ἦν ὑποκάτω τοῦ
...rmamēto: et inter aquā: que super
...ερεώματος, καὶ ἀναμέσον τοῦ ὕδατος, τοῦ ἐπάνω
... firmamētū. et vocauit deus firmamētū ce-
...οῦ στερεώματος. καὶ ἐκάλεσεν ὁ θς τὸ στερέωμα οὐρα-
...m. et vidit deus. φ bonū. et factū ē vespere: &
...ν. καὶ εἶδεν ὁ θς ὅτι καλόν. καὶ ἐγένετο ἑσπέρα, καὶ
...ctū ē mane: dies secūdus. & dixit deus cōgre-
...γένετο πρωΐ, ἡμέρα δευτέρα. καὶ εἶπεν ὁ θς συναχ-
...etur aqua que sub celo in congrega-
...τω τὸ ὕδωρ τὸ ὑποκάτω τοῦ οὐρανοῦ εἰς συναγω-
...ōez vnā: et appareat arida. & factū ē ita. & cō-
...ὴν μίαν, καὶ ὀφθήτω ἡ ξηρά. καὶ ἐγένετο οὕτως. καὶ συ-
...regata ē aqua que sub celo in cōgre-
...χθη τὸ ὕδωρ τὸ ὑποκάτω τοῦ οὐρανοῦ εἰς τὰς συνα-
...atiōes suas: & apparuit arida. & vocauit deus ari-
...ωγὰς αὐτοῦ, καὶ ὤφθη ἡ ξηρά. καὶ ἐκάλεσεν ὁ θς τὴν ξη-
...a: terrā. & cōgregatiōes aquarū vocauit ma-
...ν, γῆν. καὶ τὰ συστήματα τῶν ὑδάτων ἐκάλεσε θα-
...a. et vidit deus: φ bonū. et dixit deus ger-
...άσσας. καὶ εἶδεν ὁ θεός, ὅτι καλόν. καὶ εἶπεν ὁ θς βλα-
...inet terra herbā feni seminātē semē s̄m
...σάτω ἡ γῆ βοτάνην χόρτου σπεῖρον σπέρμα κατὰ
...enus & s̄cdz similitudinē: et lignū pomiferū faciēs
...ένος καὶ καθ' ὁμοιότητα, καὶ ξύλον κάρπιμον ποιοῦν
...uctū. cuius semē ipsius in ipso s̄cdz genus sup
...αρπόν. οὗ τὸ σπέρμα αὐτοῦ ἐν αὐτῷ κατὰ γένος ἐπὶ
... terrā. & factū ē ita. et protulit terra her-
...ῆς γῆς. καὶ ἐγένετο οὕτως. καὶ ἐξήνεγκεν ἡ γῆ βοτά-
...ā feni seminātē semē s̄m genus & s̄cdz simi-
...ν χόρτου σπεῖρον σπέρμα κατὰ γένος καὶ καθ' ὁμοιό-
...tudinē: & lignū pomiferū faciens fructū. cuius se-
...ητα, καὶ ξύλον κάρπιμον ποιοῦν καρπόν. οὗ τὸ σπέρ-
...ē eius in ipso: s̄cdz genus sup terrā. et vidit
...μα αὐτοῦ ἐν αὐτῷ κατὰ γένος ἐπὶ τῆς γῆς. καὶ εἶδεν

lucem a tenebris: appellauitq; lucem diē: & tenebras noctem. Factumq; est vespe & mane dies vnus. Dixit quoq; deus. Fiat firmamentū in medio aquarum: & diuidat aquas ab aquis. Et fecit deus firmamentum. diuisitq; aquas q̄ erant sub firmamēto ab his que erant super firmamentū. Et factū est ita. Vocauitq; deus firmamentum celum: & factum est vespe & mane dies secundus. Dixit vero deus. Congregentur aque q̄ sub celo sunt in locum vnum: & appareat arida. Et factum ē ita. Et vocauit deus aridā terram: cōgregationesq; aquarū appellauit maria. Et vidit deus φ esset bonum: & ait. Germinet terra herbā virētem & faciētē semē: & lignum pomiferū faciens fructū iuxta genus suū cuius semē ī semetipso sit sup terrā. Et factū est ita. Et ptulit terra herbā virētē & faciētē semē iuxta genus suū: lignūq; faciēs fructū: & hn̄s vnū quodq; sementem s̄m spēm suā. Et vidit

החשך: ויקרא אלהים
לחשך קרא לילה
ויהי בקר יום אחד:
ים יהי רקיע בתוך
מבדיל בין מים
ש אלהים את הרקיע
מים אשר מתחת
ן המים אשר מעל
י כן: ויקרא אלהים
ים, ויהי ערב ויהי
ני: ויאמר אלהים
מתחת השמים אל
ותראה היבשה, ויהי
אלהים ליבשה ארץ
ים קרא ימים, וירא
טוב: ויאמר אלהים
ץ דשא עשב מזריע
י עשה פרי למינו
בו על הארץ, ויהי
ארץ דשא עשב
למינהו, ועץ עשה
רעו בו למינהו, וירא

Transla.Chal.

בקדמין ברא ייי ית שמיא וית ארעא: וארעא הות צדיא וריקניא, וחשוכא
על אפי תהומא, ורוחא דייי מנשבא על אפי מיא: ואמר ייי יהא נהורא, והוה נהורא:
וחזא ייי ית נהורא ארי טב, ואפריש ייי בין נהורא ובין חשוכא: וקרא ייי לנהורא
יממא ולחשוכא קרא ליליא, והוה רמש והוה צפר יומא חד: ואמר ייי יהא רקיעא
במציעות מיא, ויהא מפריש בין מיא למיא: ועבד ייי ית רקיעא ואפריש בין מיא דמלרע
לרקיעא, ובין מיא דמלעיל לרקיעא, והוה כן: וקרא ייי לרקיעא שמיא, והוה רמש
והוה צפר יום תנין: ואמר ייי יתכנשון מיא מתחות שמיא לאתר חד, ותתחזי
יבשתא והוה כן: וקרא ייי ליבשתא ארעא, ולבית כנישות מיא קרא ימי, וחזא ייי
ארי טב: ואמר ייי תדאי ארעא דיתאה עשבא דבר זרעיה מזדרע, אילן פירין עביד
פירין לזניה דבר זרעיה ביה על ארעא, והוה כן: ואפיקת ארעא דיתאה עשבא דבר
זרעיה מזדרע לזנוהי ואילן עביד פירין דבר זרעיה ביה לזנוהי וחזא ייי

Interp. chal.

In principio creauit deus c...
Terra aūt erat deserta & v...
faciem abyssi: & spūs dei in...
aquas. Et dixit deus. Sit lux: & fu...
lucē φ esset bona. Et diuisit deus ...
nebras. appellauitq; deus lucē di...
uit noctē. Et fuit vespe & fuit man...
xit deus. Sit firmamentū in medi...
inter aquas & aq̄s. Et fecit deus fi...
sit īter aquas q̄ erant subter firma...
q̄ erant sup firmamentū: & fuit ita...
mamentū celū. Et fuit vespe & f...
Et dixit de⁹. Cōgregētur aque q̄ ...
vnum: & appareat arida. Et fuit it...
aridā terrā: & locū cōgregationis ...
maria. Et vidit de⁹ q̄d esset bonū...
minet terra germinationē herbe...
seminat: arborēq; fructiferā facie...
nus suū: cuius filius semētis in i...
fuit ita. Et p̄duxit terra germē he...
mētis seminat s̄m genus suū: et a...